父母1%的改变
孩子100%的优秀

潜教育

马利琴◎著

辽宁人民出版社

图书在版编目（ＣＩＰ）数据

父母1%的改变，孩子100%的优秀：潜教育 / 马利琴著.
— 沈阳：辽宁人民出版社，2016.11
ISBN 978-7-205-08755-5

Ⅰ．①父… Ⅱ．①马… Ⅲ．①家庭教育
Ⅳ．① G78

中国版本图书馆 CIP 数据核字（2016）第 256634 号

出版发行：辽宁人民出版社
　　　　　地址：沈阳市和平区十一纬路 25 号　　邮编：110003
　　　　　http://www.lnpph.com.cn
印　　刷：北京中印联印务有限公司
幅面尺寸：170mm×240mm
印　　张：15.5
字　　数：240 千字
出版时间：2016 年 11 月第 1 版
印刷时间：2016 年 11 月第 1 次印刷
责任编辑：蔡　伟
封面设计：海阔天空
版式设计：张　锋
责任校对：吴艳杰
书　　号：ISBN 978-7-205-08755-5
定　　价：36.80 元

前　言

　　2015 年春节，我和老公都给自己放了个长假，带着 8 岁的女儿去了三亚。在酒店，我们邂逅了这样的祖孙三代——姥姥、妈妈和女儿——老人 65 岁，中年妇女 40 岁，女孩刚满 12 岁。她们也是来这里旅游的，由于都来自北方，我们一家和她们很快就相处得非常融洽了。白天，大家分头实现着自己的旅游计划，一到晚上，两家人便会聚在一起吃晚饭。

　　这天晚上，我们六个人一边吃饭，一边打开了话匣子。

　　老人说："我这个人比较看得开，也特别喜欢旅游。我年轻的时候根本没条件去这儿去那儿，在我的记忆中，60 岁之前，我去过的最远的地方就是县城。"

　　中年妇女接过她的话说："我们老家在东北农村，我记得小时候，村里人很少会离开自己的家，去趟县城都是一种奢望。后来，我们家的条件一天天好了，可是我们姐妹几个都在上学，父母为了供我们上学，省吃俭用，哪有闲心去旅游？不过，我妈倒是挺乐观的，即使不能出门，也会想办法收集一些各地景点的图片拿给我们姐妹几个看，她还会模拟其中的场景，让我们谈感受，就跟身临其境似的。"

　　老人忍不住说："其实都这把年纪了，出不出来无所谓，可是闺女偏要带我出来转转。"

　　"因为，作为女儿，我是最了解我妈的！"中年妇女和老人相视一笑，"在我妈身上，我能看到自己的影子。比如我妈喜欢做菜，我也喜欢做菜；我妈爱干净，我也爱干净；我妈生活朴素，我也不喜欢穿奇装异服……所以看到我妈，就能了解我；我也能根据自己的心意，更多地了解我妈的心理。我一有时间就旅游，到各地转一转、看一看，虽然老人不愿意拖累我，可我出来的时候还是会带上她，因为，我知道，她和我一样喜欢旅游！"

　　说到这里，中年妇女看了一眼身边的老人，从她们的眼神中，我看到一种感情的交流。这是一种知女莫若母、知母莫若女的默契。

　　女孩显然也在认真地听我们的谈话，她夹了一块排骨给中年妇女："我姥姥、我妈和我都喜欢吃这个！"说完，她诡秘地一笑，接着给老人也夹了一块。

　　看着老少三代津津有味地吃着排骨，我莫名地感受到了一种满足，一种祖孙三代之间少有的情感交流。

……

曾几何时，为了更深入地了解亲子关系，我看过很多的育儿书，也读过大量的报刊，可是，没有任何信息能够像这句话一样让我豁然开朗——"在我妈身上，我能看到自己的影子。"正是这句话，让我对亲子关系有了进一步的理解。旅途结束回到家，我突然有了写作的冲动，于是赶紧记录下这段经历，同时也想将父母和子女之间微妙的亲子关系写出来。

受国家计划生育政策的影响，现在有很多孩子是独生子女。为了成就孩子的未来，家长可以说是倾其所有，不仅要求孩子文化课门门优秀，更要让孩子懂艺术——跳舞、弹琴、下棋等，为的就是不让孩子输在起跑线上，比其他的孩子都优秀。可是，很多人都忽视了父母对子女的影响，尤其是妈妈对女儿、爸爸对儿子有着不同的影响作用。

归结为一点，爸爸妈妈的性格习惯都会在儿女身上潜移默化地表现出来，这就是为什么我们经常会在某个男孩的身上看到他爸爸的影子，会在某个女孩身上窥视到她妈妈的影子。打个比方，妈妈生活没有规律，女儿也会将自己的事情安排得杂乱无章；爸爸在公共场合随地吐痰，儿子也会加以效仿……

总之，爸爸与儿子、妈妈与女儿有着更直接、更紧密的关系，认识并了解了这一点，在家庭教育中，父母就能更好地扮演自己的角色，同时改变自己认为不足的地方，这不只是为了给子女做个好榜样，更是为了子女的未来，以及子女的后代……

本书囊括了我对家庭教育思考和研究的精华，书中的案例也多为我亲身经历，现与各位爸爸妈妈分享，不仅希望能够带给众多爸爸妈妈以启发，更希望帮助各位爸爸妈妈通过改变1%，让子女变得100%优秀。

目录
CONTENTS

第三篇 望子成龙，爸爸要这样做

第一篇

父母是子女的镜子，子女是父母的翻版

Part 1　如何应对孩子撒谎行为

撒谎是每个孩子成长过程中不可避免的阶段，要想杜绝孩子撒谎，父母除了正确面对孩子说谎行为并加以积极引导外，最主要的是扮演好自己的角色，在日常生活中做到不欺骗、诚实守信。其实，年幼的孩子好奇心很强，他们会经常向大人提出一些要求，针对他们提出的不合理要求，要果断拒绝；而对于合理的要求，父母可以适当满足，并且此时一定要给孩子树立一个良好的榜样——答应他们的事说到做到，这样一来，孩子就会在心里埋下言必信、行必果的种子。同样，如果想让孩子具有某方面的品格，父母首先要做到。因为，父母怎么做，孩子就会跟着学。

生活片段再现：

孩子的生日在下个星期，本来答应给他买辆自行车，可是一想到自行车比较贵，就找理由搪塞孩子，不给他买了。

说好周末要带孩子去吃自助餐，可是懒得动，于是骗他说："那个店正装修呢，等装修好了再去。"

本来说好暑假带孩子出去旅游，他挺高兴，满心期待暑假的到来。可是，暑假真的来了，看到其他孩子都报了辅导班，便也急忙报了三个，告诉孩子先把学习搞上去，以后有时间了再去旅游。

问题：

类似的小片段在你的生活中，是不是也经常出现？你是如何应对的呢？如何应对才是正确的呢？

这天晚上，在外面散步的时候，我看到一个中年妇女正在和一个女孩争吵着什么。对于别人的家务事我向来是不喜欢打听的，可是，女孩的声音越来越大，她们的争吵声最后还是传到了我的耳朵里。

女孩的声音很大："我的英语成绩就是考了92分！不信你去查！"

中年妇女盯着女孩，一手指着她，一边说："你这孩子，怎么还撒谎！"

女孩不甘示弱："我没撒谎！"

中年妇女据理力争："老师都把你们的成绩发到班级微信群里了，

你还想糊弄我？"

女孩知道自己的谎话被戳穿了，却没有丝毫的悔意："我就是骗你了，怎么着？"

"你今年才 13 岁，这么小就学会撒谎了！谁教你的？"

"你不是也经常对我撒谎吗？明明偷看了我的日记，却说没看；明明不想跟我一起出去玩儿，却说自己有事……"女孩一边说，一边委屈地哭了起来。

中年妇女这才缓和了语气："我那么说不都是善意的嘛！"

女儿马上接茬说："难道，我说话就是恶意的？我不就是为了让你高兴嘛！"

……

可以猜到，争吵的这两位是一对母女。

为了让妈妈高兴，女儿更改了自己的英语成绩，还谎称自己考了"92分"，可最终还是没能瞒天过海。当妈妈询问她为什么要撒谎的时候，女儿竟然将矛头指向了自己——"你不是也经常对我撒谎吗？"原来，女儿的撒谎行为源自于妈妈的日常"教导"。

父母是子女的第一任老师，家庭是子女成长的第一课堂，也是亲子关系建立的基础。当子女在母体中还未出生时，就已经开始接受影响和教育了——胎教也是从这个时候开始的。出生后，如果是女儿，那么妈妈对她的影响就更大了，会伴随女儿的一生。

幼年时期，孩子的行为习惯还没有完全固定下来，在心理上对父母有着较强的依赖感和信任感。他们认为，父母所说所做都是正确的，会在潜意识中模仿父母的行为。如此，耳濡目染，必然会受到思想、道德品质、行为规范等多方面的熏陶。当然，这样的熏陶，既有好的，也有不利于孩子发展的。

因此，如果想让孩子形成积极健康的心理，父母就要重视自己的综合素质。如果父母喜欢撒谎，不管是有心的还是无意的，孩子都会在潜移默化中学习到；不管父母说谎的目的是什么，或者为了让孩子高兴，或者为了让事情更容易解决……孩子都会将自己眼睛看到的一切由脑入心，等到自己遇到问题的时候，再由心入脑，然后尝试使用父母在同类情境下的做法。

聪明的父母，不会当着孩子的面撒谎

研究表明，喜欢撒谎的孩子，小时候很可能受过父母的影响。孩子天生敏感，尤其是女孩，对妈妈有着一种本能的模仿力。如果无法为孩子树立一个诚实的榜样，要想说服他们不撒谎，是很难的。因此，要培养诚实的孩子，父母自己首先要做到不撒谎。

我女儿今年 8 岁，从她出生那天开始，我就没有对她说过一句谎。即使有时候谎言能够给女儿带来开心，我也不会违心欺骗她。

由于写作的关系，每当到了正式写作阶段的时候，为了减少不必要的干扰，我都关闭手机，将自己锁在屋里。除非有特别紧急的事情，否则我是不会出来的。

有一次，我正在编写一篇文章，突然听到外面婆婆喊着："电话！"我最讨厌这时候有人打扰了，便没好气地说："没时间！"话音刚落，便听到了女儿嫩嫩的声音："妈妈，电话！"我回答："就说我出去了！"说完的瞬间，我意识到自己出了问题——我当着女儿的面撒谎了。

我急忙将写好的稿件做了保存，打开门，女儿眨着一双可爱的大眼睛，对我说："妈妈，电话！"我低下头，亲吻了她的脸颊一下："刚刚妈妈说错话了，好！妈妈马上就去接。"之后，我便给对方打了过去。

电话是我的一个同学打来的，并没有什么重要的事情，只不过打我的手机一直都打不通，所以才打到了家里。我很庆幸，在女儿面前及时意识到了自己的撒谎行为并予以改正。如果自己不想接电话时就让孩子谎称自己不在家，很容易对他们产生不利影响。以后他们在遇到同样的事情时，极有可能会沿袭父母的做法，进而习惯成自然，养成撒谎的恶习。

父母怎样做，孩子就会怎样做。因此，当着孩子的面，父母一定要做到"四不要"：

在空闲时间，当邻居向你寻求帮助而你不愿意去时，不要当着孩子的面说"我很忙"。

无意中打碎了碗，当家人谈起来的时候，不要当着孩子的面胡乱编理由。

在外面遇到好久不见的同学，对方长胖了，不要当着孩子的面违心地说："你瘦了！"

孩子的成绩本来挺好的，当亲戚夸赞他们的时候，不要当着孩子的面装谦虚，说"不好"。

智慧的父母不会给孩子贴负面"标签"

在很多父母的眼中，自己的孩子就是"小骗子""笨蛋""糊涂蛋"……

其实，想想看，很多时候，孩子之所以要说谎，并不是有意要伤害他人。

我女儿小时候，每天晚上睡觉之前，她都会躺在那里，让我枕在她的胳膊上和我说些悄悄话。每到这时候，我都会用手挠挠她的腋窝、大腿，惹得她咯咯笑。这天晚上，我们母女俩又在做着同样的游戏，当我用手抓住她的小脚丫的时候，发现她的脚心发烫，然后一摸手心，也是烫的。女儿发烧了。

我找来一片退热贴给她贴上，可是第二天早上，烧还是没有退，我只好带着女儿去了附近的妇幼保健医院。最后，医生诊断为病毒性感染，于是便给女儿配了三种药——抗病毒口服液、退热糖浆和阿奇霉素颗粒。

回到家里之后，女儿很快就将抗病毒口服液和退热糖浆喝了，当我把阿奇霉素颗粒冲好递给她的时候，她却向后缩："苦的。"我尝了一小口，果然有点儿苦。可是，我还是劝她，让她喝掉。女儿也就乖乖地喝了。

等到晚上吃药的时候，为了减少女儿对阿奇霉素颗粒的敏感，我先让她吃了一点儿白糖，然后便将杯子递给了她。女儿接过杯子："我要上厕所。"说完便端着杯子去卫生间了。等她出来的时候，杯子已经空了。看到女儿这么快就把药喝完了，我还特意表扬了她。

可是，等我去厕所收拾的时候，发现垃圾筐里湿漉漉的。我突然明白了，是女儿的药。我把女儿叫进来，问她垃圾筐里的水是怎么回事。女儿承认说是自己倒的药。这时候，婆婆正好过来洗手，看到孙女的样子，说："小骗子！这么小就学会骗人了！"听到老人这么说孩子，我急忙把女儿拉到了自己的卧室。

女儿感到很委屈，眼睛红红的，或许是被婆婆说她的那句话给吓着了。我蹲在女儿面前，放缓语气，对她说："这种药是不是很苦？"女儿点点头："嗯。"我抱着她，轻轻地拍着她的肩膀说："女儿乖，不是小骗子。对吗？"女儿又点点头。我接着说："虽然苦，可是吃了这些药，你就不会发烧了，也不会感到难受了。如果不吃，把自己烧成糨糊怎么办啊？感冒了怎么办？"女儿听了，说："感冒了，打喷嚏，流眼泪……"我说："是啊，那样的话该多难受啊！光卫生纸就要浪费一大堆！"女儿之前感冒过，对感冒后自己的症状深有体会。"妈妈再给你冲点儿药，好吧？"听了我的话，女儿说："等等再喝！"我答应了。我决定先让女儿缓和一下情绪。一个小时后，我又给她冲了一袋阿奇霉素颗粒，女儿很快便喝了下去。

父母们一定要相信，孩子的天性是诚实的、向善的。作为父母，千万不要轻易将孩子的说谎行为与他们的品质画等号，更不能因为他们的某一次说谎行为就给他们贴上"小骗子"之类的标签。这样做，不但对他们改掉说谎的毛病没有任何帮助，还容易让他们对自己产生定性认识，促使他们今后朝着撒谎的方向发展。

对于父母，孩子有着一种天生的依赖；对于父母说的话，孩子往往也是深信不疑的。或许，两三岁的孩子还不知道撒谎和骗子的真正含义，可是如果过早地将这些称号扣到他们的头上，随着年龄的增长，他们也会不自觉地向这些方面发展。到时候，情况就严重了。

所以，父母在和子女相处的过程中，以下这些指责的话，最好不要说：

"你这个骗子！"

"你就是个谎话连篇的孩子！"

"你嘴里怎么就吐不出一句实话？"

"我一点儿都不相信你，你没说过一句真话！"

"我知道，你就喜欢撒谎！"

"别相信他（她），他（她）老撒谎！"

陪孩子长大，就要从日常生活做起

想要让孩子树立一定的意识，不仅要求父母有恒心、有耐心，还得与时俱进，不断地深入日常生活的点点滴滴中，渗透到家庭生活的方方面面去对他们进行教育。比如，想让孩子具备诚信的品格，就要从他们记事起告诉他们，说过的话，一定要说到做到；做了错事，不隐瞒、不遮盖，勇于承认错误并承担一定的责任；不拿他人的东西，借东西要按时归还。

对于社会上那些欺诈的言行，父母要明确地予以评判。这样做，一方面会让孩子慢慢明白，虚假的行为将会受到道德的谴责和法律的严惩，另一方面也会促使孩子做一个正直磊落的人。

我曾遇到过这样一个案例：

郑伟是一个"妻管严"，妻子尤其不喜欢他乱花钱，但是郑伟偏偏改不了这个毛病，总是把钱花在不该花的地方。一次，郑伟带儿子去逛街，花500块买了一副网球拍。

回家后他怕妻子生气，于是便对孩子说："如果妈妈问你，爸爸的球拍花了多少钱，你就说100块。"

儿子问："为什么要骗妈妈呀？"

郑伟得意地说："要是让她知道这么贵，以后就不能买了，这样的话，爸爸下次还可以再买啊。"

儿子似懂非懂地点了点头。

不可否认，郑伟的做法是错误的。即使他自己不想让妻子知道球拍花了多少钱，也不能让儿子帮自己一起撒谎。幼小的孩子，思维还不成熟，不能分辨是非，但时间长了，他们就会形成一种认知——只要能够获得自己的利益就可以撒谎，长此以往，会对孩子的生活造成恶劣影响。因此，父母一定要时刻注意自己的言行，以身作则，给孩子带好头。

孩子的需求如果合理，就满足他

天下的父母都盼望自己的孩子能够养成诚实、守信、乐观等好品格，但很多时候孩子的表现不尽如人意。为何会这样呢？研究分析，孩子在成长过程中有诸多需求，比如为了实现吃玩的目的，或者避免批评、受罚，大多的孩子会撒谎骗人。因此，作为父母，我们应该一分为二地了解孩子的需求。如果他们的需求合理，可以适当给予满足；如果不合理，就要果断拒绝。千万别认为孩子还小，或者因为某些事情不太重要，就完全满足或者拒绝他们。一旦孩子的行为无法得到正面的强化，就会形成不良性格，进而影响他们的一生。

我曾经在网上看到过这样一篇文章：

20 世纪 70 年代的一天，小海放学回家后，一看到爸爸就说："爸，这几天的雪太大，冻得我手都裂了，所有同学都是戴着手套的，我也想买一副。"

爸爸把衣服里每一个口袋都翻遍了，依然找不到足够的钱给儿子买手套，十分悲伤。儿子好像什么都不懂，哭着闹着非要买手套。爸爸虽然很无奈，但最后说："别哭了，爸爸给你买手套，明天就给你买，一定的……"小海依然不相信，还是哭闹，直到哭累了也没有理睬爸爸。

第二天天一亮，小海爸就推开门出去了，很晚才回家，一进家就将一副崭新的手套递给了小海。不久，小海爸就生了病，几天都不见好转。谁也没有想到，他竟然冒着大雪和寒风给别人干活，只是为了给儿子买一副手套。

小海看见病床上憔悴的爸爸，似乎一下子懂事了许多，眼泪大颗大颗地掉了下来……

小海爸虽然病倒了，但是他却用自己的切身例子告诉儿子：要做一个说话算话的人，无论有多么艰难，都应该去履行自己的承诺；作为一个人，要想立足于社会，必须对自己所说的话负责，脚踏实地走好生活中的每一步，言出必行，这样才是我们与他人建立互信的重要保障。

我们有理由相信，看到爸爸对自己所做的一切，小海的心灵定然会受到洗礼。如果每个孩子发现自己的父母都如此值得自己尊敬，那么他们不仅会更加信服父母，还会将父母身上的优点强化到自己身上。

Part 2 你怎样看待自己，也会怎样看待孩子

一旦父母对自己的自我形象判断得不准确，这种讯息就会在最短的时间里传递给孩子，使他们对自己做出错误的判断，从而得出错误的结论。如果父母能够准确地将自我形象告诉孩子，他们就能够更好地对自己做出判断，也就能够对自己的人生做出准确的定位了。

想想看，你是不是也有这样的认识：

从小我的数学成绩就不好，孩子数学成绩不好情有可原。

我不善于和他人相处，孩子和同学之间发生矛盾也是必然。

我喜欢玩羽毛球，孩子也必须像我一样。

我乘坐飞机的时候经常晕机，孩子肯定也是这样。

高中的时候，我最怕写作文了，孩子这样不足为怪。

如果在你身上也出现了类似的想法，就要认真读读下面的文字了。因为，你怎样看待自己，也会怎样看待孩子。

一天晚上，我接到了外甥女婷婷打来的电话。一接通电话，她便向我哭诉了她妈妈的不是："小姨，我妈管我太严了。整天，这个不让我做，那个也不让我做……我们班很多女同学都去学跳舞了，我也想学，可是，我妈说什么都不让我去。"

我问："为什么？"

婷婷说："她说我没有舞蹈天赋。她说她小时候就不喜欢跳舞，即使和同学一起跳，也是瞎摆弄。"

婷婷虽然只有 10 岁，可是个子已经长到一米六了，我是非常同意她学跳舞的，即使长大后不当什么舞蹈家，单纯从她的兴趣出发也是应该支持的。于是，我对她说："学舞蹈是很好的一件事情，我跟你妈商量下。"

听了我的答复，婷婷的哭声渐渐减弱了。我知道，她从我这里看到了希望。我决定，一定要说服大姐，让她不反对婷婷学跳舞。

第二天早上，我便给大姐去了电话。当我提到婷婷学跳舞的事情时，大姐的语气很坚决："我不同意！昨天晚上她给你打电话，我也听到了。谁说我也不会同意！"

我问她："你为什么不同意？现在，很多小女孩都在学跳舞，咱家也不是没有条件？"

大姐回答说："这倒不是钱的问题。你想想，咱们家哪个人会跳舞？我就更不用说了，小时候，老师让我跳舞，我还吓得尿了裤子，你忘了？"对于这件事我依然记得。当时，我姐胆子小，有一次过六一儿童节，老师让她和班里的几个同学一起跳舞，她居然吓得尿了裤子，老师也就不让她跳了。

"是有这么一回事，可是，姐，你不能因此就认定，你不喜欢跳，婷婷也跟你一样不喜欢跳；你不擅长跳，婷婷也同样没有这方面的特长吧？……再说，现在她的学习压力还不重，如果她愿意学，你就让她去试试。没准，跳上一段时间，过了新鲜劲，她就不喜欢了，就会主动放弃也说不定呀！"

听了我的话，大姐答应我会好好考虑考虑。当天晚上，婷婷又给我打来了电话："小姨，我妈让我学跳舞了！"她的语气中透露着兴奋和快乐。我又对她说了几句鼓励的话，便挂断了。

每个孩子对自己都有一个认识，这些认识无时无刻不受到父母自我形象的影响。其实，我姐之所以不想让她女儿学舞蹈，也是受到了这种对自我认识的不正确理解。在她心中，自己不会的，女儿也不会；自己不擅长的，女儿一定也不擅长……因此，当婷婷想去学跳舞的时候，她无法认同，因为这是她做不到的，而且自己小时候还有过"跳舞尿裤子"的经历。

可是，要知道，一旦父母对自己的自我形象判断得不准确，这种讯息就会在最短的时间里传递给孩子，使他们对自己做出错误的判断，从而得出错误的结论。

在我们身边，有些父母经常会对自己的才貌、学识、成绩、贡献以及自己在别人心目中的地位等，出现对自己过高或过低的评估。比如，自己的事业发展得不错的时候，就会认为，凭自己的能力，想要的东西都能唾手可得；遇到困难和阻碍的时候，就会把各种不利因素看作自己的无能，怀疑自己，贬低自己，动摇生活的信心和勇气。

如果想做个理智的父母，就要对自己的各方面都有一个客观、正确的评价和定位，不管在任何时候、任何情况下都不高估或低估自己。否则，很容易损毁自己，损毁自己的现在和未来，损毁自己的身心健康，严重者还会将这种自我否定强加在孩子身上，否定他们的兴趣和努力，让他们对自己做出错误的判断，给其未来成长留下隐患。

正确、全面的评价会让孩子认清自我形象

一般来说，孩子会将父母对他们的评价作为衡量自己的一面镜子，并借此逐步形成自我认知。因此，在孩子的成长过程中，父母要根据孩子的年龄、性格特点、能力等，慎重、准确、全面地做出评价，既不能过高，也不能过低，这是孩子认清自我形象的重要前提。

我有一个从事美容行业的朋友，她平时并不喜欢运动，乒乓球、排球、篮球这类运动她更是不会参加。不过，她并没有为此觉得低人一等，因为现在的社会大家都在为工作而忙，真正有时间参加运动的人少之又少。可是，朋友却通过观察，发现她女儿在体育方面的天赋——喜欢打乒乓球。朋友不仅没有阻止，还不时地创造条件，给她女儿以各种支持，今天买体育器材，明天买运动服……一有时间，她还会陪着女儿练习。后来，朋友的女儿由于擅长体育，便参加了校乒乓球队，从中学到大学，一直是乒乓球队的主力。对乒乓球的喜好，也让这个女孩获得了满足和快乐。

我的这位朋友并没有因为自己不喜欢运动而忽视了她女儿的感受，相反，朋友帮助女儿正确认识自己，促使她将自己的才华和能力展示了出来，并得到了大家的肯定。这就再一次告诉我们：如果妈妈能够准确地将自我形象告诉女儿，她们也能更好地对自己做出判断，继而对自己的人生做出准确的定位。

在孩子幼年的成长过程中，由于生理和心理都还不成熟，他们往往很难对自己做出正确的认识和评价。这时候，如果父母能够帮助孩子认真分析一下，不仅有利于他们发现自己的长处和短板，还可以让他们更加正确、全面地认识自己。

父母的喜好并不能代替子女的喜好，父母的兴趣也不一定是子女的兴趣，只有在日常生活中多观察，才能发现孩子的点点滴滴，帮助他们对自己有一个全面、正确的认识。

如果孩子喜欢涂鸦，即使自己不喜欢，也要鼓励孩子来大胆画画。

如果孩子喜欢唱歌，即使自己家里没有这方面的人才，也不要给他们泼冷水。

如果孩子想学围棋，不要用"学这个没用"来回绝他们，可以为他们创造条件展现自己。

如果孩子想请同学来家里为自己过生日，千万不要因为自己小时候曾经受过同学的伤害而断然阻止。

以理想中的形象改变自己

按照现在的审美标准，所有的父母都希望自己的孩子是漂亮的、大方的，也盼望自己的孩子能够为人和善，待人诚恳。

在怀孕期间，每位准妈妈也都会对自己肚子里的宝贝进行猜想：孩子的头发是自然卷吗？眼睛是大的，还是小的？是单眼皮，还是双眼皮？是樱桃小嘴，还是一张大嘴？……而且，每每在猜想的时候，妈妈们还会给自己设定一个理想的形象——如果孩子像我一样长着双眼皮就好了；如果孩子和她爸一样，长头自然卷发就好了……这是很正常的，是可以理解的，因为这其中给予了妈妈对未出生孩子的美好希望。

可是，有些妈妈在孩子出生之后，发现孩子并没有想象中的双眼皮，也没有继承爸爸的卷发，便会心存抱怨，说自己的孩子长得难看，甚至还会拿理想中的孩子形象和现实当中的孩子形象作对比……这些做法都是不可取的。

在我女儿出生之前，我也像其他的妈妈那样进行过畅想：大眼睛、双眼皮、黑头发……可是，女儿却生出了一双单眼皮。在和女儿玩耍的时候，有好几次，老公都会说："和你妈妈一样，单眼皮！怎么就不像我，双眼皮多好看！"

刚开始的时候，我也没太在意老公的话，反复几次之后，我便觉得这样说很不妥。于是，我便私下里和老公有了一次谈话。

我说："以后，可不要张口闭口双眼皮了。"

老公说："随便说说，有什么关系。"

"单眼皮不是也很好看吗？只要五官配合匀称，不是挺好看的吗？或许长大之后，咱们女儿会是一个单眼皮美女呢！"

老公听了，呵呵一笑："我倒没有想过女儿会不会长成美女，自然就好！"

我接着说："这就对了。既然这样，为什么你老是当着她的面强调双眼皮、单眼皮呢？"

老公说："我想让她长得更像我一些！"

我被老公的这个愿望逗乐了，说："她像你的地方还不多吗？你看看，脸型、鼻子、脚丫……哪里不像你？尤其是那脚丫子，跟你的一样肉乎乎的！……亲戚朋友都说她长得像你，跟我倒一点儿都不像！"

老公笑笑说："是，是！幸亏长得不像你，这么难看！"

我也微微一笑，然后又把话题扯到了女儿的身上："既然这样，你还有什么不满意的？不就是一个单眼皮嘛，值得你这样在意？其实，不管单眼皮还是双眼皮，只要她五官长得匀称，位置协调，就不会难看到哪里去。"

这一点老公倒是表示赞同："是啊，外人看到了，都说咱们女儿五官长得小巧、匀称，一看就是个美人胚子。"

我趁热打铁："以后，当着女儿的面，不要再说什么单眼皮、双眼皮之类的话了。你老是这样说，会在她的心里留下这样的印象：单眼皮不好，双眼皮好！等她长大之后，没准儿还会为自己的单眼皮感到自卑。难道你希望女儿这样吗？"

这次谈话，老公意识到了自己语言的不妥，从那以后，再也没有说过类似的话。

孩子终会长大，当他们发现父母不喜欢现在的自己，而喜欢理想中的自己时，就会觉得自己不够好。当他们对自己形成了错误的自我认识之后，就会以理想中的自己为榜样，以理想中的形象改变自己。

世界是丰富多彩的，需要孩子通过不断的实践加以认识。不管是热天，还是冷天；不管是美味的，还是不好吃的；不管是松软的，还是坚硬的……所有的一切，都需要他们自己去体验。

俗话说得好，实践出真知。在孩子与世界接触的过程中，他们对事物的感知力就会增加，对事情的理解力也会提高。父母一厢情愿地将自己对事物的理解强加给子女，不仅不利于他们对事情的理解，还容易让他们怀疑自己的判断力，继而不相信自己。

我们都希望孩子能独立、自主地成长，在鼓励他们自己的事情自己做的同时，我想说的是，我们也应该让孩子自己感受事物的体验，这样才能让他们印象深刻，丰富他们的生活。

所以，父母们一定不能这样做：

不要整天喋喋不休地对孩子唠叨："你怎么长得这么黑，白点儿该多好！"

不要对儿子的身高抱怨："刚升初一就不长个了，还不到一米六，小矮子！"

不要对女儿说："怎么老剪短发，多难看！留个长发多好！"

不要对孩子说："这块蛋糕太甜了，味道淡一点儿就好了！"

积极的态度让孩子感到快乐和满足

我有一个同学叫丽丽，特别喜欢做小菜，她做出来的口味远远要好于从外边买来的。每次去丽丽家，她都会拿出花样翻新的小菜让我品尝。

有一次，我带着女儿去她家玩儿，吃饭的时候，丽丽端来一盘咸鸭蛋："尝尝！这是我刚刚学着做的！"我伸手拿了一个，剥开咬了一口，还真挺好吃的。

我问："你怎么这么喜欢做小菜呢？"

丽丽一边剥鸭蛋一边说："其实，这主要得益于我妈。我妈就很喜欢做这些东西。我记得以前，一到冬天，我妈都会给我做些腌鸡蛋、凉菜，即使是一棵大白菜，一经她的手，也会变成美味的酸辣白菜。"

对于这点，我是深有体会。

我和丽丽是初中同学，毕业之后，上了不同的高中。不过，每年放寒假，我们一些要好的同学都会找时间聚聚，今年在这家，明年在那家。每次轮到丽丽家，丽丽妈都会变戏法似的给我们拿出几道小菜，要不就是让我们喝她自己做的各种果汁——橘子汁、苹果汁等。那时候，我们都觉得挺有意思的，现在想来，丽丽妈在当时也算是开了绿色饮食的先河。

丽丽接着说："现在的生活条件好了，吃东西比以前挑剔多了。我就从网上找些风味小菜来做做，如果家人觉得味道不好，下次我再做的时候会注意改正……"

丽丽妈对生活的态度是积极的，这给丽丽带来了很大的安慰和鼓励，以至丽丽成家之后，用同样的方法带给家人快乐和满足。

现在社会中，有几个年轻妈妈像丽丽一样会变着花样做美味可口的小菜呢？我想，肯定没有多少。在大家都为生活而忙碌的时候，丽丽却将自己的业余生活填充得如此充实而有趣，不可否认，这主要还是归功于丽丽妈。

在孩子成长的过程中，学习或多或少地让他们感到紧张，于是利用生活的乐趣来调节变得十分重要。如果家庭氛围再枯燥无味，那么孩子一直处于紧张状态，怎么有条件和精力去培养乐观、热爱生活的情怀呢？

对于家庭，父母都有着各种的责任，工作、生活……一大堆事情混在一起，很容易让人感到焦头烂额。可是，不管你工作多忙，不管家务活有多少，和孩子在一起的时候，一定要全身心投入其中，将积极乐观的生活态度带给他们！

下班回到家的时候，可以跟孩子一起做游戏。

周末休息的时候，可以带着孩子出去爬山。

空闲的时候，可以和女儿一起帮玩偶做件小衣服。

有时间了，可以带着孩子一起出去买束花，放到家里的客厅里。

一副手套引起的反思

有一次，我去学校找一位朋友，正好遇到她正在和一个女孩谈话。为了不影响她们，我静静地坐在一边等。

朋友说："你知道吗，夏天戴手套很容易捂出痱子，为什么不摘了它？"女孩不说话。

朋友接着说："告诉老师，你的手怎么了？"女孩还是不说话。

朋友说："要不，我给你妈打电话，让她来跟我说……"这时候，女孩哭了。

朋友安慰她："告诉老师，究竟是怎么回事？"然后，女孩便断断续续地讲述了事情的经过——她的手背上有块胎记，她妈觉得长在这里非常难看，从她出生第一天起，便给她戴手套，不管春夏秋冬。

朋友说："你能摘掉手套让老师看看吗？"女孩点点头，摘掉了自己的手套。果然，在她右手的手背上趴着一块胎记。不过，不是很明显。

朋友看过之后，安慰她说："这么小的一块胎记，怎么还用戴手套？老师会找机会和你妈妈谈谈的。你先回去吧。"

看到女孩离开，我走上去，问朋友："你打算怎么和她妈谈？"

朋友说："还没想好，不过，无论如何都要找她妈谈谈。你看看，这不是害她女儿嘛！"

我说："这样吧，这个周末，我陪你做一次家访。"

周末，我和朋友敲响了女孩家的门。

女孩家里收拾得很整洁，看得出女主人一定是个干净、利落的人。果不其然，女孩的妈妈是个职场管理人员，在公司担任经理的职务，即使是在家里，对自己的要求也很严。

当我们问起她女儿的事情时，她说："其实，我也不想让她戴手套，可是，胎记多难看啊！我怕她被别人取笑，伤了她的自尊。"

朋友说："难道戴手套就不伤她的自尊？现在是夏天，却要戴手套，你知道我们班的同学给她取了个什么绰号吗？缺手老太。"

对方显然没有想到，自己的做法会给孩子带来这么大的伤害。"不瞒你们说，我胳膊上也有一块胎记，上学的时候，同学们总拿它笑话我，所以不论什么时候，哪怕是夏天，我也不会穿短袖。"

朋友安慰她说："你不要用之前的想法来看现在的孩子，现在的孩子成熟得都比较早，如果你真为孩子好，就别再逼她戴手套了。"

第二天，我给朋友打电话。果然，这个女孩没有再戴手套。

父母的过分压抑，只会让孩子对自己的认识变得扭曲。本来不明显的某个缺点，却非要将它指出来，直至烙印在孩子的心上。如此一来，孩子做任何事情的时候，都不敢肯定自己了。所以，要想让孩子正确认识自己、肯定自己，压抑型的父母就要立刻行动起来，改变自己目前的状态，用宽容的心去对待身边的人和事。

Part 3 父母对待事物的态度影响孩子的认知

孩子长大之后，会不自觉地将父母的一些性格特质内化到自己身上。在这个过程中，孩子会对自己建立起一定的自我想象认知，这是一种很正常的现象。可是，如果父母对某些事物的看法是否定的，也会影响孩子对该种事物的认识。

懂得自己对孩子有影响的父母，一般都会这样做：

想让孩子和同学友好相处，不会对他们说："我不相信同学。"

想让孩子对长辈多一些尊重，不会当着孩子的面说："你姑姑（舅舅）心眼真小！势利眼！"

想让孩子和善对待邻居，不会对他们说："咱们邻居是骗子，不要和他们交往！"

想让孩子认真跟着老师学习，不会对他们说："你们老师的水平真低，居然出这么幼稚的题目。"

想让孩子规划出游路线，不会说："你还小，我和你爸来规划路线。"

想想看，你曾经说过类似的否定性的话语吗？如果说过，就要积极改正；如果没有，那就恭喜你，在这一点上，你做得不错！

一天，一个邻居阿姨来找我，想让我劝劝她女儿。

我关切地问："发生什么事了？"

阿姨说："我女儿今年都快30岁了，还不结婚！我想让她快点儿结婚，可是，她却不愿意，还和我吵！"

我问："你女儿有男朋友吗？"

阿姨说："有！谈过几个！我女儿长得不错，人也稳重，上大学的时候就开始处朋友了。可是，就是不结婚！"

我说："是不是你女儿的条件比较高？"

阿姨说："不是！主要是因为，我女儿只跟人家处对象，不跟人家结婚。所以，谈了几个，都不成！"

我感到困惑了，便问："她为什么不想结婚？"

阿姨说："不相信婚姻！"

我纳闷了！阿姨接着说："说起来，这个也怪我！我们年轻的时候，都不怎么讲究处对象。我和他爸只见过一次面，便结婚了。结婚之后，我才发现，他是一个不求上进的人。为了养家，我在家里做起了面粉加工的生意，虽然是小本经营，可是满足一家人的生活还是绰绰有余的。可是，我丈夫耳根软，每次一出去听到别人说'你老婆真能干'之类的话，回来就喝酒发酒疯，后来干脆当着孩子的面打我，似乎我的行为让他这个做丈夫的感到很丢脸。

"即使这样，为了家里的两个孩子，我也忍着。在丈夫的一次次酗酒、打骂之下，我变得越来越不相信男人，越来越不相信婚姻。我相信，靠着自己的一双手一定能够将孩子抚养长大。在日常的生活中，我也会有意无意地对孩子说，不要相信婚姻之类的话。没想到，女儿长大了，却记住了这句话。"

我明白了问题的所在，决定找她的女儿好好谈一谈。

父母对孩子的影响是深远的，如果不想在他们的心里埋下杂草，就要少说一些否定性的话，包括对人对事！

在孩子的心中，父母一般都是神圣的、不可替代的，很多孩子的理想便是成为像爸爸妈妈一样的人。年龄小的时候，他们一般都会模仿父母的语言、动作；等他们长大之后，就会不自觉地将父母的一些性格特质内化到自己身上，让自己尽量靠近或者超过爸爸妈妈。在这个过程中，孩子也会对自己建立起一定的自我想象认知，这是一种很正常的现象，对孩子的成长是有利的。可是，如果父母对某些事物的看法是否定的，也会影响孩子对该种事物的认识。

父母对事物的否定看法决定着孩子的看法

研究表明：父母的个性、对问题的态度，在潜移默化中会影响到孩子。父母如果是自由的、活跃的、有创造力的，那么可以让孩子感受到美好和希望，也能对人对事有正确的认识；如果父母是消极的、负面的，则会让孩子感到不舒服、压抑，并对他们自己和身边的事物出现歪曲的认识。

我曾经收到过这样的一封来信：

我妈是个很压抑的人，她把我紧紧地抓在身边，好像怕我跑了一样。在生活中，一切都要听她的，我只能按照她的意志来生活。不管做任何事，她都不信任我，即使洗好衣服晾在了阳台上，她也要按她的方式重新洗一次。

这天晚上，我上完晚自习回到家，一进门便看到妈妈躺在沙发上。她看到我进来，说："我这两天身体又不舒服了，头疼，胸口闷。这回，肯定得绝症了。"我忍不住想对妈妈大吼："妈，你能不能乐观点，不要动不动就说这种话？如果真的有病，我们去治。"可是，这些话终究被我压在心底没有说出来。

每次，妈妈只要一感到不舒服，就说自己得了绝症，可检查结果都是普通的小病。我很努力地调整自己的心态，希望自己能平和、乐观、豁达地面对这个社会。可是，每次，当我满心欢喜地回到家时，她总是摆出一副郁闷的样子。虽然我知道，她是非常愿意见到我的，可是，为什么她总是那么悲观？

与之相反，我倒很喜欢同学的妈妈——李阿姨。李阿姨是我见过的人中最乐观、最豁达的，她愿意接受新事物，也十分讲道理；不管遇到任何开心或者不开心的事，我们都能和她分享……和她在一起，我感觉很轻松。

我非常爱我妈，希望她能快乐地生活。可是，她对生活的消极态度有时候会让我感觉真的很累。我是我妈的孩子，无时无刻不希望我的家人能平安顺心，健康快乐，生活幸福。可是，我妈呢？她的这种消极心态，不仅不利于自己，也影响了身边人的心情。

为了不伤她的心，我只能尽量迁就她。不过每次面对妈妈的时候，我都觉得特别压抑。我想和她沟通一下，可是，她怎么会听我的呢？老师，请你帮帮我……

读到这封信的时候，我真为这个女孩感到难过，也为这位妈妈感到悲哀！

孩子在结婚之前，大多会和父母一起生活。如果父母的性格压抑，带给家庭的，必然是压抑的氛围。这样的家庭，没有欢乐，只有抱怨，即使一时可以忍受，时间长了，必然会将伴侣和孩子"赶跑"。

家是让我们放松的地方，是我们心灵休憩的港湾。在外面学习了一天，孩子回到家之后，如果觉得郁闷、苦涩、压抑，那他们还愿意回来吗？也许，小时候的他们还不会产生太大的情绪波动，一旦到了青春期，随着孩子的心理发生巨大变化，只会让他们将逃离家庭当作唯一愿望。

作为父母，一定要乐观。因为只有你快乐了，你身边的人才会快乐，孩子也才不会觉得苦闷。研究表明：父母的个性、对问题的态度，在潜移默化中会影响到孩子。比如妈妈是真诚的，女儿也不会虚伪；

爸爸是追求快乐的，儿子也不会整天都处于悲伤之中。所以，即使在外面承受了各种压力，在孩子面前，父母也要注意调整心态，以乐观、坚强的一面去面对他们。为了孩子，请保持微笑，保持快乐的心情，因为父母的心态会直接影响到他们。

用好的行为引导孩子

我出生在 20 世纪 70 年代，用现在流行的说法，是一个典型的"70后"。和现在比起来，那时候，人们的物质生活还很贫乏的，更谈不上什么精神生活。

我妈是一个典型的农村妇女，在她身上有着农村妇女所特有的朴实、勤劳、奉献。只要街坊四邻有需要帮忙的，只要我妈能够做到的，她都会出手相助；只要她的姐妹兄弟遇到事情的时候，我妈也会第一个出现在他们的面前。在我妈的影响下，我们姐妹三个也秉承了她的这个优点。

2008 年我怀孕的时候，患了妊娠高血压，由于自己的粗心大意，将自己送进了抢救室。医生下达了病危通知书，我老公急忙给亲戚朋友打电话。接到电话之后，我妈赶紧带上我兄弟从老家赶到了北京。

我弟一见我老公，便将一个大信封递了过去："这是我们凑的钱……家里没那么多现钱，大姐正在家里筹钱，明天就可以寄过来。"果然，第二天下午，大姐便将 10 万块钱打到了我的账户上。

在家人的眷顾下，孩子安全出生，我的身体也一天天好起来，那笔钱我原封不动地还给了大姐。事情过去之后，我问大姐如何在一天之内筹到这么多的钱，因为我知道她也不富裕。可是，大姐却不说。

有一次，酒足饭饱之后，我爸跟我说了事情的经过："你妈和你弟前脚一出发，你姐就开始给亲戚打电话了，一个接一个，距离近的，你大姐就亲自去取；距离远一点儿的，人家就给送过来。折腾了一天，你大姐一口水都没喝。"

这是一种怎样的姐妹情深啊！我知道，是我妈的性格影响到了我们，因为，当年我大姨出事的时候，我妈也这样付出过。而这一点，深深地印在了我们姐妹几个的心里。

父母是孩子的第一任老师，不管我们信不信，他们每时每刻都在通过自己的言行影响着我们。我妈是个热心人，乐于助人，乐于奉献，因此培养出来的孩子，多半也不会自私自利。很难想象，如果在他人需要帮助的时候，我妈袖手旁观，那么我们的心灵会是怎样的贫瘠？

父母对事物的看法决定孩子对事物的看法。父母对孩子的塑造过程如果是健康的，那么孩子的心理必然是积极的，向上的……在这种动力的影响下，这些健康的品格也会在孩子身上展现出来。所以：

如果想让孩子珍惜友情，自己首先就要为朋友做些事。

如果想让孩子尊重老师，自己就要多关心曾经教过自己的老师。

如果想让孩子乐观，自己就不要有事没事都愁眉苦脸的。

如果想让孩子爱运动，自己首先就要多运动。

不要用不健康的言行影响孩子

小时候，我和巷子里的小桃关系特别好。由于年龄相仿，又是同班同学，所以我们经常在一起玩儿。

在我的记忆中，小桃是个长得很俏丽的姑娘，她妈也喜欢把她打扮得漂漂亮亮的。她妈特爱干净，只要小桃的衣服有一点儿脏，她都会很快洗干净。

小学的时候，我们两个人学习都特别好，每次大人们坐在巷子里聊天的时候都会说："这两个孩子，将来一定有出息！"如果我妈在场，就会谦虚地说："孩子还小，以后的事情谁知道呢？"可是，小桃的妈妈却会说："学习好管什么用？把自己打扮得漂漂亮亮的，嫁个有钱人才是最好的。"

小桃妈不太赞成小桃上学，中学一毕业便让小桃回了家，还托人给她找了一份服装销售的工作，因为这份工作可以接触更多的人，尤其是有钱人。刚开始小桃也反抗过，但终究抵不过她妈妈的执拗。后来，她每天打扮得漂漂亮亮的，站在商场里卖男士服装。我毕业后到外地发展，也就很少跟她见面了。当然，回家看望老人的时候，有时候也会从街坊四邻的嘴里了解到一些她的情况——小桃由于长得漂亮，很多人都追她，可她妈妈一个都看不上，因为他们都没钱。经朋友介绍，小桃结识了一个餐厅老板的儿子，很快就结了婚。婚后，她老公整天游手好闲，不务正业，还赌博，每次赢了还好，输了就回来打人……打来打去，伤了感情，两人便离了婚。

去年夏天，我带女儿回老家，见到了小桃，她依然很漂亮，可就是少了一些神气。一见面，她就说："真羡慕你啊！"

我说："我有什么可羡慕的？"

"如果当初我妈不拦着我上学，或许现在我也能有一份体面的工作，长得漂亮有什么用？"

是啊，如果当初小桃妈不给小桃灌输"把自己打扮得漂漂亮亮的，嫁个有钱人才是最好的"这样的思想，小桃的人生可能会是另外一个样子。

在女儿的成长过程中，小桃妈觉得女儿长得很漂亮，漂亮是资本，长大之后嫁个有钱人，一生就有着落了。在她的错误指引下，小桃也一改往日的刻苦努力，开始了"嫁个有钱人"的追求。

虽然小桃最终实现了自己的这个愿望，可结果呢？她终究摆脱不了离婚的命运。因为钱不是万能的，幸福生活的获取和钱的多少并没有直接的关系。

出生于 20 世纪 70 年代的我们，当时的生活远没有现在富足，城市化进程也还没有开始。对广大农村孩子来说，如果想改善生活条件，不脸朝黄土背朝天地跟土地打交道，唯一的出路就是好好学习，考上好学校，这样才能找到好工作，离开农村。

那时候的父母经常说的一句话就是：好好学习，找份好工作，就不用种地了。于是，学习的重要性深深地扎根在了 70 后农村孩子们的心里，经过多次的升学历练之后，很多人摆脱了"靠地吃饭"的命运，成为各行业的中坚力量。在这个过程当中，虽然离不开自己的努力，可是也不能忽视来自父母对学习的重视。

如果父母对孩子的影响是不健康的，那么这些不健康的品格就会在孩子身上展现出来，从而让他们对自己的认识出现偏差。

如果你对孩子说："金钱是万能的。"孩子就会格外重视钱，长大后甚至还会为了钱而不择手段。

如果你对孩子说："上学靠关系。"孩子就会忽视自己的学习，长大后甚至还会为了攀关系而犯错误。

如果你对孩子说："现在，任何事情都有潜规则。"长大后，孩子为了晋升，也会……

太多的如果一旦变为现实，孩子的前途也就毁了。所以，身为父母一定要端正自己的认知，正确地引导孩子，这样他们才有可能在这种积极引导下拥有正确的人生观、价值观，并将这种积极引导代代相传下去。

家规教育能起到事半功倍的效果

学高人之师，身正人之范！这是树立优良家风的重要条件。

同事老张的儿子 7 岁了，说起他这个儿子，知道的人没有不竖大拇指的，而且大家都非常羡慕老张有这样的儿子——从小就聪明、懂事。

可是令大家不解的是，老张文化并不高，他是如何培育出这样一个出色的孩子的呢？

对此，老张解释说，其实他并没有什么高招，完全是遵循着自己多年来信奉的一些的规矩教育孩子的。比如，长辈们的话，做孩子的必须听；长辈交代的事，应该马上做完，不能拖泥带水；吃饭前，如果长辈们还没到齐，小孩子不可以先吃……慢慢地，在老张的言传身教下，儿子耳濡目染就养成了习惯。

由此可见，家规教育对孩子的行为约束具有一定的积极意义，从孩子的整个人生历程来看，家规会贯穿他们人生的始终。因此，巧妙运用优良的文化传统、制定正确的家规，可以帮助父母在家庭教育中达到事半功倍的效果。

但凡有所成就的名人，在教育孩子这件事上，都非常重视制定家规，树立优良的家风。因为家规是一种无声的教导、无字的经典、无言的力量，是最基础、最直接、最持续的教育，对孩子的价值观、人生态度、品格特点、道德修养、为人处事及生活习惯等具有重要影响，所以，称职的父母不会忽视对孩子的家规教育。

王先生非常疼爱儿子，然而溺爱过了头，全然不顾家规教育。什么"诚实守信，光明磊落""开开心心地玩，认认真真地学习""好借好还，再借不难"……在王先生看来，全都是胡扯，他觉得，孩子就得溺爱，想怎样就怎样。

有一次，王先生陪儿子到北京旅游。在动物园，他一面教儿子用自家的白菜喂猴子，一面给儿子照相。到了天坛，大铜缸刚刚修复，他却看着熊孩子爬上爬下，不理不睬。在游玩过程中，儿子想小便，公厕明明就在几百米外，他却随即给儿子脱裤子，让儿子就地解决……

看完这个案例，我们为王先生儿子的将来感到深深的担忧。如果父母希望自己的孩子将来成才，一定不能像王先生那样溺爱孩子，而是给他们制订规则、规矩，让他们从很小的时候就学会自立自强。

所以，父母可以借助家规的力量助自己一臂之力。然而，制定家规并不是给外人看的，而是要切切实实运用到生活的点点滴滴中，让孩子引以为戒。

Part 4 言传身教不可偏废

言传身教相辅相成，既是我国教育的内涵，也是父母必须引起注意的一点。所谓言传，就是告诉孩子什么是对的，什么是错的；一件事应该怎样做，不能怎样做。所谓身教，是指在教育孩子的过程中，要通过自己的一举一动来影响孩子，当然，如果是积极的行为引导，孩子必定受欢迎；如果是消极的行为引导，无论走到哪里，孩子都是一个不受欢迎的人。

生活片段再现：

想让孩子养成将垃圾扔到垃圾桶的习惯，可是你吃瓜子时，瓜子皮被扔得到处都是。

不想让孩子沉迷于网络，而你一回到家就打开电脑，开始玩电脑游戏。

你告诉孩子："吃饭的时候要在餐桌上，不要端着碗到处乱跑。"而你每次吃饭的时候，都会端着自己的碗，这个房间走走，那个房间瞧瞧，饭粒掉得满地都是。

问题：

类似的小片段在你的生活中，是不是也经常出现？你是如何应对的呢？如何应对才是正确的呢？

宋代有个姓刘的太尉，名叫刘子真，他"清身洁己，行无瑕玷"，三十多年都是这样。

刘子真有个儿子叫刘夏，在村镇上做一个小官，却"不学无术"，天天浑浑噩噩，有一天因为贪污贿赂受到刑罚。他的父亲刘子真无辜受到牵连，被革职罢官。

一次和朋友聊到这件事，刘子真很不解："我吃在家，住在家，基本上天天跟他见面，难道我的一言一行，他看不到吗？况且我品行正直，为人谦和，都是我自己要求自己的，不是祖上教我的，难道他的行为还要我教不成？"

朋友听了，认真地说："是啊，你只注意自己的品行好坏，却不顾启发教育儿子，你的失误在于不注重言传，只注重身教。言传身教是必须结合的啊！"

言传身教相辅相成，父母必须注意这一点。

所谓言传，就是要将行为规范说出来，告诉孩子应该怎样做，不能怎样做。孩子受父母的影响，不仅来自父母的身体力行，还在于父母的谆谆教导。因此，在教育孩子的过程中，父母不能单纯地靠自己的行为来影响他们，还要明确告诉他们，哪些地方做得好，并鼓励他们继续发扬；哪些地方做得不好，引以为戒，下次再遇到类似情况要多加注意。

做好孩子的参照物

古人云："正己而后正人。"身为父母，如果想让孩子懂礼貌、明事理，第一步就要自己先给孩子做出好的表率，因为以身作则是父母对孩子最生动、最有力的培养。来看看下边两个例子。

在日常生活中，周兵不仅教育儿子要尊敬长辈，还用自己的一言一行影响儿子。

下班回到家，周兵就开始忙着洗菜做饭，吃完饭还给家里老人端水洗脚，老人有时候也会心疼地对他说："孩子，别忙活了，快坐一会儿吧，当心把身体累坏了。"可是，每次他都会笑着对老人说："这不算什么。"周兵的一言一行被他5岁的儿子看在心里，记在心上。

一天傍晚，儿子不声不响地给周兵端来一盆水，尽管端盆水很费力，尽管水溅到身上，可他依然不改满脸灿烂的笑容。

我有一个同学，他经常对儿子抱怨："你看看别人能考90分，你却考不了；人家当的是班长，你却只是个组长；人家比赛得冠军，你却连个优秀奖也得不到。我怎么会生了你这么个不争气的家伙？"

直到有一天，他儿子爆发了，冲他大喊道："爸爸，你瞧王叔叔当老板，你却只是个小职员；李叔叔每月挣5000块，你却只会花钱；邻居刘婶家有苹果电脑，咱们家只有个旧电视。我怎么会有您这样的爸爸？"

我这个同学被儿子说得恼羞成怒，大发雷霆，揍了儿子一顿。但他心中的郁闷还是没法儿化开，便给我打电话。

看了这两个案例之后，很多父母肯定会选择像周先生那样来教育自己的孩子，因为他们也像周先生那样，把期望全部倾注在了孩子身上。明智的父母，希望自己的孩子有出息、有作为，永远比别人家的孩子更加优秀、更加受到众人的称赞时，都会先改变自己，给孩子做一个好榜样，因为孩子同样有向他们的朋友炫耀自己父母的心理期待。

作为父母，如果再出现一面斥责和抱怨孩子，一面夸赞别人家的孩子的时候，你一定要问问自己：我做到言传身教了吗？百说不如一做，每位父母在要求孩子之前，都应该以身作则，严于律己，充分抓住平时的点点滴滴，给孩子起个带头示范作用。

孩子犯错要及时纠正

有这样一个案例：

父亲对儿子说："爸爸喝光了你的酸奶，你委屈吗？"

"委屈！"小男孩泪眼模糊。

"你将麦当劳里的厕纸一扫而光，麦当劳经理还以为是打扫卫生的阿姨弄没的，阿姨很可能被罚款，她委屈吗？"

"委屈！"小男孩埋着头，不敢看爸爸，脸颊变得通红。

这时候，爸爸突然从手边变出了一瓶酸奶："我不经过你同意就喝光你的酸奶，我向你道歉，并为你又买了一瓶新的。可是，阿姨的委屈谁来负责？"

"我也不清楚怎么办，爸爸！"孩子一脸茫然，手指摆弄着衣角。

"你这么聪明，爸爸相信你有办法，试一试？"

孩子仔细地想了好久："爸，我有办法了，我把我最爱吃的巧克力给他们吧？"

爸爸的神态迟疑了，显然这是一个不恰当的道歉方式，可能是为了支持儿子，这对父子从商店买了一大包巧克力。

"那么，你去吧，假如巧克力不可以，爸爸可以先替你赔款，祝你成功！"孩子点点头。

孩子自己走进了麦当劳，找到了经理。"叔叔你好，我刚刚将这里厕所的厕纸全部抽完拿走了。"孩子把书包打开，里面白花花的居然有半书包的纸。店经理很诧异，可是又不知道怎么办。

"我知道我错了，请别处罚打扫卫生的阿姨，她会很委屈的。我和爸爸买了一袋巧克力，是我最喜欢的，赔给你们，给你们道歉可以吗？如果不可以，爸爸说赔钱也行……"店经理瞥见了门外的男人，最终明白了。

孩子一生中会不止一次地犯错，作为父母，一定要扮演好孩子的领航者，为他们指明正确的方向，教他们勇于承认错误并积极改正错误。

孩子犯错之后，他们本来就很敏感、茫然，如果没有承认自己过失的勇气，之后的人生路上，他们会一错再错，终将造成难以挽回的恶果。

纵容孩子犯错是一种犯罪

周先生很爱自己的儿子，但是他却不知道该怎样表达这种爱，他总觉得儿子还小，还是个孩子，淘气犯错很正常，即便他真的犯了错，也是无关痛痒的一些小事，没什么大不了的，于是周先生对儿子犯错从来都不往心里去。

没想到上幼儿园之后，他的儿子变本加厉，不是把小朋友抓伤了，就是无缘无故把小朋友推倒在地，最过分的一次是，他居然用凳子把小朋友的头砸得流血了。每次都是周先生自己主动替他向小朋友及其家长道歉，对儿子，他既不批评，也不引导儿子改正，以至于他的儿子无论做错了什么事，从来不觉得是自己错了……

面对孩子一天天长大，父母的角色越来越重要，不仅要帮助他们处理许许多多生活中的难事和杂事，还肩负着教育他们的重任——孩子犯错，教他们知错、改错只是教育的一部分。

如果孩子犯了错，不教他们及时知错、改错，而是一味袒护、纵容，只会让他们变得没有责任感，在未来的生活中，他们所犯的错也会一次比一次严重，甚至可能走上犯罪的道路。

所以，孩子做错了事，父母首先要冷静，然后适时采取恰当的方式对他们给予批评、指正，让他们明白犯错是可以挽救的，只要改正了，就可以得到原谅。相反，父母一味地唠叨、斥责，只会让他们出现逆反心理，下次再犯错，他们也会找各种借口推托。

父母犯错也要认错改错

徐光启是明朝著名的科学家，精晓农学，他的父亲徐思诚就曾经主动向他认过错。

有一天，徐思诚看到儿子徐光启蹲在棉花株旁边，手里还拿着掐断了的顶端的嫩芽，于是他愤怒地说："你在这儿干什么？不好好在家认真读书，跑出来破坏我的棉花！"

徐光启解释道："父亲，你错怪我了。快立秋了，新枝上一定不会结出蕾铃，棉花株已经足够高了，假如不管它，任其继续分枝生长，只会使养分白白流失。若是摘掉它的'冲天心'，就可以让下面即将成熟的蕾铃吸收更多的养分，这么一来，才能收获更多的棉花。去年阿康伯的棉花收成不是比咱们家多嘛，我问他，是他告诉我的。"

当意识到自己错怪了儿子后，徐思诚当面向儿子承认错误，然后按照儿子说的，摘掉"冲天心"。

传统的家庭观念中，父母不能向孩子道歉，否则会让自己很没面子。因此很多父母为了维护自己的威严，即便确实错怪了孩子，依然我行我素，不向他们道歉。实际上，父母的这种行为只会让孩子有样学样，犯了错不认错，也不改错。

父母犯错，会让孩子懂得无论是谁，犯错在所难免；父母认错，不但不会丧失尊严和威严，反而能够让孩子更加尊重你；父母改错，很好地给孩子树立了榜样，让他们多了一份认错的勇气。

第二篇

望女成凤，妈妈要这样做

Part 5 打开心房，有爱心的女孩最漂亮

给家中的老人多一些关爱，对女儿的爱心培养更直接

在我们身边，有些比较习蛮的妈妈称家里的老人为"老不死的"，这句话，体现了晚辈对老人的不尊重，如果想让女儿有爱心，就要先问问自己，能不能这样说？要多给女儿讲讲关于老人的故事，讲讲她们的不容易，不要让恶语恶习影响了女儿。

想想看，生活中是否出现过下面的场景：
当着女儿的面，说老人："整天唠唠叨叨的，烦死了！"
很少去看望老人，很少给老人买东西。
老人提出意见，嫌老人多事。
张口闭口"老不死的"。
喜欢挑老人的毛病，一不顺你的意，你就心有怨言。

问题：
为什么会出现这种情况呢？难道妈妈没有教育女儿要尊敬长辈吗？当然不是！事实表明：绝大多数的妈妈都会告诉女儿要尊老爱幼，可是不尊敬长辈的女孩却一个个地出现在了我们面前。

一个朋友曾经跟我说起过这样的一件事：
暑假，我带着 6 岁的女儿丽莎去青岛玩儿。有一次，在海边，女儿用沙子搭了一个大大的城堡，周围还修建了"花园""游泳池""车库"……
我问："丽莎，这是什么？"
女儿回答说："我的城堡！你看，好不好？"
"真好，这么大的城堡，妈妈可要好好享受享受了！"
"这个房子是我的，你和爸爸的房子在这里。"顺着女儿手指的方向，我看到一个小洞。这个小洞在城堡底下，非常小。女儿又解释说："这里安静，没人会吵到你们，你和爸爸住在这里。"
听到女儿的话，我吃了一惊，意识到自己做了坏的示范。事情还要从一个月前说起。那天，我正在收拾地下室。女儿放学回来，过来帮忙。
女儿问："妈妈，为什么要收拾地下室？"

我不经意地回答说："给你爷爷住！"

女儿听了，又问："为什么要让爷爷住这里？"

我回答说："这里安静，家里人多太吵了。老人需要安静！"

女儿听了，抱住我的脖子说："妈妈，你对爷爷真好！"

很快，爷爷便搬到了地下室，虽然丈夫很不满，可他也没办法。他这个"妻管严"，只能由着我做。

婆婆去世早，公公一个人将儿女拉扯大。不可否认，我是个比较势利的人，当初之所以要和丈夫结婚主要是冲着他们一百平方米的大房子来的。自从将房子过户到丈夫的名下之后，我便对公公不那么热心了……

真是一个糊涂的妈妈！

由于年龄小，女儿对一件事的认识一般都肤浅，判断能力差，缺乏独立性，心理活动带有明显的暗示性和模仿性。在她们眼里，妈妈做的，她就能做；妈妈怎样做，她就怎样做。因此，妈妈要给女儿做个好榜样——善待长辈，关爱自己的爸妈和公婆，尽到自己的义务，回报老人的养育之恩。

好东西，先给老人留着

一个星期天，我带着女儿到商场买回来一床羽绒被。女儿高兴地跳上跳下，嘴里不停地说着："妈妈真好，妈妈真好！"可是，我却对她说："这床羽绒被是给奶奶买的。"

女儿有点不乐意了，嘀咕着："我盖的被子已经旧了，这被子我想要。"

"你还小，往后盖智能被的机会都有，爷爷奶奶老了，我们应该让她们先享受。等有了智能被，我一定给你买，好吧？"女儿听我这么一说，似乎明白了。

把被子抱上楼后，婆婆说："你们赚钱不容易，孙女又在上幼儿园，买这玩意儿干吗，家里又不是没有被子。"

"妈，天气冷了，盖羽绒被暖和。"

"把这床被子拿去让孙女盖吧！"

我急忙打断了的话："妈，上慈下孝嘛！您就让我给孩子做个榜样，好不好？"

老人没再说什么，只是高兴地笑着……

我本来没把这件事放在心上，没想到过了三个多月，女儿做了一件事，令我非常吃惊。六一儿童节那天，女儿从幼儿园回来，将一块糖递给我。

我问她："谁给你的？"

"老师给我们每人都发了一块。"

"你自己为什么不吃？"

"我没舍得吃，给妈妈留着呢！"

我把糖还给女儿，可是她却不要，还说："我吃的机会还多，说不定我还能吃上智能糖呢！"

听女儿说"智能糖"，我恍然大悟，没想到我上次说的"智能被"那句话已经深深地触动了她的心灵……

现在的生活节奏非常快，大家都处在忙碌之中，很多妈妈不仅要面对大堆的家务事，还要应付紧张的工作。可是，不管怎样忙也不能冷落了老人，要在生活上多关心老人。

如果和老人的距离比较远，可以利用节假日去看望他们。

如果平时工作比较忙，周末休息的时候带上女儿一起去看望他们。

如果和老人在一起生活，要主动帮老人做些家务，尽到子女应尽的责任和义务。

……

时间长了，女儿自然耳濡目染，并潜移默化地受妈妈影响，养成尊敬长辈、孝敬父母的好习惯。

多给女儿讲关于老人的故事

有些女孩认为，只要爱自己的爸爸妈妈就行了，爷爷奶奶又算什么？姥姥姥爷更是和自己没关系。当她们出现了这种苗头的时候，妈妈们应该立刻纠正这种错误思想，给她们讲讲关于老人的故事。

婆婆是个非常节俭的人，对于我们这一代人来说，婆婆的节俭似乎有些苛刻，对于年幼的女儿来说，更是有点儿不可思议。女儿还小，吃饭的时候很容易将饭粒、菜叶掉到桌上。每到这时候，婆婆都会捡起来，心疼至极。

有一次，小侄子来我家过暑假，婆婆很高兴，每天都带着两个小家伙在院子里玩。这一天，婆婆带着他们从外面回来。一进门，婆婆就抱怨说："挺好的一个棒棒糖，不吃了。你说可惜不可惜？"

我问是怎么回事，婆婆说："在外面玩的时候，我给这两个孩子一人买了一个棒棒糖。你闺女无意中把糖掉在了地上，我捡起来，用手擦了擦，再给她，她怎么都不要，还说'脏'。"

小侄子赶紧分辩："奶奶不讲卫生！我们老师说了，掉在地上的东西，如果脏了，就不要吃！"

过完这个暑假，小侄子就要上二年级了，他这么说，肯定是老师这样教育的。女儿今天之所以会出现这样的行为，完全是受到了我的影响。因为我平时总跟她说，要讲卫生，东西掉在地上，会沾很多土，如果吃了就会生病。

针对这次事件，我知道，婆婆观念比较传统，跟她争辩是毫无意义的，所以就没有说话。婆婆唠叨了两句，便回自己屋里休息了。

两个小家伙拿出玩具，又开始玩了。我走过去，陪他们一起玩，趁机说："奶奶不是不讲卫生，而是艰苦惯了。奶奶年轻的时候经历过三年严重困难时期，那时候每天都吃不饱，还出现过饿死人的事。奶奶是饿怕了。"

他们俩瞪大眼睛看着我，从他们的眼神里，我感受到了一丝吃惊，尤其是小侄子，表情更强烈。我不知道他们能不能理解我说的话，可我还是给他们讲了婆婆挨饿受苦的事。

事实证明，妈妈们把自己知道的关于老人的故事讲给女儿听，让她对老人的生活方式、行为习惯有一定的了解，这样她才能体会到老人的不容易，才能一改往日对老人的不满，转而心疼老人、尊敬老人。

如果老人生活朴素，可以给女儿讲讲：老人经历过极其艰难困苦的日子，可就凭借着节俭、朴素，才把这个家维持得很好。

如果老人看不惯孩子挑食，可以给女儿讲讲：过去，缺衣少食，连白面都吃不起，很多人都是吃了上顿没下顿。

如果老人抱怨孩子不好好学习，可以给女儿说说：老人小时候也想去上学，可是家里条件有限，根本没有多余的钱供她念书。

如果老人眼神不好，可以对女儿说，老人年轻时视力很好，白天操劳一天，晚上还得缝缝补补的，这才把眼睛熬坏了。

雪中送炭，让爱处处留足迹

今天，看到他人需要帮助时，有些人会伸出援助之手。可是，这些助人为乐的行为，往往被一些别有用心的人利用。因此，为了不让女儿受到伤害，有些妈妈便告诉女儿：助人为乐跟你没什么关系！其实，这样做是不对的。妈妈不仅要将助人为乐的意义告诉女儿，还要给女儿做好榜样。

想想看，你有没有对孩子说过这样的话：

课上，如果同学没有带橡皮，不要借给他，万一他也找不到呢？

主动帮助人的人都是傻子，让人讹了怎么办？

老人提这么重的买东西，他的孩子都不管，你操哪门子心？

现在很多乞丐都是职业的，他们挣得比咱们还多，有什么可施舍的？

如果有人跟你借课外书，不要答应，想看他不会去买啊？

问题：

类似的小片段在你的生活中，是不是也经常出现？你是如何应对的呢？如何应对才是正确的呢？

一个夏天的傍晚，在外面散步的时候，邻居家的小姑娘问我："阿姨，你说，一个人要怎么样才能快乐？"

我没有说话，她接着问："是不是帮助有困难的人？"

我问："谁说的？"

她说："我们老师说的。可是，为什么呢？"

我笑了笑说："助人为乐嘛！"

小姑娘笑了，说："那只不过是个成语。"

我说："不，那是真理。帮助别人的确是一件非常快乐的事。"

"助人为乐"这四个字蕴含着人世间最真最美的意义。由于自己的帮助，别人的困难得到解决时，你也会发自肺腑地感到高兴，并认为自己"还有点儿用"。可是，很多不良的社会现象天天上演：揭发偷窃行为，揭发者被小偷伤害；主动扶助老人，被老人的子女讹诈；捡到钱包交给警察，被警察怀疑动过钱包；给陌生人引路，结果将自己置身危险之中……当类似的事接二连三地发生后，很多妈妈就会告诉女儿：别人的事跟我们没有关系，不要管。多一事不如少一事。那么，当真的遇到有人向我们求助时，我们究竟该如何做？又该如何教育女儿呢？

一天下午，我打算出去买点东西，走到小区门口的时候，看到一位妈妈正在数落自己的女儿。从她们身边经过的人，纷纷驻足围观。

原来，在放学路上，女孩遇到一个陌生人求助，对方说自己忘带手机了，想借她的手机打个电话。女孩认为这没什么大不了的，便将自己刚买的新手机借给了对方。没想到对方是个骗子，等女孩反应过来的时候，才发现手里拿的是个手机模型。手机被掉了包，女孩非常害怕，急忙用路边的公用电话把这件事告诉她妈。她妈急忙赶过去，哪还找得着那个骗子啊，于是就对女儿一顿呵斥。

话语中，这位妈妈始终责怪女儿不该助人为乐，而且还口无遮拦："你真傻！如果有本事，也学人家骗个手机来，我可没钱再给你买手机了。"

见这位妈妈如此"教育"女儿，我一边劝解，一边指出了她的不对：手机被骗，人没事就好，千万别因此给孩子造成过大的心理压力，更不能引导孩子学坏。

后来，在众人的劝说下，这位妈妈离开了，但嘴上仍喋喋不休指责着女儿。女孩则低着头，跟在她妈后面，一副委屈的样子。

遇到这种情况，女孩的妈妈应该做的，首先是要让她的女儿认识到，骗子利用人的善心行骗只是个案，不是普遍现象；其次，帮助别人不是不可以，但面对陌生人，不要乱发善心，要提高警惕，学会说"不"。这样一来，女孩在今后的生活中通过不断摸索和琢磨，一定能更好地辨识求助者的真伪。如果像案例中这位妈妈一样，打击女儿的积极性，只会让她感受到帮助别人的风险，从此以后变成一个冷漠的人，甚至被引向犯罪的歧途。

邻居有求于你，能帮就帮

我家对门住着一家三口，夫妻俩经营一家小餐馆，他们的女儿和我女儿年龄又相仿，因此平时在外面遇到的时候，免不了多聊几句。

一个星期六的早上，我和女儿正在家里吃早饭，忽然门铃响了。我打开门一看，是对门的母女俩。这位妈妈进来之后对我说："今天周末，我们餐馆会非常忙，顾不上孩子，能不能让我家闺女在你家待一天？下午我尽量早点回来。"一般情况下，我为了陪女儿，不会把写作任务安排在周末，况且我也不觉得多照看一个孩子是件难事，于是便爽快地答应了。

吃完早饭，我带两个孩子去街心公园。她们俩一会儿拍皮球，一会儿吹泡泡……玩得不亦乐乎。我就在旁边看着她俩，避免她们摔着、碰着。时间过得很快，转眼到了中午，我们回到家的时候，婆婆已经将饭菜做好了。两个孩子洗完手，坐到饭桌旁，或许是玩累了，她们俩吃得都特别多。吃完之后休息了一会儿，两人便爬到床上睡觉去了……

晚上七点多的时候，女孩的妈妈过来接她。一进门，她便连连向我致谢，并送给我一条草鱼："这是我们餐馆新进的，给孩子做了尝尝！"

我当然不要了，可是对方一再坚持，我只好收下。

老公下班回来知道了这件事，说："以后注意点，不要随便给人看孩子。万一出了什么事，说都说不清！"我对他说："俗话说，远亲还不如近邻。邻里之间就应该互相帮助。而且，这样不是给孩子做榜样嘛！"

而且从此以后，我发现女儿似乎比之前热情了很多。有一次，我们在小区里玩，离我们不远的地方有人在打乒乓球。忽然，有个乒乓球滚到了女儿身边，她毫不犹豫地捡起来，给对方送了过去。我表扬了女儿，她也很开心。

对于处在幼儿阶段的女孩来说，她们的模仿力超强，看到妈妈给别人提供帮助，她也会照着做，比如扶老人上楼、帮邻居家的女儿抬车子……所以说，如果想让女儿拥有爱心，妈妈就要给女儿创造条件和环境，先从对自己的邻居多一些关心和爱护做起。

看到邻居手里拿了太多的东西，可以过去问问对方需不需要帮忙。

邻居做饭没有酱油了，过来借时，主动倒出点来给对方。

邻居家的水龙头坏了，向你借扳子时，如果有，尽量借给对方。

得知邻居遇到困难了，可以问问，看看自己是否有能力为对方提供帮助。

老人有病在床，不厌烦

我曾经读到过这样一个故事：

养老院里住着一位老妇人——七十多岁，个头较高，偏瘦，身体硬朗。平时，老人和大家相处得不错，可是，时间长了，人们却发现，没有一个子女来看望她。

据老人说，她有三个女儿、一个儿子，可孩子们跟她的关系都不好，不愿意和她生活在一起。老伴儿去世，孩子们也都成了家，她实在没地方去，这才进了养老院。

有一个和她关系比较近的老婆婆问她："究竟是怎么回事？"她这才说出了实情：

我娘家的家庭条件比较好，结婚之后，发现婆家这边的日子过得太苦，所以我特别瞧不上公公婆婆，对他们的态度也不好。后来有一次，我老伴儿和我公公出去办事，出了车祸，两人撒手人寰。公公去世后，婆婆得了半身不遂，我也没怎么伺候过，没过多长时间，婆婆也去世了。

后来孩子们都长大了，慢慢的我发现，他们有一点跟我很像——对老人很冷漠。尤其是我女儿，更是如此，不仅对我不闻不问，还挑唆其他姐妹不管我。所以在最小的女儿结婚之后，我就到养老院来了。四个孩子跟我的关系不好，也不能全怪他们，都怪我当初眼光短浅，没有给孩子们做个好榜样，自己造的孽，当然得自己承受。

在我们身边，很多女孩显得都很冷漠，其实她们也不想这样，只不过她们见多了世间人与人冷漠的相处模式，于是无形中受其影响。如果你的境况跟故事中的这位老人一样，你打算怎么做？又该如何要求自己的孩子？要知道，如果妈妈对老人视若无睹，冷眼相看，你的女儿怎么可能会将爱心的种子埋在心底？

当老人让你帮忙洗洗衣服时，不要不耐烦，主动帮着去洗。

当老人让你烧点洗澡水时，不要拒绝。

当老人想让你陪着出去逛逛时，如果你有时间，就不要扫老人的兴。

……

你用自己的行动证明了对老人的关爱，时间长了，女儿的爱心自然也就不会少。

将爱还给大自然，让女孩的心灵在此栖息

不管是动物还是植物，都是生命存在的个体。在外面玩儿的时候，既不要让女儿欺负小动物，也不能纵容女儿随意摘踏花草，更不能自己去轰撵小动物、亲自摘踏花草……让女儿有爱心，从热爱小动物、热爱生命做起。

想想看，在你身上有没有发生过这样的事：

看到女儿跑进公园的绿草坪，警告她：小草在茁壮成长，不能随意践踏。

看到女儿用砖头打小动物，加以制止，并告诉她：不能欺负小动物。

女儿让你去摘她喜欢的花，告诉她：花也是有生命的，折断了"头"它会疼。

女儿用手捞鱼缸里的金鱼，告诉她：鱼儿不能离开水，离开水它就死了。

女儿喜欢翩翩飞舞的蝴蝶，要你捉来给她玩儿，告诉她：蝴蝶可以传播花粉，让我们看到美丽的花朵，我们要爱护蝴蝶……

问题：

类似的小片段在你的生活中，是不是也经常出现？你是如何应对的呢？如何应对才是正确的呢？

这天早上，我带女儿去植物园，上午半天，女儿玩得很高兴。中午的时候，女儿说饿了，于是我选了一个凉快的地方坐下来，将一块大塑料布铺到地上，然后将书包里的东西一个个地取出来。女儿也毫不示弱，从自己的小书包里取出了自己喜欢的零食。

我和女儿一边吃，一边环顾周围，发现一对老夫妻停在了离我们不远的地方。他们两人坐下后，也将随身携带的包打开，掏出东西来吃。可是，当他们吃完想擦手时，却发现卫生纸找不到了。和他们挨着坐的是母子俩，小男孩看起来有十一二岁的样子，见此情景，他急忙将自己带的纸巾递了过去。老人连忙感谢。我告诉女儿："这个小哥哥做得不错，如果以后你遇到了这种事，也应该这样做。"女儿笑呵呵地点点头，一直盯着这个小男孩看。看到人家要走了，她催我也快点儿收拾。

那对母子走在前面，女儿拉着我走在后面，很快来到了"月季园"。我觉得这样跟在别人的后面很不礼貌，打算离开。这时候，我突然看到，小男孩的妈妈进入了花圃，让小男孩给她拍照。我女儿显然是看到了，也想进去，我对她说："花也是有生命的。人们都进去了，把花弄折了怎么办呀？"说完，我用脚轻轻地踢了一下女儿的小腿肚，女儿"哎哟"一声。"我踢你一下，你就疼得叫唤。你进去踩到了月季，它不是更疼？"女儿若有所悟。

很多妈妈都要求女儿要有爱心，要知道，这个爱心不仅包括对生活的热爱、对老人的热爱，还应该包括对动物和植物的热爱、对生命的尊重。为了美化环境，很多公园和小区都种些花花草草，一些流浪猫、流浪狗也会经常出现在这里，因此，妈妈们必须保证自己不摘踏花草，不轰撵流浪猫、流浪狗，用自己的实际行动告诉女儿，花草、动物同样需要我们来爱护。

告诉女儿如何和小动物正确相处

市场里有一个人经常在这里摆摊儿卖金鱼，女儿每次经过都会赖着不走。后来，我索性就给她买了几条。女儿对这几条小金鱼喜爱有加，连着两天，不是说要换水，就是说要喂食。为了不让女儿将这几条鱼"欺负"死，我就把鱼缸放到了高处。女儿要想看，必须得到我的允许。

这天早上，女儿一起床便说要看小金鱼，我就把鱼缸给她搬下来。当时水烧开了，我急着去灌开水，便进了厨房。等我出来的时候，女儿正从鱼缸里捞鱼——茶几上，两条小金鱼正躺在那里，扭动着身体。

我一边制止女儿，一边冲过去，把两条金鱼放回了鱼缸。女儿被我的突然举动吓坏了，愣在原地。我蹲下身子，告诉她："金鱼是离不开水的，离开了水，鱼就死了。"

我知道，女儿并不是真的要害死金鱼，只是她还小，不明白鱼是离不开水的。为了不让女儿再犯同样的错误，从那以后，只要她想看金鱼，我都会陪着她。

喜欢小动物是孩子的天性，但有时他们并不知道该怎样和小动物相处。就拿我女儿来说，喜欢小金鱼就把它从鱼缸里捞了出来，放在手里看、放在桌上瞧，可是她并不知道：鱼离开了水，时间长了就会死掉。那么，如何才能引导她们跟小动物很好地相处呢？

摒弃不良暗示，当女儿对于某个小动物有点儿好奇时，不要对她们说"好脏、危险"之类的话，要加以积极鼓励的引导。

可以通过多种方式和女儿一起收集资料，比如图片、录像，让女儿了解它们的生活习性，知道它们最喜欢什么，最不喜欢什么，爱吃哪些食物，爱做哪些事情。

如果女儿喜欢，可以试着和她一起饲养一只小动物，并告诉她一些关于动物是人类的好朋友的故事。

还可以带女儿到饲养宠物的朋友家去做客，让她们看看其他小朋友是怎么跟小动物相处的。

引导女儿保护小动物

去年暑假的一天，我去看望一位中学同学，刚走进她家小区的时候，发现有几个孩子围着一只小猫，这些孩子看起来七八岁的样子，每人手里都拿着一根小树枝，敲打着小猫，他们还时不时地发出一阵哄笑。

恰巧这个时候，一个妈妈带着一个小女孩经过这里。小女孩看到了，说："妈妈，这只小花猫真可怜！"小女孩的妈妈瞥了一眼："有什么可怜的？谁让它不好好待在自己家里，到处乱跑？"

小女孩没有听明白妈妈的意思，又接着说："妈妈，咱们把它抱回去养着吧！"小女孩的妈妈听了，用力扯了一下小女孩的胳膊："它跟你有什么关系？自己还吃不饱呢，哪有多余的饭菜给它？"说完，便拉着小女孩走了。

……

俗话说，人性本善。其实，在女孩很小的时候是有爱心的，只不过很多时候在妈妈的暗示下，遭到了扼杀。故事中的女孩原本很可怜这只花猫，可是却因为她妈妈的一句话彻底打消了自己的念头。由此可见，妈妈对事物的态度，会对孩子的行为产生重要的影响。如果女孩想做一件事，妈妈不屑一顾的态度或者仅仅是撇一下嘴，都会让女儿对自己的想法产生怀疑。因为，在她们看来，妈妈是对的。妈妈是权威。所以，如果想让女儿有爱心，千万不要对她们说下面的这些话，更不能做出类似的举动：

当女儿说"妈妈，那个老人真可怜"时，不能露出熟视无睹的表情。

当女儿想帮助别人时，不能扯女儿的后腿，说："别人都不帮，你逞什么英雄？"

当女儿想给他人让座的时候，不要用眼神制止女儿。

本章小结——说给妈妈的话

※ 很多妈妈不仅要面对大堆的家务，还要应付紧张的工作。可是，作为妈妈，不管怎样忙也不能冷落了老人，要在生活上多关心老人。一定要善待长辈，关爱自己的父母和公婆，尽到子女的责任和义务。

※ 将老人的故事告诉女儿，可以让女儿对老人的生活方式、行为习惯多一些理解；如果老人在年轻时做过什么好事，或者有过什么成绩，更会让女儿对老人多出一些崇敬之情，消除往日对老人的不满情绪。

※ 俗话说"远亲不如近邻"，可越来越多的人住进了楼房，很多人连对门住的是谁都不知道，因此，应鼓励女儿为邻居提供力所能及的帮助。千万不能因为一个星期见不了几次面，就拒绝帮助邻居。很多女孩没有爱心，其实，她们并不是不想，而是不会。

※ 为了美化环境，很多公园和小区都会种些花花草草，一些流浪猫、流浪狗也经常会出现在这里，无论是花草还是这些小动物，都需要大家共同来爱护。如果女儿想做一件事，妈妈不屑一顾的态度或者仅仅是撇一下嘴，都会让女儿对自己的想法产生怀疑。

Part 6 放开心灵，用真诚之心拥抱周围的一切

为自己的"食言"找借口，必然失信于人

在我们身边，很多女孩都不守信用。比如答应和妈妈一起包饺子，可是事到临头却躲到一边；答应每天早上早起，可是，闹钟响过很久了依然趴在床上……妈妈们要多想想其中的原因，更要从自身做起，对女儿的行为产生影响。

想想看，生活中有没有出现过下面不守信的片段：
本来答应女儿星期天去姥姥家，可是懒得动，结果没去成。
本来答应吃完饭后陪女儿出去转转，可是吃完饭就后悔了。
本来要送 iPad 当女儿的生日礼物，却食言。
本来让女儿看动画片的，可是看到女儿淘气，便没了下文。
本来要和女儿一起看电影，时间到了，却放弃了。

问题：
类似的小片段在你的生活中，是不是也经常出现？你是如何应对的呢？如何应对才是正确的呢？

我读过这样一个发生在一对母女身上的故事：
小雪，今年 10 岁，上小学三年级。一直以来，小雪都是一个遵守诺言的好孩子，她的妈妈也常常引以为豪。可是，这段时间，她却发现女儿学会了耍赖，比如本来商量好了星期天母女俩要去看姥姥，可是女儿却赖着不起床，妈妈催了她好几次，小雪依然无动于衷。对于女儿的做法，妈妈虽然心中不满，可是还没有达到生气的程度。一件事情的发生，让妈妈简直是气愤难当。
星期天，妈妈带着小雪去商场买东西。小雪不愿意跟着妈妈逛，想自己到处转转。最后，妈妈和她约定，两个小时以后，在商场门口碰头，不见不散。结果妈妈采购完了，到商场门口等她，可左等右等，就是等不来。最后，她只好用手机往家里打电话，没想到电话那头传来女儿的声音，原来，小雪早就回家了。
妈妈回到家，问她："你回家怎么也不给我打个电话，害我等了你

那么长时间。"小雪却说："又不是丢了！急什么？"妈妈看到女儿这样，生气地关上了卧室的门。而小雪呢，摆出一副若无其事的样子，继续看她的《喜羊羊与灰太狼》。因为，她知道，妈妈也曾经失信过。上一次，妈妈本来答应小雪过生日给她买个生日蛋糕，小雪满心期待，可生日这天，妈妈说蛋糕店休息，没买到。其实，小雪中午放学的时候去那家蛋糕店看过了，人家照常营业，根本忙不过来……

面对不讲信用的女孩，妈妈们怎么办？这是很多妈妈在育儿的过程中经常会遇到的一个问题。其实，女儿不讲信用，肯定是有原因的，而且最重要的一个方面就是受到妈妈的影响。如果故事中的妈妈能够检查自己的行为，就能很快找到问题的解决办法了。

生活中，女孩和妈妈的关系最亲密，妈妈的言行对女儿的影响也是极为深刻的，所以在女儿面前，妈妈们必须要言行一致，任何情况下都不能说话不算数或者言过其实。

经常以工作忙为理由敷衍女儿，为自己的"食言"找借口，并不是明智的举动。如果女儿直接指出了你的问题，你却扬起手中的棍棒"终止"了她的"承诺"，时间长了女儿就会对你产生一种不信任的心理，母女之间的距离也会越走越远，最终导致家庭教育的失败。

答应女儿的，就要做到

女儿很喜欢看书，各种各样的幼儿图书，每天都要来回翻几遍。

在女儿三岁的时候，我答应她，给她订一年的《幼儿画报》。当新一期的《幼儿画报》到达女儿手中的时候，她那个美啊，不停地说："这是我的《幼儿画报》！这是我的书！"

我很明白对女儿守信的意义，因此，只要答应了她的，我都会做到。

去年夏天的一天晚上，我们吃完饭在外面散步，老公随口说了句："这时候，去水上乐园玩最好了。"我附和着说："是啊！抽时间，带女儿出去玩玩！"谁知，女儿却将我们的话记在了心里，连续两天都和我们说，要去水上乐园。

为了不打消女儿的积极性，我便利用空闲的时间带她去了欢乐水魔方嬉水乐园。在这里，女儿一个项目接着一个项目地玩，开心极了。

或许正是因为我对女儿说到做到，所以只要是和我约好的，一般她也都会做到。上了幼儿园，每天早上起床之后，她都会先看一集《爱探险的朵拉》。我们约好了，每天只看一集。女儿很守信，只要看完一集，她就会自己关上电脑。

对孩子守信，是每一个妈妈都应该做到的。说到，就要做到。这样，女孩才能在你的影响下，懂得失信于人是不对的。

要纠正女孩不守信用的方法就是妈妈首先要做到言行一致，千万别轻视了女儿的模仿能力，幼儿阶段的孩子非常容易受到父母某种行为的暗示。如果妈妈言行不一，不履行承诺，她们自然会受到暗示，跟着模仿。

所谓"榜样的力量是无穷的"，妈妈只有用自己的行为向女儿说明应该怎样做到守信用，女儿才会有样学样，效仿妈妈的行为，接受妈妈的正面教育。

妈妈们一定要注意自己的行为：

答应了女儿星期天要带她到公园去玩就一定要做到，如果临时有事，也要先考虑事情重不重要，若不重要，就要坚守诺言，带她去公园；如果事情确实比较重要，一定要向女儿说明情况，并和她再约一个时间去。

答应了女儿给她买光盘，就要尽快实现诺言，不要拖着不买，或干脆不承认自己说过要给她买光盘的话。

答应了女儿让她自己整理自己的小床，就要鼓励其大胆去做，不要在一边指手画脚地进行干涉。

答应了女儿雨停之后带她出去玩水，就要及时带她出去，不要以"水不干净，会把身上弄脏的"而拒绝。

做不到，就不要承诺

有一天我带女儿出去玩，在街心公园碰到一家三口，他们坐在凉亭里，正讨论着吃什么。小女孩说："明天出去的时候带几根老玉米吧，我喜欢吃。"她爸爸说："老玉米有什么可吃的，还是带点儿水果、牛奶之类的吧。"小女孩见爸爸反对，不乐意了。小女孩的妈妈赶紧安慰她："好！给你带几根。"听妈妈这么说，女孩蹦蹦跳跳去一边玩了。

之后，这对夫妻便有了一段对话：

老公："跟你说了多少次了，不要总给孩子吃玉米！出去玩儿，带点儿什么不好？"

妻子："我这不是为了哄孩子高兴吗？明天早上走的时候，我会提前把东西都准备好，她怎么知道包里有没有玉米？"

老公："我以为你忘了呢。"

妻子："怎么可能？我就跟孩子这么一说，你还当真了！"

……

这对夫妻还在继续着，甚至为自己的小伎俩暗自高兴。我看了看在一边玩的小女孩，无奈地带着女儿离开了。

在生活中，很多妈妈往往会不假思索地答应女儿的要求，之后就会把这事忘到九霄云外去了，全然不顾女儿的感受，总认为小孩子根本就不会有自己的判断。其实，女孩大多都是异常敏感的，妈妈答应了的事情，她们通常都会记在心里。如果总是失信于她们，次数多了，她们就会变得不再信任妈妈。所以，天下所有的妈妈们一定要记得，如果有些事情自己确实做不到，就不要轻易答应女儿。

如果你没有时间接女儿放学，就不要答应女儿放学后会来接她。

如果你星期天没有时间，就不要答应女儿带她出去玩。

如果家庭条件有限，就不要答应女儿学舞蹈的要求。

如果你打算晚上有事情做，就不要承诺女儿要给她讲故事。

如果你不想捐款，就不要承诺女儿：我会多捐。

没人喜欢谎话连篇的女孩

知错不改，是很多女孩的通病。很多时候，女儿明明知道自己做错了事，就是死不承认，一点儿也没有要悔改的意思。要和女儿做朋友，让她们面对现实，面对错误，勇于承担。同时，如果妈妈们做错了事情，也要主动承认，不能因为自己是大人，就有做错事的理由。

想想看，生活中有没有出现过下面的场景：

答应给女儿买雪糕，却没买，也不将原因告诉她。

总是用善意的谎言为自己开脱。

总喜欢和女儿玩"撒谎"的游戏。

看到家人撒谎了，也不会及时指出来。

家人之间相处，充满了欺骗。

问题：

类似的小片段在你的生活中，是不是也经常出现？你是如何应对的呢？如何应对才是正确的呢？

我有个朋友叫蓝梅，毕业于北京著名学府，在一家外企公司担任高管一职，她的女儿在北京一所重点小学上学，她的老公是国家公务员……在旁人眼里，这一家人是和谐的、美满的，可是有一天，蓝梅却在下午下班后找到了我。

不可否认，蓝梅身上有一种女人少有的干练，或许正是因为这个原因，才能让她坐到了外企高管的位置。见到我之后，她直入主题："这段时间，我女儿真是让我大伤脑筋！"我让她慢慢说，然后，她便将这段时间她女儿的表现告诉了我。

"我这个人比较要强，任何事情都要争，都要做到最好。上学的时候，我的成绩是数一数二的；工作之后，我的能力更是无人能及……可是，我怎么就生出这样一个女儿？"蓝梅顿了顿，接着说，"我女儿上的是重点小学，为了督促她学习，每天我都会按时下班，陪着她一起写作业；如果我没有时间，我就让老公陪着她写作业……每次都是女儿说'写完了'，我们才会睡觉。如果女儿不想写了，我们就会狠狠地批评她，要不就惩罚她。可是，最近半个月，她的班主任接连给我打了两次电话，说我女儿不能按时完成作业。多丢人啊！不按时完成作业。……我问她，她也承认了。可是，没见她有一丝的悔改之意，依然我行我素。今天中午，我第三次接到了班主任的电话……"

听完蓝梅的"控诉"，我说："每次写作业都陪着，每次写不完就惩罚，你们就没有想想自己的问题？我觉得，问题就出在这里。当然，如果她犯了错，可以适当对她进行一些小惩罚，但是过度的惩罚会让她产生恐惧。像你们这样，总是批评、惩罚她，她会根据以往的经历，想一些办法来对付你们……"

蓝梅默默地听着，或许她真的从我这里找到了答案。一个星期之后，她给我打来电话，说她已经和女儿沟通："果然，女儿就是对我们产生了抵触。现在，女儿写作业的时候，我们不会陪着了，我们打算给女儿自由……"

今天，独生子女众多，为了给他们提供最好的生活、学习条件，同时也为了他们变得优秀，很多父母增加了对孩子的关注，比如陪着写作业。殊不知，这样做是不对的。尤其是女孩，她们会获得这样的信息：我是不独立的，我是错误的，我是需要保护的……一旦产生了这种意识，她们就会产生强烈的依赖感；同时，也会感到生命的不自由。

随着女孩一天天长大，她们会对这种"不自由"表现出强烈的反抗，故意不完成作业就是一种反抗方式。可是，妈妈们很少能够明白这一点，也不会站在孩子的角度换位思考。所以，如果想纠正女孩知错不改的问题，妈妈们就要试着从自身做起，检查自己的行为，看看哪些做法是不合适的，然后赶紧纠正。

引导女儿积极寻找原因

去年五一，大姐带着外甥女婷婷来我家玩，我们两家人一起去了十渡。中午的时候，婷婷说"很热"，要吃冰激凌。我女儿也要吃。大姐便给了婷婷 10 块钱，让她到旁边的小商店去买。婷婷很快就回来了，手里拎着两个冰激凌。

"给，你先挑！"婷婷懂得谦让，让妹妹先选。我女儿选了一个粉色包装的，婷婷便拿着另一个蓝色包装的吃起来。我表扬婷婷说："婷婷懂得先让妹妹选，真是长大了！"婷婷听了我的表扬，笑了笑说："老师跟我们说，有了好吃的，要先让比自己小的吃。妹妹比我小，当然先给她吃了……"

这时候，大姐突然高叫一声："这冰激凌多少钱一盒？"婷婷回答说："三块！""你数数这是多少钱？"我们一看，大姐手里摊着三块钱，"那一块呢？是不是少找了？"婷婷看了看钱，然后低下头，冰激凌也不吃了。大姐开始数落道："总是这样丢三落四的，就不会算算？对方找了你钱，你怎么不知道数数……"

我对婷婷说："是不是丢在路上了，咱们去找找。"然后，我带着婷婷往超市的方向边走边找。走到超市门口的时候，老板娘笑着问："是不是丢钱了？"说着，用手扬起一块钱。"是。"老板娘又说："我刚出去的时候发现柜台边上有一块钱，料定是这个小姑娘走的时候掉的。"婷婷感激地看着她，接过钱，不停地说："谢谢！谢谢！"

回来的路上，我告诉婷婷："以后不管做什么事，都要认真点儿！一旦发现错了，就要想办法进行补救。"婷婷看着我，点点头。

孩子犯错在所难免，可是为什么有的孩子就是不承认呢？如果父母仅仅是单纯地说教，一点儿用都没有。当女儿意识到自己犯了错误，妈妈要想办法和她一起补救，让她体会到妈妈的良苦用心，同时也让她明白，任何事情总会找到解决的办法。

如果女儿不小心将玩具弄坏了，要陪着女儿一起修理。

如果女儿在外面玩的时候将衣服弄脏了，要带着女儿一起清洗。

如果女儿将碗打碎了，要和她一起小心清理。

如果女儿欺负了小朋友，要带着她一起去给人家道歉。

如果女儿对老人不尊重，要鼓励她去给老人赔礼道歉。

不要对女儿说："这点真像×××！"

这天晚上吃饭的时候，婆婆对我女儿说："今天，姗姗表现可不好啊。"我诧异了。婆婆接着说："今天下午，幼儿园放学回来的路上，姗姗一路小跑。十字路口的红灯都亮了，她还往前冲，幸亏当时路上没车……"

听婆婆这样一说，我的心都提到嗓子眼了："真是太危险了，以后可不能这样了！"女儿听了，似懂非懂地点点头。

这时候，公公说："嗨！这一点和她爸小时候一样，天不怕、地不怕，就是胆子大！"老公一听，来了劲："我小的时候，经常几个人一块儿到铁道旁边玩……"没等老公说完，我便急忙打断他，扯开了话题。

大人的这种"像××"的说法，会让孩子以为自己做的是正确的，从而导致是非观念的错位，甚至无视父母的训诫。

在我们身边，很多老人在评价自己的孙辈时，经常会说"这一点像你妈妈""这一点像你爸爸"。其实，如果这些像爸爸妈妈的方面都是积极的，可以引导孩子朝更加积极的方面去发展，比如"和你妈一样的聪明""跟你爸一样孝敬老人"……可是，当听到老人们说"×××犯了错就是不承认""像她妈一样知错不改""真是有其母必有其女"……就要注意了，因为这种无意的开脱，虽然只是随便一说，但很可能会让女儿知错不改，比如："不管我犯了什么错，都是因为太像妈妈了，这不是我的错。""妈妈总是犯错，她说的话没根本就没必要听。"……

有时候，即使是成人做了错事，旁边有人帮着开脱，自己也会在浑然不觉中真以为自己没有做错，更不必说孩子了。所以，如果再碰到他人为女儿的小错误找理由时，妈妈可以采用这种最简单的办法来应对：

当老人说女儿的坏脾气像爸爸时，可以接着话茬说："是呀，听说，为这事，你爸小时候可没少挨爷爷的打。"

当姥姥说外孙女挑食像妈妈时，也可以说："妈妈小时候不好好吃饭，姥姥总是罚妈妈跪搓板。"

这样一来，女儿就会知道，虽然爸爸妈妈小时候也这样，但这都不是好事，要知错能改。

"虚荣病"会让女孩心灵扭曲

现在的女孩大多是独生子女，很多人都是在称赞声中长大的。绝大多数的女孩都有超越他人的欲望，作为成人，妈妈们就一定要合理地加以引导，帮助她们调整好自己的心态，对自己做出正确的自我认识和自我评价；要认识和满足女儿的合理需要，将不合理的要求去掉。

想想看，自己有没有发生过这样一些情节：

家庭条件一般，可是每次出去逛街，都要将金项链和金耳环戴上。

老公买了汽车，和人聊天，张嘴闭嘴就是车。

家人出去吃饭，吃剩了，顾及面子，不打包。

自己本来不喜欢喝红酒，却要在家里弄个酒柜，美其名曰"充门面"。

只要是参加婚宴，必然要让当老板的老公陪自己一起去。

问题：

类似的小片段在你的生活中，是不是也经常出现？你是如何应对的呢？如何应对才是正确的呢？

在我的邮箱里，有这样几封来信：

一、自从上了初中之后，我女儿变得越来越不可理喻了。去年，她过生日的时候，刚给她买了一部新手机，现在就吵着要换一款5000块的，说什么现在用的落伍了！她还说，今年的生日不在家里过了，要请同学到市区最高级的酒店撮一顿……

二、每个星期，我都会固定给女儿一些零花钱，数目从100块到150块不等。但是，最近她却说钱不够用，让我每星期再多给她点零花钱。我问她："那些钱都怎么花了？"她回答说："请同学吃饭了，麦当劳、肯德基……"我没答应女儿的要求，接连几天，她都不跟我说话……

三、现在，女儿不让我开车接送她上学，只让她爸爸接送她。问她为什么，她说："你开的是QQ，让我很没面子。我老爸开的是宝马，还说得过去。"……

四、最近一段时间，我女儿只跟家境富裕的同学来往。我知道这些孩子中，很多人都成绩不好、素质较差，所以我劝她远离这些人，多和学习好的同学在一起，共同进步。可是，你猜怎么着？她居然说："现在这个社会，读书好是没用的，关键是要有钱！我们班里，那些家里条件不好的，很多都被人看不起，不管你学习好不好。"

……

这些女孩究竟怎么了？怎么会变成这样？其实，说到底，就是因为她们爱慕虚荣。受社会不良风气的影响，一些家境优越的女孩往往优越感十足；而家境困难的女孩，由于虚荣心得不到满足，自卑心理就会日渐增强。其实，不管是哪种情况，对于成长中的女孩来说，都是一种伤害。

女孩的虚荣心是如何形成的呢？一个重要的原因就是受妈妈的影响。妈妈是女儿的第一任老师，当你抱怨女儿"非名牌不穿""不断更换新手机"时，是否应该反思一下：平时自己买衣服时，是不是经常买名牌；是不是经常把"名牌"之类的话挂在嘴边；是不是经常更换新潮的手机……要想消除女儿的虚荣心问题，妈妈就要停止过去自己不当的言行，从生活中一点一滴地给女儿做出正确的示范，将良好的行为展现在女儿面前。

让女儿体会挣钱的不易

有些女孩之所以大手大脚花钱，喜欢和别人攀比，很多时候跟妈妈的教育有关。有些妈妈的钱袋永远是向女儿敞开的，以至于女儿根本无法将金钱的价值和劳动的意义联系在一起，在她们的意识中，只要自己一伸手，妈妈就能拿出钱来。

春节前夕，妈妈带着女儿小希去逛商场，置办年货。小希看中了一款高档羽绒服，标价1500元。妈妈看到这款羽绒服价格太高，便没有买，小希就撅着嘴不理妈妈了。

妈妈看到女儿这样，觉得有必要对她进行教育了，便说："小希，你想要买东西，妈妈可以给你买。但是，你得先帮妈妈一个忙。"小希听妈妈这么说，爽快地答应了。

"我有个同学是卖衣服的。这几天她特别忙，你去帮阿姨卖衣服，只要一天能卖出去20件，妈妈就给你买你刚才看上的那款羽绒服。"小希觉得这件事并不难办："好啊好啊，小菜一碟！咱们快走，找阿姨去！"

于是，妈妈就把小希带到了卖衣服的同学那里。小希一本正经地跟阿姨站在一起，帮她卖衣服。来这里的人确实很多，不过有的只是过来看看，摸摸就走了，根本不买；有的过来比画下，问问价格，嫌贵就离开了；偶尔还会有人试试衣服，可在镜子面前照了半天，最后还是不会买……

转眼一个多小时过去了，小希一件衣服也没卖出去。为了能穿上自己心仪的羽绒服，吃完中午饭之后，小希接着努力帮阿姨卖衣服。一个下午的时间，小希跟阿姨总共卖出了21件。最后，妈妈拉着小希的手说："走吧，妈妈答应过你，咱们现在去买那件羽绒服吧。"没想到小希改变了主意："妈妈，我不要那件羽绒服了，就从阿姨这里买一件便宜点儿的吧。"

虽然很多妈妈平时都会教育女儿不要虚荣，并苦口婆心地告诉她们："宝贝，你一定要省着花呀。爸爸每天出去工作，很辛苦的。""孩子，爸爸挣钱不容易，你不要再买那么贵的衣服了。"但是，千言万语，都不如让女儿亲自体会一下挣钱的艰辛，只有这样，她们才会明白幸福生活的来之不易。

如果女儿不喜欢吃米饭，非要吃肯德基，就带她去农村，看看农民是如何劳作的。

如果女儿只喜欢穿名牌，就带她去体验一下农村的生活，看看那儿的小朋友是怎么过的。

女儿看中了一款钢琴，如果家庭条件不允许，为了打消她的念头，可以让她看看妈妈是如何工作的。

不要让自己的虚荣伤了女儿

我有个同学，她妈是我们当地的小学老师，她爸是个个体户。大学毕业之后，她妈一心希望她能出国留学，光宗耀祖。可是，她的分数差了一点儿，失去了出国留学的机会。

她妈非常着急，到处托人找关系，最后通过一个中间人，交了4万美金，终于把她"弄"到了美国。她走了之后，她妈逢人便说："我女儿出国留学去了！"

她在国外打工，把自己打工挣的1000美金寄回家，她妈立刻"牛"了起来，穿戴也讲究了。后来，她给她妈打电话，说自己要回国，她妈勉强同意了。回来以后，她妈很不高兴，埋怨她说："真不争气。我现在正在竞争当校长，你偏偏这个时候回来，让我的脸往哪儿搁？你最好找个没人的地方待着去！"

同学没有说话，第二天便一个人来到了北京。虽然，北漂的生活着实辛苦，可是远离了妈妈的絮叨，她的心里倒是轻松了很多。

这是个很典型的例子。很多妈妈把女儿当成工具，为了实现自己的梦想，强求女儿为自己争面子，丝毫不在乎要尊重女儿的意愿。殊不知，虚荣心是非常可怕的，如果妈妈过度虚荣，只会给女儿带来伤害，让她们的心里受到摧残。因此，有些事情，妈妈们千万不能做：

为了彰显自己的身份和地位，不要把牌子货堆砌在女儿身上。

为了不落在别人的后面，不要看见别人家的孩子打扮得漂亮、时髦，就生闷气。

不要给女儿灌输"我们家很有钱"的观念。

手头不宽裕，当女儿说别人有什么东西时，不要迫不及待为自己的孩子也买一份。

本章小结——说给妈妈的话

※ 对女儿守信，是每一个妈妈都应该做到的。说到，就要做到。这样，女儿才能在你的影响下，懂得失信于人是不对的。做妈妈的，如果自己做不到，就不要答应女儿。如果总是失信于女儿，次数多了，她就会变得不再信任妈妈。

※ 当女儿意识到自己犯了错误，妈妈要想办法和她一起补救，让她体会到妈妈的良苦用心，同时也让她明白，任何事情总会找到解决的办法。当听到老人们说"××犯了错就是不承认""像她妈妈一样"……时，就要注意了，因为这种无意的开脱，虽然只是随便一说，但很可能会让女儿知错不改。

※ 女儿之所以大手大脚花钱，喜欢和别人攀比，很多时候跟妈妈的教育有关。要想让女儿丢掉虚荣心，就要让她知道金钱来之不易。虚荣心是很可怕的东西，妈妈的虚荣心会给女儿带来伤害。不要为了给自己面子，一味地要求、强迫女儿，不尊重女儿。

Part 7 放开双手，独立的女孩最受人尊重

会做家务的女孩生活更幸福

很多女孩的童年都是在不断地补习、做题、画画、练琴中度过的，她们在厌倦学习的同时也无暇顾及劳动和生活习惯的培养。其实，给女儿自由，让她们学习一些厨艺也是非常重要的。看到女儿做了家务，妈妈表示真诚的感谢，她们就会更积极地成为妈妈的好帮手。

想想看，在你的生活中有没有出现过类似的片段：

女儿看到你收拾屋子，过来帮你拖地，你却说："去去去，看动画片去！"

女儿想和你一起洗衣服，你却将女儿推到一边："别给我添乱了。"

女儿主动洗碗筷，你却说："你洗不干净，放着吧。"

女儿和你一起擦玻璃，可是没有擦干净，你便说："真够笨的！连块玻璃都擦不干净！"

女儿帮你叠好了被子，向你邀功，可是你却熟视无睹。

问题：

类似的小片段在你的生活中，是不是也经常出现？你是如何应对的呢？如何应对才是正确的呢？

很多妈妈都不忍心让女儿做家务：

有的妈妈认为：女儿的学习压力这样重，有那时间还不如让她们多学习一会儿呢。

有的妈妈觉得：住在楼房里，自己都没有那么多的家务可做，怎么还让女儿来做？

有的妈妈认为：做家务太脏，不忍心让女儿做……

其实，这些认识都是不对的。随着孩子慢慢长大，她们会变得厌恶做家务。当她们对家务没有一点责任感的时候，便会少一些勤劳，多一些懒惰；少一些责任，多一些推卸。

我曾经遇到过这样一个女孩：

艾萨是一个非常优秀的女孩，从小学到中学、大学，都是班里的佼

佼者。大学毕业之后，艾萨很快恋爱、结婚。可是，结婚不到两个月，她就和老公离了婚。为什么呢？原来，艾萨不会做家务。

艾萨根本就不知道，家庭是需要打理的。结婚之后，她每天早上起来收拾完自己之后，就急匆匆地赶往公司。晚上回来的时候，家里乱糟糟的——厨房里，碗筷堆在那里，没人洗；客厅里，垃圾堆了一篓，没人倒；卧室里，被子胡乱地散着，没人叠；洗手间里，更是没法说……

艾萨不满老公的做法，觉得老公没有将屋子收拾好。而老公则觉得，收拾屋子是女人的事，即使自己要做，也不能整天抱着家务不撒手吧。

艾萨一气之下回了娘家。这时候，艾萨的妈妈才发现自己犯了一个大错——从小没有教过女儿如何做家务。艾萨在娘家一待就是一个月，看着干干净净的娘家，艾萨最后竟然有了离婚的打算。与其懒懒散散地在自己家里生活，倒不如回娘家，多痛快！于是，结婚两个月之后，艾萨便和老公办理了离婚。

艾萨打算和老妈死守在一起！老爸看不过眼，便提议让女儿学做一些家务。可是，艾萨依赖惯了，怎么肯学呢？

读到这里，或许你会认为，找个保姆不就行了。可是，作为普通人，有几个能雇得起保姆呢？如果不想让女儿像故事中的艾萨一样，妈妈们一定要改变之前的想法、做法，从现在开始，让她们做些力所能及的家务。否则，等她们长大了再向灌输"家务是家庭生活的一部分"的概念，那个时候，她们不是对做家务不屑一顾，就是会把家里弄得一团糟。

让女儿帮爸爸擦皮鞋

一个星期六的早上，收拾完屋子后，我将老公的皮鞋拿出来打鞋油。女儿看到了，跑过来："妈妈，你在做什么？"我说："我在帮爸爸擦鞋油。"

女儿搬来一个小板凳，坐在我对面。当看到我将鞋油挤到鞋上时，她眼睛里充满了好奇："这是什么？"我说："鞋油！"然后，女儿争抢着要帮我挤。我担心她把鞋油蹭到身上，左躲右闪不让她弄。猛然间，我意识到自己这么做有些不妥，于是，就将鞋油递给女儿。

我先给她示范了一下，女儿随后像模像样地挤起来。她一边挤，我一边说："姗姗真乖，会帮爸爸打鞋油了！等会儿妈妈奖励你一根小布丁。"女儿听了，兴致更高了，因为她最爱吃小布丁了。

在女儿的"帮助"下，两只皮鞋花了近半个小时的时间才弄好。不过，女儿看起来挺高兴的，她站起来，捧起一只皮鞋放到了鞋架上，接着又捧起一只放了上去。完事之后，女儿说："妈妈，我要小布丁！"

我跟女儿到洗手间把手洗干净，然后便带她出去买了。回来的路上，女儿一边吃小布丁，一边对我说："以后，我还给爸爸打鞋油！"我笑了，尽管我知道她是冲着小布丁才这么说的，不过看她懂得帮大人做事，我心里觉得甜滋滋的。

现在的很多家庭只有一个孩子，不管是女孩还是男孩，都被视为"掌上明珠"。为了不让他们吃苦，父母把自己当成了他们的"左膀右臂"：上学的时候，帮他们背书包；放学的时候，帮他们写作业；吃饭的时候，帮他们夹菜；睡觉的时候，帮他们铺床……如果他们想帮着做点事，也会被父母一把推开："一边去，别给我添乱。""你把自己的事情做好就不错了。"

如果是女儿，被妈妈拒绝之后，会敏感地认为自己这样做是不正确的，是不受妈妈欢迎的。当她接二连三地从妈妈那里得到这种反馈信息之后，怎么可能还会帮着做家务呢？所以，做妈妈的一定要了解这一点，不该说的，不要对女儿说；不该做的，也一定不要做。比如：

当女儿说"妈妈，我和你一起擦玻璃吧"，不要一把抢过女儿手中的抹布。

当女儿出门想顺便将垃圾袋扔掉时，不要拦着她。

当女儿想尝试着给妈妈做一顿饭时，不要以"你不会"而拒绝女儿。

当女儿想帮爸爸擦皮鞋时，不要因为她擦不好而拒绝。

带着女儿一起做家务

我妈是个勤劳的农村妇女，每天早上都会先把屋子里里外外收拾干净，然后再去做其他的事。从我记事起，每到星期天，我妈做家务的时候都要叫上我和我姐，而且每个人分工不同……尤其腊月下旬的时候，我和我姐的任务会更多。

每年的腊月二十几，我妈都会找个天气晴朗的日子，将屋子打扫一遍，我和我姐就跟在她后面，听她指挥。如果是力所能及的事情，她就让我们来做，而像一些抬不动的、够不着的，她就亲自做，很少让我们插手。只要是我妈吩咐的活儿，我就积极地响应，为了尽快干完，我妈顾不上做饭，就会拿一些年货出来，比如糕点啦、水果啦之类的让我们吃。

等我长大了，组建了自己的家庭，我发现，收拾屋子对我来说简直是一件轻而易举的事情，甚至还将其当成一种放松的方式。

一到周末，我就会把整个屋子进行一次彻底的大扫除，厨房、客厅、洗手间、卧室……而且每次我收拾的时候，女儿都会跟在我的后面——我扫地，她就帮我把簸箕端过来；我擦玻璃，她也会擦一擦自己够得着的玻璃；我收拾厨房，她就在墙上喷点除油剂，用抹布擦擦……

勤劳的妈妈或许不知道，自己早些年的用心，今天已经在我们身上有了收获。因为，我们都没有厌恶做家务。

现在的很多女人都不喜欢做家务，但是，当你有了孩子，而且是个女孩的话，我建议那些曾经不喜欢做家务的妈妈们试着改变一下，体会做家务的乐趣，把做家务当成一件可以让自己放松的快事。而且，如果你能够带着女儿一起做，那么这段时间便可以成为一段美好的亲子共度时光。比如：

可以带着女儿安装或修理一些旧东西。

可以带着女儿换掉坏的水龙头、安装挡风窗户。

可以带着女儿打扫卫生、整理物品、洗衣缝补。

冰箱出问题了，可以和女儿一起寻找原因。

凡是女儿能做的，就让她自己做

能够独自解决身边事情的这种自信，会给女儿带来成长的感觉。对女孩来说，养成做人的独立意识，比养成动作快的习惯更重要。因此，即使女儿系扣子时慢腾腾的、需要很长时间，妈妈也不要急着伸手帮忙。

想想看，你有没有遇到过这样的情况：

女儿想自己系鞋带，可是你却弯腰为她系起来。

女儿想自己梳头，你却认为孩子梳不好，一把夺过梳子。

女儿想自己在电脑上找视频，可是你却说孩子不会使用键盘。

女儿想自己切西瓜，你却担心孩子会切了手。

乘坐地铁，女儿想自己刷卡，你却担心孩子不会刷。

问题：

类似的小片段在你的生活中，是不是也经常出现？你是如何应对的呢？如何应对才是正确的呢？

这天，我到一位朋友家做客。朋友有一个小女儿，今年 5 岁，正上幼儿园中班。

刚开始的时候，小姑娘一个人玩得挺好，可后来她却拉着妈妈说，要在电脑上看《爱探险的朵拉》。朋友只好走进书房，给她打开电脑。几分钟之后，朋友出来："我闺女就爱看《朵拉》！不过这部片子确实不错！"我说："是，我闺女也爱看。一看起来就没完没了！"

我们俩继续着谈话，没过几分钟，小姑娘出来了："妈妈，我要大的！"朋友走了进去。等朋友出来的时候，我说："是不是让你给放大？"朋友说："是，原来的视频太小了，我现在已经给她放大了。"

几分钟之后，小姑娘又出来了："妈妈，没有了！我还想看一集。"就这样，我们的谈话时不时地都被这个可爱的小姑娘打断。

等朋友终于给女儿找好了新的视频，出来之后，我说："你闺女都5岁了，完全可以让她自己找。你老是这样帮她，也不是事儿啊。现在的孩子都很聪明，你只要教她一两遍，她很快就能学会。你也不用像现在这样了。"

"确实挺累的！每次她看《朵拉》的时候，我都这样给她来回调、来回找。"

我说："我闺女会开关电脑，会自己找《朵拉》，会自己放大视频……她每次看都是自己弄。"

朋友听了，睁大眼睛："孩子这么小，就让她们自己动电脑？"

"一些简单的操作，可以教给她们。别看她们小，聪明得很！"

一个星期之后，朋友给我打来电话说，她家闺女已经会自己从电脑上找《朵拉》来看了，她这个做妈妈的省事多了！

一直以来，我都坚信，孩子是个独立的个体，有自己的思想，有独立的意志。每当看到妈妈们对女儿大包大揽的情景，我都特别想上去跟她们聊聊。可是，我也明白，没有哪个妈妈不爱自己的女儿，她们之所以这样做，肯定也有自己的道理。我并不想将自己的观点强加给别人，只想在适当的时候给予及时的引导。

凡是孩子自己能做的事，就放手让他们自己去做。这样，不仅有利于培养孩子的独立性、自理能力，同时也可以培养他们的责任感，使他们能对自己的生活、行为负责。如果妈妈想让女儿成为有责任感的人，就应该让她明白：自己的书包、玩具等物品，应该自己整理；自己的房间，应该自己打扫；自己的被褥，应该自己收拾。妈妈只有放开手，女儿才能逐渐自理、自立，到时候妈妈也会感觉轻松不少。

引导女儿洗自己的袜子

从女儿出生的那一刻起，我便决定，把她当一个成人看待——学走路的时候，摔倒了，我会让她自己站起来；开始学着吃饭的时候，即使弄得满嘴满脸都是，我也不会批评她；睡觉的时候，我会给她安排一张小床、一床小被子；出去玩的时候，她也会将自己的小书包背到肩上；看图画书的时候，她想怎么看就怎么看，我绝不会在一边加以干涉；洗袜子的时候，她愿意怎么洗就怎么洗，即使没洗干净，我也不会重洗一遍……

我记得女儿第一次自己洗袜子，是在她三岁的时候。那一次，我教女儿怎么放洗衣液、怎么搓洗袜子，女儿照着我的样子揉搓了几下，然后，投洗干净，便晾在了阳台的小凳子上。我知道女儿没有洗干净，可是，我并没有给她直接指出来。

夏天气温高，她的小袜子很快就干了。女儿拿起自己的袜子给我看，我问："洗得干净吗？"女儿说："这里是黑的。"她指着脚后跟的一块。"这个地方最脏了，你下次洗的时候，要多揉搓几下。"女儿听了我的话，非要再洗一遍。我便给她弄来了水。这一次，女儿洗得很仔细，直到水里堆满了泡泡才罢手！

有些妈妈看到女儿洗袜子，会在女儿洗完一遍之后，自己再为了干净完善一遍。其实，完全没有这个必要。当她们发现没洗干净时，往往会重新试着再洗一次，而且这一次定然会比上次更用心。

女儿总有一天会长大，一些基本的生活技能，现在不教何时教？即使开始的时候她们做得不好，但是也比她们不做强，况且一次做不好并不算什么，时间长了，自然就做好了。"熟能生巧"说的就是这个道理。

当女儿洗完自己的碗筷时，不要为其再洗一遍。

当女儿自己穿好衣服时，不要为其完善，最好让她照照镜子，自己纠正。

当女儿摆好积木时，不要试着调整，要让她看看自己的成果和图片有何不同。

当女儿写完作业时，不要替她检查，让她自己来检查。

老师给女儿布置了实践性任务，要引导孩子自己去做，不要全权代理。

不要让女儿学会命令他人

老公有个习惯，经常会出其不意地对女儿说："去，帮爸爸拿拖鞋！""去，帮爸爸扔香蕉皮！"每次，女儿都会遵照爸爸的意愿做完这些事情，之后会得到爸爸的一个"真乖"。可是，渐渐地，我发现女儿开始指使别人做这做那，即使自己闲着，也要说："奶奶，帮我剥香蕉皮！"即使鞋在自己的脚边，她也会说："我不会，妈妈帮我穿！"

我知道，女儿一定是受到了她爸的影响。于是，我决定和老公谈一谈。一天，吃完晚饭，老公对女儿说："姗姗，给爸爸拿根牙签！"女儿听了，停下手中的筷子，走过去，帮爸爸拿了一根，然后便到洗手间去了。

其实，牙签就在老公的身边，离他最近。我有点儿生气了："本来你自己能做的事，为什么要让别人帮？"

"我这是在教育女儿！"

"有你这样教育女儿的吗？如果牙签离你很远，你让她帮你拿一根，倒是情有可原，可牙签就在你跟前……"

老公辩解说："我要让他从小就懂得尊敬长辈。"

我说："尊敬长辈？你这样做，只能让她学会偷懒，学会指使别人。你看这段时间她成什么样了，连穿鞋都让人帮；一个香蕉皮，都要让奶奶帮着剥……"

老公见我真生气了，不再说什么。

我缓了缓，接着说："现在的孩子都聪明着呢，学什么都快得很。你让她帮长辈做事没错，可你也不能事事都让她来做吧。"

从那以后，老公再也没有想当然地让女儿帮过忙。我也不时地引导女儿：自己能做的事情一定要自己做，除非自己确实办不到，才可以向别人寻求帮助。

我相信，为了显示自己教子有方，很多妈妈在日常生活中喜欢指使女儿去做一些事情，却疏忽了在这个过程中，女儿会逐渐形成一种错觉：自己的事情可以让别人来做。长此以往，即使是自己的事情，她也不会去做！而且一旦养成了指使他人的坏毛病，不仅不利于女儿未来的学习，还会对她的人际关系产生负面影响。所以，妈妈们自己能做的事情，一定要自己去做，尤其是当自己闲着的时候：

当你坐在客厅看电视的时候，不要指使女儿为你拿苹果。

当你有时间的时候，不要让女儿为你拿拖鞋。

当你确实腾不出手来的时候，可以让女儿帮忙拿拿包。

当你确实体力不支的时候，可以让女儿帮你拎个购物袋。

掌握了具体的方法，做起事来才有效

当我们抱怨女儿什么事情都不会做的时候，你有没有问问自己：你将具体的方法告诉她了吗？打个比方，穿衣服时，妈妈要示范给她看，让她学着扣。只有这样要求，女儿在锻炼中成长，才会提高自理能力。女儿不会的事情要教她学着做，千万不能因为她不会而打消女儿的积极性。

想想看，你是不是这样教孩子的：

女儿让你帮她包书皮，你现场演示，让女儿跟着学。

中午女儿放学回来，没人做饭，要将简单的煮面条、炒米饭等方法告诉她。

女儿不会分析文章，将具体的方法告诉她。

女儿不懂招待客人，可以自己扮作客人，让她来招待。

女儿不会收拾书包，将具体方法教给她。

问题：

类似的小片段在你的生活中，是不是也经常出现？你是如何应对的呢？如何应对才是正确的呢？

吃过晚饭，我带着女儿到邻居家串门，邻居家的小女孩刚吃完饭，正在和奶奶抢着洗碗。

女孩说："奶奶，我会洗碗，我帮你洗吧。"

奶奶听了，说："不用，还是奶奶洗吧。你都上学上了一天了，也累了。休息一下，早点睡吧。"

女孩坚持说："今天我就要帮你洗碗。"

"好！我孙女最乖、最棒！"最后，奶奶拗不过，只好由孙女洗。

女孩一边洗一边说着："自己的事情自己做，别人的事情帮着做，不会做的事情学着做。"

听她说这话我很感动，这么小她就明白"自己的事情自己做，别人的事情帮着做，不会做的事情学着做"。这句话看似很简单，但是却包含着深刻的寓意——不管任何事情，都有个开始，都会经历"从不会做到会做，从做得不好到做得好"这样一个过程。

像洗碗这类小事对培养女孩独立自主完成某件事会起到非常重要的作用，只有让女孩从中体验到成功和快乐，才会增强她们做事的信心和动力，才能提高孩子的独立能力。如果你的女儿第一次用筷子，不知如何下手，你就要耐心地示范给她看，多练多学几次，很快她就会用筷子了。

鼓励女儿参与到做饭当中来

女儿从小就喜欢吃饺子，有时间的话我就会包给她吃，什么猪肉白菜、猪肉大葱、韭菜鸡蛋、胡萝卜、茄子的，每次我都变着花样做。而且我一包饺子，她就会凑过来帮忙，当然，绝大多数情况下她都会将面粉弄得到处都是。对于女儿的这种行为，我通常都以鼓励为主，不会因为她把衣袖弄脏而批评她。

我知道，让一个七八岁的女孩包出一个像样的饺子确实挺难，所以我总是鼓励女儿跟我学着包。刚开始的几次，她每次都会把饺子馅弄到外面。后来，随着我的不断鼓励，也随着女儿渐渐长大，她包的饺子越来越好，越来越有样子。每次煮熟了饺子，女儿都要争着吃自己包的。

女孩的动手能力很强，尤其是在年幼的时候，如果给予恰当的引导，她们就会学会做很多事情。在我们身边，很多妈妈们不明白这一点，一见到女儿帮忙，就认为她们是在捣乱，于是横加阻拦。其实，妈妈这样的言行很容易让女儿产生受挫感，让她们觉得自己做什么事情都不对，时间长了，就会打消她们做事的积极性。因此，要鼓励她们学着做一些事情，哪怕刚开始的时候可能会给妈妈制造很多的麻烦，妈妈们也要这样做。

如果女儿想跟你一起洗衣服，不要将女儿轰走。

如果女儿想出去自己买东西，不要说"外面危险，还是我去吧"。

如果女儿想自己走着去上学，要多鼓励。

如果女儿想自己乘坐火车外出，也要给女儿锻炼的机会。

女儿要学习，多鼓励

我小时候，我家巷子里有个张婶，张婶是家里的顶梁柱，不管发生什么事都得由她出马。而且她一旦出马，问题肯定能够得到解决。因此，张婶在孩子们心中的形象是高大的、尤畏的，她的话就是"圣旨"。

张婶非常爱自己的两个女儿，在家里什么事情都不让她们做，即使她们看到感兴趣的，想学着做，张婶总会表达自己的不满，从而打消女儿的兴趣。记得有一天，我到张婶家去借凳子。当我来到她家的时候，张婶正在厨房里给家人炸油条。

张婶一个人忙里忙外，时不时会有油点溅出来。大女儿坐在一边，津津有味地吃着油条；二女儿则低着头。我刚进到屋里，就听到张婶的高调："学什么学，炸油条有什么好学的？没见过哪个人炸油条有出息的！"看样子，张婶是在说二女儿，见我进来，她嗓门更高了，"你看人家小薇（我的乳名），学习成绩一直都这么好，还获得市里物理竞赛的第一名，如果你们能把这个第一名给我拿回来多好！炸油条，亏你也想得出来！"

后来我才知道，那天，张婶的二女儿想和她一起炸油条，可是，她怕烫着孩子，执意不肯。张婶的二女儿17岁了，什么事情都不会做，这么大了连衣服都没有自己洗过，因为无论她想干什么她妈妈总是拦着。

那时候，巷子里的孩子非常喜欢张婶，因为她从来不让她女儿帮她干活，我们都希望能有这样的妈妈。可是，长大之后，我慢慢发现，张婶的这种爱子之心是有问题的——她的两个女儿什么事都不会做，结婚之后，她们经常回娘家吃饭，因为她们习惯了妈妈做饭的口味，可是自己却不会做。

不知道张婶还能为自己的女儿操持到什么时候。如果当时她能够满足两个女儿做事的兴趣，并加以引导，不至于她们结婚了连自己喜欢吃的饭都不会做。

每个孩子做任何一件事都会经历从不会到会的过程，遇到不会做的事，要鼓励女儿学着做，千万不能冷嘲热讽，也不能表现得特别严肃，打消她们的积极性。

当女儿说想学缝纫的时候，要引导她。

当女儿说想学做饭的时候，要鼓励她。

当女儿说想学骑自行车的时候，不要将自行车藏起来。

当女儿说想学手工的时候，不要讽刺她。

本章小结——说给妈妈的话

※ 当女儿接二连三地从妈妈那里得到不要做家务的反馈信息的时候，怎么还会帮着家里做事情？所以，做妈妈的一定要明白，不该说的，不要对女儿说；不该做的，不要做。当你能够体会到了乐趣的时候，家务也是一件可以让自己放松的快事。如果你能够带着女儿一起做，这段时间便可以成为一段美好的亲子共度时光。

※ 有些妈妈看到女儿洗袜子，会在女儿洗完一遍之后，自己完善一遍。其实，这时候完全可以让女儿自己来做。当她们发现自己没洗干净时，会重新试着再洗一次。这次，她们定然会比上次更用心。自己能做的事情，就要自己去做，尤其是当自己闲着时、方便时。

※ 很多妈妈一见到女儿帮忙，就阻拦。其实，这样的言行，容易让女儿产生受挫感，当她们觉得，自己做什么事情都不对时，就会打消做事的积极性。要鼓励她们学着做一些事情，哪怕刚开始的时候可能会给妈妈制造很多的麻烦，妈妈们也要这样做。

Part 8 敞开心胸，宽容的女孩最健康

向后退一步，冲突就会自然化解

在生活中，作为妈妈的我们如果经常得理不让人，只喜欢从自己的角度考虑问题，甚至在女儿面前与人发生激烈的争吵。久而久之，女儿耳濡目染，逐渐也就学会了，只要觉得自己有三分道理，她就会大哭大闹不止。如此一来，她怎么会有良好的人际关系？她多半会被孤立，会遭受更多的挫折。

想想看，对于孩子之间的矛盾，你有没有犯过这样的错误：

听说女儿被同学欺负了，你就怒火中烧。

和同学抢夺书包时，女儿的手被划伤，你要找人家理论。

女儿被同学误解，你非要去跟人家讲个清楚。

看到女儿被同桌打了，你找到学校就给了对方两个耳光。

孩子之间的问题，老师说没事，可是你却不依不饶。

问题：

类似的小片段在你的生活中，是不是也经常出现？你是如何应对的呢？如何应对才是正确的呢？

一天，在接女儿放学的时候，听到几个妈妈在谈论着什么，我也凑了过去。

妈妈甲说："孩子上了幼儿园，免不了要和周围的小朋友一起玩，难免会打打闹闹。有时甚至会为了抢一个玩具，就把对方推倒。如果看到自己的孩子被推倒了，我一定会心疼。"

妈妈乙说："开始的时候，我教育孩子要学会忍让，可看到她接二连三被欺负，我还要继续教她忍让吗？如果不反击，她恐怕就要一直受欺负了。"

妈妈丙说："我对我家女儿说，'如果谁打你，你就打谁。谁咬你，你不会也咬她？如果你胆子小，不敢还击，她以后就会总欺负你。'甚至，有时候我还会对孩子说，'下次再有人打你，你就打回去，如果打不赢她，回来我就打你。'"

看到自己的女儿被人欺负，妈妈们一般都会感到气恼与不平，这可以理解，但用以暴制暴的方式还击对方并不是解决问题的最好办法。也许，这样做确实可以让女儿一时不受欺负，可是妈妈们有没有想过，一个总是施以暴力的女孩，她的未来会是什么样的呢？

有一位妈妈，从女儿记事起就教育她：要谦让，即使被打，也不要还手，要忍耐。开始的时候，女儿如果被其他小朋友打了，这位妈妈也只是安抚一下，让女儿不要计较。女儿很听话，既然妈妈要自己学会忍耐，她便努力忍耐。可是，一次、二次、三次以后，女儿被打的次数越来越多，这位妈妈终于忍不住了。一天，她突然发现女儿的小手被小朋友咬了一口，一阵心疼。她气愤地说："他咬你，你怎么不咬他？"女儿满脸稚气地说："你说过，不可以打人。"结果，她一改往日的和蔼，坚定地跟女儿说："从现在开始，谁再打你，你就打谁。"

女儿很听妈妈的话，从那以后，只要一有小朋友打她、欺负她，她便全力还击——握起小拳头就打过去。慢慢地，女儿变得暴力起来，动不动就会把其他孩子打伤。这时候，妈妈不再担心女儿被打了，却为女儿表现出来的暴力陷入了深深的担忧之中。

其实，小朋友之间发生争执是很平常的一件事，他们之间的问题，为什么不让他们自己去解决呢？如果他们自己解决不了，可以让孩子寻求老师的帮助。难道，妈妈们非要在他们稚嫩的心里埋下打击报复的种子？

孩子们之间有了矛盾，妈妈首先需要了解他们为什么打架。如果只是玩闹时不小心打了一下，是不应该过于计较的；过于呵护自己的女儿，事事替女儿出口气，甚至因此责骂老师，不仅不会对女儿的成长产生实际的帮助，还会对她起到负面作用。

女儿犯了错，多宽容些

一个女孩在她的日记里记录了这样一件事情：

今天，当我放学回到家的时候，接到了妈妈的电话。妈妈说加班，要很晚才能回来。我很高兴，这样我就可以去网吧玩游戏了。

我快速地出了门，来到了附近的一家网吧。我玩了两个小时，回到家后，发现妈妈已经回来了。我害怕极了，生怕出去玩的事被妈妈发现。

妈妈严肃地问我："这么晚了，你去干什么了？"我担心受到妈妈的惩罚，便编了一个谎话："我去楼下的瑶瑶家了，我忘了数学老师留了什么作业，去问问。"妈妈摸了摸我的头，没有再问什么，说："去，做作业去吧。"我一阵庆幸，飞一样地跑进了书房。

晚上我被尿憋醒了，起来去洗手间。我发现爸爸妈妈的房间还亮着灯，他们似乎在说着什么。我站在门外听，妈妈说："我知道，咱家孩子今天去了网吧。那里抽烟的人很多，孩子身上有很重的烟味。可是，我并没有揭穿她。我相信，她会认识到自己的错误的。"从那一刻起，我突然觉得妈妈很伟大。

女孩的宽容之心最主要受妈妈的影响，要培养善良、宽容的女孩，妈妈必须以身作则，为她们做好表率。妈妈们要了解她们的心理，把握她们成长的规律，不要盲目地对她们的错误进行批评和惩罚，而是要以一颗宽容的心对待她们。很多事实都证明，女孩通常都能认识到自己的错误，如果能够得到妈妈的宽容，就会迸发出一种更加积极的上进心。

妈妈不仅要教女儿懂得宽容，在日常生活中也应该给她做出表率。

对丈夫的一些小毛病不依不饶、吵闹不休，女儿长大后肯定也会斤斤计较。

对待他人热情、宽容，在妈妈潜移默化的影响下，"宽容"就会成为女儿性格的一部分。

路遇堵车的时候，要少一些抱怨，积极配合交警的指挥。

工作中，遇到他人的无礼行为，也要多一些谅解，之后讲给女儿听。

引导女儿学会关心他人

星期天，我在厨房里做饭，他们父女俩在客厅里玩。很快，饭菜便做好了，我喊了一声："开饭了！"女儿听了，赶紧跑进厨房帮忙。或许是由于跑得太急了，她一不小心滑倒了。

我急忙走过去，女儿的眼睛里已经含满了泪水。丈夫心疼女儿，抬起脚跺了地板几下，说："都怪地板！姗姗乖！爸爸给你报仇！"女儿心满意足地看着爸爸，很快便笑了。

婆婆看到孙女没有摔着，便指着地板说："幸亏我孙女没摔坏，否则饶不了你！"看着丈夫和婆婆这对母子的言行，我心里一惊，怎么能这样教育孩子呢？

吃完饭，我把女儿带到刚才摔跤的地方，问她："刚刚屁股碰疼了吗？"女儿点点头："嗯！"我接着说："地板碰了你，你也碰了地板。你很疼，那地板呢？"女儿想了想说："也疼。""爸爸和奶奶能帮你揉揉，那谁来帮地板呢？"女儿恍然大悟，立刻俯下身子一边揉，一边说：

"地板，地板，不疼，不疼。我帮你揉揉。"

婆婆和丈夫说我太做作，但我相信总有一天他们会理解的。

其实，很多家庭都会出现这种情况：孩子在家中不小心跌倒了，长辈赶紧跑过去抱起孩子，甚至还会替孩子打地板或椅子出气。这样做的后果是，孩子完全认识不到自己的错误，又怎么会去改正呢？

人之初，性本善。是谁把成人世界的复杂和冷漠给了女儿呢？很多时候，就是妈妈自己。须知：把"报复心"送给女儿，女儿就会变得狭隘自私；把"同情心"送给女儿，女儿就会懂得宽容体贴。

我相信，今天女儿能够替地板揉揉疼，明天就能设身处地地关心他人、帮助他人、理解他人。妈妈们一定要用自己的言行为女儿铺就人生底色。

人无完人，包容别人的不完美

能欣赏别人的优点，祝贺别人成功的人才会为自己将来的成功奠定完善的人格基础。教女儿坦然对待别人的成功，并衷心地祝贺他人，妒忌之心便会消减。一定要让女儿知道：向别人传递一个真诚的赞美，定能给对方的心灵带来光明。

想想看，你有没有对女儿说过这样的话：

这个孩子学习一点儿都不好，以后离他远远的。

这个小孩偷过东西，不要和他玩。

这个孩子爸妈离婚了，不要理他。

这个孩子总给老师出难题，不要跟他玩。

这个孩子连话都说不清楚，不要学他。

问题：

类似的小片段在你的生活中，是不是也经常出现？你是如何应对的呢？如何应对才是正确的呢？

女儿上幼儿园的时候，班里有个"小霸王"，经常趁老师不注意揪揪这个小朋友的辫子、挠挠那个小朋友的脖子。这个"小霸王"不止一次地摆弄过女儿的小辫子，女儿跟我提起过两次，我都没往心里去，认为这是孩子之间的游戏，不必太在意。

这天，我去幼儿园接女儿，起初只是淅淅沥沥地下小雨，没想到雨越下越大，我很庆幸带了两把伞。就在我和女儿要离开的时候，我看到"小霸王"和他奶奶走了出来，他们没带雨伞。于是我迎上去，递给老人一把伞："打这把雨伞快走吧，要不一会儿又下大了！"老人一边道谢，一边说："都怪我，本来想着雨下不大的，没想到……明天早上我给你带过来。"我微笑着，没有和老人多谈，这个时候有什么比早点儿回家更重要呢？

我和女儿合打一把伞回到家里，女儿有点儿不高兴了，说："他经常欺负我，我们都不喜欢和他玩，你还把雨伞借给他！"我告诉女儿："每个人都有缺点，可也有可爱之处啊。他虽然很淘气，可我们不能因此就讨厌他，应该多和他友好地交往。"

第二天早上，我送女儿去幼儿园，在门口又遇到了"小霸王"和他奶奶。老人把雨伞还给我，说："今天，我带着孙子特地在门口等你，谢谢你昨天把伞借给我们！"说着，便让"小霸王"向我道谢。我对老人说："孩子们都是同学，互相帮助是应该的。"

然后，"小霸王"拉起我女儿的手，两人一起去教室了。

从那以后，女儿再也没有跟我提起过受"小霸王"欺负的事，有时候，她居然还会跟我们说"小霸王"是如何和自己玩的。很显然，两个小家伙已经成好朋友了。

像"小霸王"这样调皮捣蛋的孩子，每个学校都有，那么如何教育自己的孩子跟他们交往呢？妈妈们自己一定要先有个正确的态度，然后告诉女儿：金无足赤，人无完人，每个人身上都会有缺点，尤其是对同学心情不好时所说的话和所做的事，没有必要斤斤计较，多理解别人的同时，自己也能收获一个好心情。

让女儿学会自我反省

有一次，我带着女儿到我姐家去，她玩儿的时候，不小心把一个玻璃杯打碎了。我姐问："是谁打碎的？" 她害怕被大姨批评，赶紧说："不是我。"我知道，玻璃杯是女儿打碎的，她的表情已经暴露出了事情的真相。可是，我并没有揭穿她，而是装出相信她的样子。

回到家里之后，我便给她讲了列宁诚实的故事，等待她能主动认错。

"妈妈，我欺骗了大姨，玻璃杯是我打碎的。"

看着女儿羞愧的表情，我欣慰地告诉她："只要打电话向大姨承认错误，大姨就会原谅你。"于是，在我的帮助下，女儿主动向我姐承认了错误。

很多妈妈会在女儿犯错后第一时间给她指出来，这么做往往会让孩子觉得很被动、很尴尬，如果刻意保持沉默并给予正确引导，不仅能让她感觉到被尊重，同时也会进行自我反省，深刻地认识到自己的错误。这个时候再对她进行教育，她就会很容易接受，这样的教育也是成功的。

自省，是每个女孩成长的必经阶段，尤其是她们犯了错之后，必须有意识地启发她们自我反省。妈妈要做的，就是给她们提供帮助，或者给她们提出建议，但绝不能干涉。因为，妈妈干涉越多，女儿逆反的可能性就越大。比如：

如果女儿和同学发生了矛盾，要让孩子自己反省，看看自己究竟错在哪里。

如果女儿考试成绩不理想，要让孩子好好想想，自己有哪些知识点没有掌握。

如果女儿没有将自己的衣服洗干净，就要让她们想想，是不是方法有误。

如果女儿对人不礼貌，就要让她们想想，如何做才是礼貌待人。

教女儿学会赞美别人

每到暑假的时候，外甥女婷婷都会召集一帮好朋友到家里来玩。有一次，几个同学又来找她玩了，几个人聚在一起看同学照片，笑话一个班里长得比较胖的女同学："那么胖，不知道她是怎么吃的。"婷婷也跟着起哄，叫对方"虎妞"。

我听到了她们的谈话，严肃地看着婷婷，问她："如果有人这样笑话你，你是什么感受？"

婷婷回答说："我……我会感到很……生气。"

我说："是啊，你想想，那个同学，会不会也有这样的感觉？"

婷婷意识到了自己做得不对："我……不笑话她了。"

一个同学赶紧说："其实，她胖是胖了点儿，但我感觉她的皮肤特别好，白里透红的，特别可爱。"

婷婷说："哦，我看看……嗯……认真看，确实很可爱。"

我趁热打铁："每个人都有优点，我们要学会用欣赏的眼光看待身边的同学，取人之长，补己之短。"

几个孩子点点头，异口同声地说："嗯！"

我问："你们觉得，这位同学有什么地方值得你们欣赏？"

"我想想……她呀，她数学总是拿冠军，我真羡慕她！"

"她的胃口特别好！上次我们去春游，她忘了带水，竟然也能吃下白白的大馒头。"

我接着问她们："还有吗？"

另一个女孩子说："还有……她写作文很厉害，老师经常在班上读她的作文给我们听。"

我说："你看，是不是每个人都有优点？如果能发现班上每个同学的优点，欣赏她们、赞美她们，再加上你们自己表现好，哪怕成绩差点儿，也一定会被大家推选为班长。"

教孩子正确对待别人的优缺点，妈妈首先要为孩子树立榜样。一个心胸狭隘、难以容忍别人的妈妈是很难教育出心胸开阔、待人谦恭的孩子来的。所以，在孩子面前谈论别人时，妈妈要本着客观、公正的原则，正确、全面地分析，绝不能随自己喜好加以评论，更不能把别人捧成一枝花或一棍打死。

赞美，既是语言的钻石，也是个人修养的体现。赞美别人是一种习惯，这种习惯应该从小就开始培养：

当奶奶已经将饭做好的时候，可以引导女儿对奶奶说：奶奶做饭多累呀，亲亲奶奶！奶奶做的饭多香呀，谢谢奶奶！

当邻居家的小姐姐穿着漂亮的衣服走在街上的时候，可以引导女儿说：小姐姐的衣服真摩登！小姐姐真干净！

同桌的字写得又规范又整洁，可以让女儿多向人家学习。

班长的组织能力比较强，也要让女儿多与其接触，多学习。

懂得放弃的女孩更知道自己要什么

尊重女儿的意愿，不仅可以进一步锻炼她的动手能力，还可以促进母女关系的和谐。女儿虽然年纪小，但是也有自己的尊严和独立人格，作为妈妈，必须尊重女儿独立生活的意愿，只要不涉及原则性的问题，就给她们充足的自由，允许女儿自己做决定。

想想看，生活中有没有出现过这样的场景：

女儿想买粉色的羽绒服，可是你非要给她买黑色的，理由是黑色的耐脏。

女儿想吃黄瓜拌粉丝，可是你却说："凉的，伤胃。吃鸡蛋炒黄瓜吧！"

女儿想上午写作业，下午玩儿，可是你非得在上午带着女儿去超市。

女儿不想和你出去逛街，可是你硬要拉上她。

女儿想玩海盗船，可是你却要去爬山，理由是省钱。

问题：

类似的小片段在你的生活中，是不是也经常出现？你是如何应对的呢？如何应对才是正确的呢？

玲玲是我一个堂哥的女儿，在幼儿园的时候，她就是一个出色的孩子，能歌善舞、聪明伶俐，是班上的小明星。

2001 年，玲玲带着自信和骄傲进入了小学，她所在的班级是一年级中生源最好的。班里将近一半的孩子都出生在知识分子家庭，小时候就开始学英语并接受各种才艺训练，个个聪明伶俐、能说会道。

玲玲很要强也很努力，每一次比赛她都很积极地报名参加，但从没得过第一名，甚至有时还进不了决赛。我们劝她不要太在意，不要强求太多，我们的态度反而令她敏感地意识到，她的成功会带给我们带来更多的惊喜。

玲玲好管事，她不仅严格要求自己，也会经常指出其他同学的不足。在老师的眼里，她是可爱的，但在一些同学心中，她的形象就大打折扣了，所以二年级上学期选中队长，她很尴尬地以一票之差落选。

二年级的第二学期，玲玲很长一段时间情绪都很低落，学习成绩也受到了一定的影响。有一天晚上，玲玲给我打电话，说："二姑，明天我们班里又要选队干部了。"我问她："你的成绩在班上是不是最好的？"她说："不是。"我又问她："你的能力在班上是不是最强的？"她又说："不是。"我因势利导地告诉她："既然你的成绩在班里不是最好的，能力也不是最强的，你就应该把这次的机会让给别人，让他们更好地为班级服务，你要做的就是好好地利用时间学习，把成绩提上去，为下次选班干部做好准备。"

我知道，要她放弃这次机会很难受，不过让我欣慰的是，第二天早上，玲玲便给我回了电话："二姑，我考虑好了，这次不参加了！"从那以后，玲玲全身心地扑在了学习上，成绩一步步地提高了。到三年级以后，她的学习成绩一直保持在全班前三名，还有两次是全年级第一名。到四年级重选队干部的时候，班上的同学一致选她，最后她也以最高票数当选。

要学会自我管理，首先要学会"选择"和"抛弃"。无论是学习，还是生活物品、行动计划及目标等，都要奉行这一原则——暂时难以企及的，要果断地抛弃。告诉女儿，必须将最佳的精力、时间，投入到最需要付出的事上，这样才能获取最大的成功。

"鱼和熊掌不可兼得"，在女儿成长过程中教她必须有所选择，有所放弃。放弃是明智者的选择，选择是明智者对放弃的诠释。懂得选择和放弃的时候，她们就会明白"放弃机会的胆识有时比选择机会更重要"！

给女儿提供选择的机会

曾经在一本书上，我看到过这样一个实验：

洗完澡后，绝大多数的孩子一般都会继续玩水，两位妈妈决定用食物引诱孩子离开浴缸。

孩子洗完澡后，第一位妈妈对她说："如果你现在擦干身体穿好衣服，妈妈就给你拿最喜欢的香蕉吃。"当孩子从水盆里出来后，妈妈便拿了一根香蕉给孩子。

而另一位妈妈是如何做的呢？待孩子进入浴室后，她就在门外摆上了孩子最喜欢的香蕉。洗完澡后，这位妈妈立刻打开了门，孩子清楚地看到了香蕉。她对孩子说："要么在水里继续玩下去，要么现在就出来吃香蕉。"孩子回答说："我要吃香蕉。"然后高高兴兴地离开了浴缸。

不同的教育方法，孩子对选择的认识自然也不同，第二个孩子在经过思考、比较之后，进行了选择，不管结果好坏，都要自己承担。第一个孩子却是根据妈妈的话来判断，如果结果不合意，很可能会把责任推给妈妈。

如果从小到大，女儿的选择权都在妈妈手中，或者妈妈一直大包大揽，从来不给她们选择的机会，那么长大后遇到问题，她们就会习惯性地依赖妈妈，或者经常性地抱怨妈妈。相反，如果妈妈一直给她们提供选择的机会，即使出现了选择错误的情况，她们也只会怪自己没考虑好，不会将责任推到别人身上。而且，在这种不断选择的过程中，她们也会慢慢认清一个很重要的事实：人生是要自己选择、自己负责的。

出去玩时，可以问问女儿："去颐和园，还是长城？"

做饭之前，可以问问女儿："想吃西红柿炒鸡蛋，还是回锅肉？"

在网络上寻找视频的时候，问问女儿："想看《熊出没》，还是《爱探险的朵拉》？"

送女儿生日礼物的时候，问问她："想要自行车，还是旱冰鞋？"

支持女儿的选择

这天早上，婆婆叫姗姗起床，早饭做好了，还没见她从卧室出来，婆婆又过去催。婆婆给姗姗穿衣服，可是，她却想穿一条黑色长裤。

"怎么穿这个啊？昨天不是给你找好要穿的衣服了吗？"婆婆一边说一边把早就准备好的粉色打底裤递给她，然后去书房给她拿书包。

拎着书包的婆婆一眼看到了餐桌前的孙女，鼻子差点儿气歪，提高声音说："为什么不换那条粉色的，非要穿这条黑色的？"姗姗一脸的委屈："我喜欢这样穿！"

"听话好不好？这样真难看，去换下来！"婆婆边说边推推她，姗姗只好默默地去换了。

看着女儿不满的神情，我问："你想穿那条黑色的吗？"女儿点点头。

"那，就去穿吧！"女儿受到我的鼓舞，急忙又穿回了那条黑裤子。

尽管我知道婆婆会为此不高兴，可是，尊重孩子的选择，是让她学会独立生活的前提。既然她对衣服有了选择，说明她已经具备了自己的审美观，只要不是奇装异服，就让她们尽情去穿。试想一下，如果你的选择总是被别人否定，你会怎么样呢？

如果不尊重女儿的选择，时间长了，有的索性听从家长的安排，放弃自己的观念；有的为了引起妈妈的重视，可能会变得倔强和叛逆，这样就更危险了。只有给她们自主选择的机会，她们将来才会成为有主见的人。所以，当女儿遇到问题时，妈妈最好不要直接替女儿做主，而要引导她们学会独立思考，找到正确的做法，让她们自己去体验、去选择。

本章小结——说给妈妈的话

※ 要培养善良、宽容的女儿，妈妈必须以身作则，为女儿做好表率，同时抓住教育契机善加引导，使女儿具有良好的心态和应对各种环境的能力，使她们拥有快乐的人生。把"报复心"给女儿，女儿就会狭隘自私；把"同情心"给女儿，女儿就会宽容体贴。

※ 当碰到别人具有明显的优势，取得成功时，教女儿多做自我反省，发现自己的不足，迎头赶上，以他人之长，补己之短。赞美是我们乐观面对生活所不可缺少的，是我们自强、自信、自我肯定的力量源泉。

赞美别人是一种习惯，这种习惯应该从小就开始培养。

　　※ 女儿从不断的选择过程中，慢慢会学到一个很重要的事实：人生是要自己选择、自己负责的。尊重女儿的选择，是让女儿学会独立生活的前提。小朋友选择穿什么样的衣服，说明她已经具备自己的审美观，只要不是太出格的服装，让她尽情去穿，即使是成年人，妈妈的眼光也并非"无懈可击"。

Part 9　放弃怯懦，勇敢的女孩才能有所成

妈妈的感受不能代表女儿

生活中，很多女孩都不敢尝试着做事情。其实，很多时候，这跟妈妈的教育是有一定关系的。当女儿想尝试去做某件事而你却阻拦了女儿时，就会严重挫伤她们的积极性。长此以往，她们就会认为，尝试是不对的。聪明的妈妈一般都不会这样做。

想想看，生活中有没有出现过这样的场景：

女儿想吃小饭桌，可是你却担心她在学校受委屈。

女儿想去给同学还书，你担心她表达不清楚，非要跟她一起去。

女儿想玩滑轮车，你却不给她买，理由是"我爱你，所以怕你受伤"。

一家人出去爬山，为了照顾女儿，你走一走、停一停，其实她走得比你都快。

野餐中，女儿想自己烤羊肉串，可是你担心她被烟熏着，让她"只管吃"。

问题：

类似的小片段在你的生活中，是不是也经常出现？你是如何应对的呢？如何应对才是正确的呢？

有个女孩曾经写过这样一篇日记：

在我的记忆中，我的童年是胆怯的。妈妈很关心我，爱护我，生怕我受一点儿委屈，什么事都不让我做。小时候，看到小朋友在石头上玩，我也想上去，可是我妈却对我说："太危险了！"我想自己穿衣服，可是她总说我穿不好。

上小学之后，我变得更加胆小了：课上不敢举手回答问题，不敢主动和同学交流，有了问题不敢问老师……上了中学，我突然发现，自己是如此孤僻。我渴望朋友，渴望被接受，可是，我却这个也不敢，那个也不敢，没有一个同学愿意和我这样一个胆小鬼交朋友。

现在，我已经发出去上百封求职简历，可是，每次有公司打电话约

我面试，我都不敢去。尽管我毕业于国家一类大学，有着傲人的学历，可我就是不敢去尝试……

我不知道自己该怎么办。可是，我也深深地知道，妈妈在其中扮演了一个怎样的角色。我能怪妈妈吗？可是，妈妈是爱我的啊……

读了这篇日记，你会怎么想？做妈妈的错了吗？当然！

从无到有，从不会到会，从不懂到懂……需要经历无数次的尝试，这也是人生的一种重要体验。换句话说，从来不敢尝试，害怕尝试，会让人失去很多丰富的社会实践体验，这样的成长过程是不完善的。所以，妈妈们一定不要阻挡女儿去体验，因为这不是爱，而是害。

溺爱是陷阱，过度溺爱不仅会剥夺女孩自我探索的机会，更会对她们的真实感受视而不见。有谁能比自己更清楚自己的感受呢？

鼓励女儿大胆尝试

有些妈妈生怕女儿磕到碰到，于是，一看到她爬上了楼梯，就赶紧说："危险，快下来！"其实，这样做是不对的。低幼的孩子对所有的事情都充满了好奇，不管是楼梯，还是其他的东西，他们只要一看到，都会上去摸一摸，碰一碰。

虽然我平时比较忙，但周末一般都会抽出时间陪女儿。一个周六，我和女儿到桥北的一个小公园玩儿。公园里有散步的老人，也有像我一样带着孩子过来玩儿的妈妈。

突然，女儿似乎发现了新大陆："妈妈，看！"顺着女儿手指的方向，我看到一个步行软梯。很显然，一定是最近新装的！女儿跑过去，双手扶住两边的护栏，一脚就踩了上去。我也快跑几步，过去给女儿做防护。几个来回之后，女儿已经走得相当稳了。

这时候，一个小女孩跑了过来，一个老人边追边说："不行！你妈说不让你玩，太危险了！"老人一把拽住小女孩的胳膊，硬要拉她走。可是，小女孩不干，最后索性躺在了地上。

老人一看，大声吼着："起来！这么脏，还往地上躺！"可是，小女孩就是胡乱地在地上打着滚，不听话。

我看到这里，走过去对老人说："孩子想玩，就让她玩会儿。你只要在旁边看好了，应该不会有什么危险。你看把孩子急的。"

老人听了，说："不是我不让！是她妈不让！如果摔着了，怎么办？"

我明白老人这是在顾及儿媳妇的尊严，不过凡事也应该根据具体情况来定吧。如果活动器材确实不适合女孩玩，当然可以拒绝孩子的要求；可是，类似于这种活动器材，女孩明明是可以玩的。

为了保证孩子的安全，很多活动器材上都标有"禁止三岁以内的孩子使用"，可是，如果家长做好看护，让孩子接触一下，他们还是可以从中享受到乐趣的。重要的是，他们一旦体验过了，就能激发他们的胆量，促使他们更加敢于尝试、不断尝试。

当女儿想玩滑梯的时候，就要鼓励她勇敢地滑下来。

当女儿想骑自行车时，给她买一辆，然后让她尝试着骑。

当女儿想自己拼装什么东西，也要让她自己琢磨着去做。

当女儿相当班长的时候，鼓励她积极地去争取。

如果女儿想自己做作业，放手给她空间和自由。

不要阻拦女儿伸出去的手

一个周末，和女儿一起看少儿频道的《智慧树》，里面正在教如何制作小布丁。女儿看到，立刻兴奋起来，跑到厨房拿了盘子、碗、牛奶、白糖等东西，说也要自制小布丁。老公一看她把东西摆满了茶几，有点儿急了，说："快收拾走，小心弄脏了衣服、打了碗，看我不打你！"

女儿不肯收拾，两眼直瞅着我，向我求援。我对老公说："就让她做吧，挺有趣的！"有了我的支持，女儿学得更起劲了，她跟着电视，像模像样地做了起来。

最后一步完成了，女儿开心地向我炫耀："一会儿就能吃上小布丁啦！妈妈你一定要吃哦！"几个小时后，女儿打开冰箱，取出自己辛苦忙活后的成果。

我尝了一口，有股酸味，实在不怎么好吃，可还是强忍着咽下去了。老公显然没有我忍耐性强，咬了一口便吐到烟灰缸里："太难吃啦！"女儿听了，小脸立刻表现出不高兴的样子，我一见，瞪了老公一眼，赶紧给她鼓劲："第一次做成这样已经不错了。"女儿自己尝了一口，也皱了眉："糖放少了，不甜。下次我一定会做得好吃的！"

每个女孩都有很强的动手能力，6岁以前是养成良好习惯和培养生活能力的最佳时机，经常动手动脑，独立干些力所能及的事，会大大促进她们的身体发育和智力发展。在开始学习动手做事的初期，她们可能往往没有头绪，费时过长，效果也不好，妈妈千万不要着急，要有足够的耐心，鼓励女儿慢慢实践，让她们自己完成。明智的妈妈从来都不会打击女儿的积极性，不会拦住女儿伸出去的手，因为她们明白，这也是培养孩子良好的自我管理能力的开端。

女儿觉得洗碗新鲜，就让她洗，如果洗得不干净，就教她怎么做才能把碗洗干净。

女儿要亲手打鸡蛋，就教她怎么才能将鸡蛋打散。

女儿要装饰自己的凳子，就给她一些双面胶，告诉她如何粘。

女儿想剪纸，就让她去剪，剪成什么样都行。

既然无法替代，就让她亲自去经历吧

人生，有成功的高潮，也有失败的低谷。对于一个人来说，经历的挫折越多，往往越坚强、越有韧性。对于那些不谙世事的女孩来说，妈妈越早对她进行挫折教育，她的心智就会越早成熟起来。

想想看，生活中有没有出现过这样的场景：

女儿小时候，只要一摔倒，你就急忙上去扶。

女儿做错了题，你直接将答案告诉她。

女儿上台演讲失利，你批评她。

女儿和同学发生了矛盾，你对她抱怨："其他同学都处得好好的，就你能！"

老人训了女儿，你却对她说："没事儿，他老糊涂了。"

问题：

类似的小片段在你的生活中，是不是也经常出现？你是如何应对的呢？如何应对才是正确的呢？

晶晶是家里的独生女，平时妈妈无微不至地关心她，爷爷奶奶更是视她为掌上明珠。只要是晶晶想要的东西，妈妈都会尽量地满足。晶晶也很争气，整个小学阶段，基本上每次考试都是年级前三名，亲戚朋友都夸晶晶是个好女孩。小学毕业后，她顺利考入了一所理想的重点中学。

可是入学以后，晶晶却觉得越来越失落，之前的优越感一下子全没了——身边的同学都非常优秀，课堂上自己回答不出来的问题，总有那么多同学不假思索就能说出答案；语文课上，好不容易争取到了回答问题的机会，竟然答错了；老师的目光在自己的身上停留的时间也越来越少了；开学不到一个月要确定班干部，名单里也没有自己的名字……

这一切都让晶晶不断地怀疑自己，责备自己，她甚至感到无颜再面对妈妈了。

任何人都有沮丧、失落的时刻，你的女儿也不例外。她的考试可能会失利，她的要求可能会得不到满足，她的努力可能得不到回报，她的真情可能会被无情伤害……这些时刻，无论你多么爱她，都不可能代替她去经历失败的痛苦。实践告诉我们，成功的教育，除了要教女儿掌握一定的科学文化知识和技能外，还必须帮她塑造良好的思想素质，教她勇于面对困难，面对挫折。

挫折教育是一堂重要人生课，只有学好这一课，才能具备成功者的素质，才能具有生活勇士的坚强毅力，从而成为一名生活的强者。不论女儿长大后干什么，都不要过早剥夺她们吃苦和创造力培养的机会，否则，只能让她们长大后陷于平庸和无能。

"过分溺爱""无条件地服从""向女儿的要挟屈服"……这些都是妈妈无意间给女儿挖的"温柔的陷阱"。妈妈的错误引导，往往会使女儿进入成长道路上的误区：

女儿摔倒了，妈妈马上去扶，女儿便会产生一种理所当然的想法，反正摔倒了有爸爸妈妈呢，于是她们往往会不计后果地走路；无条件地服从女儿的所有要求，女儿从小体会不到什么叫"挫败"，当她们真正遇到挫折时，便会表现出甚于常人的痛苦。

女儿一"要挟"，妈妈便"屈服"，这往往会给女儿这样一种暗示：只要使用"手段"，任何目的都是可以达到的。

女儿摔倒了，让她自己站起来

刚学会走路的孩子会经常摔跤，让众多妈妈心疼不已。前几天，我在公园里看到这样一幕，不由得让人深思，并对这位妈妈的做法表示赞同和支持。

一位年轻的妈妈带着女儿在公园里散步，小女孩最多不过两岁，可能是太高兴走得快了，"扑通"摔了一跤，看得路人都想上去扶一把。但是，年轻的妈妈并没显得有多紧张，她只是站在后面微笑着说："自己站起来。"小女儿趴在地上想了一会儿，便用小手撑着地，吃力地站了起来。妈妈又说："自己把身上拍拍干净。"女儿接到命令，便用小手像模像样地在身上拍了几下。

我很好奇，问这位妈妈："很多孩子摔倒后都会赖在地上号啕大哭，等着大人过来抱，你女儿怎么这么懂事？"

这位年轻妈妈笑着告诉我："我是有意不去扶她起来的。她还小，或许以这样的一种方式教育她有些残忍。可是，如果某一天我不在她身边时她摔倒了，难道她要一直趴在地上可怜地哭闹？"

妈妈是女儿的第一任老师，不论希望女儿将来干什么，都要让女儿从小学会面对困难、面对挫折，一味地将女儿视为掌上明珠，不让她们受一点儿委屈，就等于剥夺了女儿的吃苦精神和创造力培养的机会。

在家庭中，比起爸爸的威严、坚强来说，妈妈显得更加慈祥与温柔。在女儿的成长过程中，妈妈一直在用自己无私的温情关爱着她、保护着她，不愿让她受到任何伤害，这也正是妈妈的伟大之处。但是，一味地过度袒护，不让她们受一点儿委屈，就成了变相的溺爱、纵容，会让女儿在心理上表现出依赖性，在行为上表现出软弱性。

妈妈是慈祥的，但并不能无条件妥协，更不能软弱，要在慈爱中赋予女儿坚强的品质，让她们懂得"跌倒了自己爬起来"的道理。

女儿演讲失利，虽然心里非常难受，但也要让她自己面对和成长。

女儿和老人发生了矛盾，要让她想办法自己解决。

女儿英语单词发音不标准，要鼓励她多加练习。

女儿歌曲没唱好，陪她多练几遍。

创造条件让女儿感受"挫折"

在独生子女时代，每个孩子都强调"我"，不管什么东西，只要是自己想要的就大声要求，而有的妈妈不管合理与否，都会满足这种要求。要知道，妈妈的这一做法是十分不理智的。

我有一个朋友，对女儿的教育投资可谓是倾其所有，什么益智玩具、各种类型的图书，只要女儿要求，她都会毫不吝啬地拿出自己的钱包。但是，有一次她却让女儿失望了。

一天，朋友带着6岁的女儿去购物。在玩具柜台，女儿看上了一款机器人，然后她站在柜台前笑眯眯地看着妈妈，等着妈妈给她买。如果在以前，朋友总会很高兴地夸她，满足她的要求，可是这一次，她却说："你已经有一款相似的玩具了，所以这个就不能买了。"见妈妈拒绝了自己的要求，女孩很失望。

回到家后，当爸爸问起女儿不高兴的原因时，朋友严肃地说："我们必须让孩子知道，不是所有的要求都会被满足的。"

是的，人生不如意事十之八九，平时妈妈对女儿要"狠心"一点儿，适当的时候藏起一半的爱。女儿不顺心的时候要顺其自然，不要冲到前边去替女儿遮挡一切风雨，不让女儿受得半点委屈。不经历磨难，她们怎么能受得住未来的狂风巨浪？只有遇到委屈、体会挫折的滋味，她们的抗挫能力才会慢慢增强。由此可见，朋友的做法可谓用心良苦，相信她女儿童年时代对"挫折"的感受和领悟，必定会成为她健康成长的"助推器"。

其实，慈祥与坚强并不矛盾，妈妈慈祥，能给予女儿亲情的温馨和家庭的温暖；妈妈坚强，则教会女儿勇敢地面对生活。如果想有意地对女儿进行挫折教育，可以把自己事业和家庭生活中遇到的挫折和不如意告诉她，让她对挫折有一个初步的认识，同时将自己对待挫折的态度和方法作为她正确对待各种挫折的榜样。

我们有理由相信，妈妈对生活的热爱、执着、不怕困难的态度和坚强的意志，会成为女儿面对挫折时最强有力的精神支柱。

尊重女儿的想法，问问她"你想怎么做"

很多女孩都没有主见，什么事都要征求大人的意见，自己根本没有任何想法——平时吃什么、穿什么、课外辅导班报哪个、高考志愿报哪个学校、专业选什么等，都要妈妈操心。在女儿小的时候，妈妈甘愿做这些事还情有可原，如果女儿长大了还是这样，妈妈就该反思一下了。

想想看，生活中有没有出现过这样的场景：
女儿想洗自己的座套，你却非要替她洗。
女儿想自己煮面条，你担心她烫着，自己来做。
女儿想自己到小区门口的超市买东西，你却执意要自己去。
女儿想自己乘坐公交车回家，你却不让，非要陪着。
女儿想自己到小区广场上踢毽子，你却不同意。

问题：
类似的小片段在你的生活中，是不是也经常出现？你是如何应对的呢？如何应对才是正确的呢？

前段时间，有个妈妈带着她上高一的女儿来找我咨询。
她说："我带女儿出去吃饭，问她吃什么，回答永远是'随便'。小时候我帮她买衣服，现在长大了，还让我帮她买衣服，自己喜欢穿什么都不知道。我真担心，她都这么大了，这些小事还不能自己拿主意，我不能跟她一辈子呀！怎么培养她的独立性呢？至少自己的事情应该她自己能决定吧。"

我说："下次再出去吃饭或买衣服的时候你可以给她几个选择。比如，你可以说'今天我们吃麦当劳，还是肯德基呢？''这两件衣服各有特色，你喜欢哪一件，咱们就买哪一件。'渐渐地，她就可以在有限的范围内做出决定了，然后，你再把范围逐步扩大。这样慢慢培养，时间长了她自然就会自己做主了。"

本来这是个已经通过实践检验过的、有效可行的好办法，可是，没想到这位妈妈不但没有接受，还反应强烈："不管用！我都试过多少回了，她根本不选，就是'随便'！"

我转向她女儿："是这样吗？"

女儿说："是。"

"为什么呢？"

"因为，即使我选了，她也不会同意。"

我又追问："是这样吗？"

她女儿斩钉截铁地说："是！比如，我喜欢蓝色和黑色的运动服，可我妈非让我买白色的。她说我穿浅色的好看，显得干净，也显得我皮肤白。"

"哦，我明白了，"我似乎找到了答案，"那如果非让你自己选择呢，怎么办？"

"那我就选我妈喜欢的呗，反正我都知道她想让我选哪个，只要她高兴就行，否则选别的她也不能同意。"

我回过头笑着看这位妈妈，她显得有点儿尴尬，不用我说，她已经知道问题出在哪儿了。

我只说了一句："看你女儿多懂事啊，知道换位思考、为别人着想。"其实，我的潜台词是：如果妈妈也懂得换位思考，愿意站在女儿的角度考虑，很多问题就会迎刃而解。

有时候我们只顾着抱怨，却从来没有想过问题就出在我们自己身上。本来独立自主做决定这些好习惯是应该从小培养的，妈妈却总觉得女儿小，不会做决定，或者更确切地说是信不过女儿，觉得她们不会做出正确的决定，所以干脆包办。等到女儿长大了，妈妈觉得是时候让她自己决定自己的事了，可是一切都晚了。

更可怕的是，有些妈妈觉得自己什么方法都知道，也都试过，就是不管用。同时，认为问题不在自己，要怪只能怪自己命不好，摊上一个不争气的女儿，"我给她机会，她不要。"妈妈是真的给女儿机会了吗？

其实没有，给的只是让女儿跟自己保持一致的机会。一旦意见不一致，最终做决定的还是妈妈自己。

只有经常为自己的人生做决定，女孩的生命才会富有活力，虽然在这个过程中会遇到一些问题和挫折，但这些最终会和成就一起让女孩感觉到生命的丰富多彩。如果女儿的所有事情都是由妈妈做决定，长大后就会缺乏判断力和选择力，缺乏责任感，甚至不知道如何对自己负责。因此，妈妈们一定要给女儿提供做决定的机会，让女儿学会如何做决定。

给女儿说话的权利，不做强势妈妈

一天，张女士邀请我去某高级酒店吃饭，顺便把我介绍给她的女儿，解决一些问题。其实，我不太喜欢在饭桌上说什么教育，但她语气坚决、果断，简直就是以命令和通知的口气说，希望我晚上准时到场。

见到她女儿的时候，我真吓了一跳。张女士看起来十分娇小，但她的女儿却长得很高。我在张女士的安排下坐到她女儿的旁边。女孩很沉默，一直都是张女士滔滔不绝地向我介绍自己的工作、她丈夫的工作，今天怎么怎么忙，实在没有别的时间等。她讲到口渴，停下来喝水，我便问旁边她的女儿："在哪个学校读书啊？"

"噢，她在市一中。"

"你们几点放学？"

"她们四点半就放了，也是从学校直接过来的。"唉，这妈妈真爱说话。

"爸爸在什么单位？"

"我刚不是说了吗，他在商业银行上班呢。"

"你们老家是哪儿的？"

"河北。"

我实在忍不住了，就轻轻地碰了碰张女士，结果她却对女儿说："往里面去点，挤着老师了。"

饭后，张女士说："我家女儿长得不错，就是不爱说话，对什么都无所谓，哪像一个十几岁的女孩子。"

我诚恳地说："大姐，真不是你家女儿不爱说话，而是你自己说得太多了。你看我问她的问题，都被你说完了，她还说什么呢？"

美国著名成功学家卡耐基曾经说过，人与人之间谈话的时候，要留80%的时间倾听，剩下20%的时间，带着启发对方的问题来说。而这位妈妈，没有给女儿留下一点儿说话的空间。

很多妈妈说，自己的女儿无主见、很软弱，但是作为母亲又给了她们多少选择的空间呢？当然，妈妈帮助女儿，目的是为了给女儿做出正确的选择，省得她们走弯路，但人生中有些弯路是一定要走的，女儿自己做出了选择，才能学习去承担责任、自主思考。

有些女孩在学校、社会上，可能是多元的、多言的，一回到家就变得寡言少语，对一切都无所谓。其中一个重要的原因就是，妈妈平时说得太多了，或者帮她们做得太多了。

帮女儿做事，并不是越多越好。如果妈妈什么都帮女儿做，只会让她们觉得，妈妈就是好管这些事，或者认为妈妈本来就应该做这些。多给女儿一些自主的空间，让她们自己选择，而且为自己的选择承担后果，这样她们才能真正长大。

别把女儿管成"没主见"的人

星期天，我去书店，正想转去别的书柜前看看，刚一转身，被边上的一个女孩吸引住了。

女孩手里拿着一张纸，一会儿抬头看看书柜里的书，一会儿又盯着手里的纸细细琢磨，一副愁肠百结的样子。

我不由得心生疑惑，这是怎么了，遇到什么为难的事了？凑过去一看，女孩手里拿的是一张学校发的书目表，便忍不住问她多大了，念几年级，需不需要帮忙。

女孩有点儿不好意思，倒也毫不避讳地告诉了我她现在的为难："我们学校给了几个书名，任买其一就行。可这几本书都在这儿，我却不知道买哪一本才好。"

我说："这有什么为难的，你买的书是你看，当然是依你所好啊。"听了我的建议，女孩挠挠头，半晌才似自言自语地回我："我还是待会儿问问我妈吧，她说哪本好，就买哪本好了……"

我一时间怔住，也没心情闲逛了。如此一圈下来，眼看午饭时间到了，我便去了书店一楼的餐厅。点好菜刚坐下，一抬头，看到相邻位置上坐着的居然就是刚才那个女孩。

边上的那位应该是女孩的妈妈，她正在喋喋不休地说着什么饮料可以喝，什么饮料碰也不能碰……女孩有点儿不知所措，茫然地问："妈妈，我们可不可以吃完饭再到处转一转？""不可以，下午你应该看一会儿书。"听到斩钉截铁的拒绝，女孩有片刻的沉默，却终究没忍住又怯怯地问："那是不是可以看完书和你玩一会儿呢？"

点的菜上来了，我没有听清那位妈妈的回答是什么，事实上，我也不想听到了，因为看那始终低着头的女孩，我的心里只有纠结。如果要问除了纠结还有什么，我想，应该是心灵深处对教育女儿难以克制的一点儿反思吧。

儿童心理专家指出，妈妈在家庭教育中的重要地位和作用是任何人都无法取代的，妈妈的言行对女儿形成自己的思维和行为方式起着相当重要和直接的作用。可是该如何正确地引导女儿健康成长，却是现实生活中很多妈妈都欠缺的一种技能。

女孩是敏感的，之所以不肯表达自己的看法，很多时候是为了保护每个人的感受，但时间长了，就会养成没有主见和处事冷漠的习惯。等她们长大后，再想纠正这个习惯，恐怕要花费更大的力气。

生活中的小事，让女儿自己来安排，比如过生日请哪些小朋友，到商店买什么样的衣服，选择什么玩具等；生活中的大事，给女儿提供参与的机会，比如和女儿一起筹划怎么布置房间，鼓励女儿提出自己的建议，如果可行，则尽量采纳。

本章小结——说给妈妈的话

※ 为了保证孩子的安全，很多活动器材上都标有"禁止三岁以内的孩子使用"，可是，如果家长做好看护，让孩子接触一下，她们还是可以从中享受到乐趣的。重要的是，她们一旦体验过了，就能激发她们的胆量，促使她们更加敢于尝试、不断尝试。

※ 女儿觉得洗碗新鲜，就让她洗，如果洗得不干净，就教她怎么做才能把碗洗干净；她要装饰自己的凳子，就给她一些双面胶，告诉她如何粘。每个妈妈都不能打击女儿的积极性，不能拦住女儿伸出去的手，这是应该坚持的。

※ 帮女儿做事，并不是越多越好。如果妈妈什么都帮女儿做，只会让她们觉得，妈妈就是好管这些事，或者认为妈妈本来就应该做这些。

※ 妈妈的言行对女儿形成自己的思维和行为方式起着相当重要和直接的作用。可是该如何正确引导女儿健康成长，却是现实生活中很多妈妈都欠缺的一种技能。

Part 10 失去健康，女孩的一切都将成为零

邋遢的女孩，长得漂亮又如何

干净整洁往往是女孩的代名词，可是依然有一些女孩忽视了这一点。怎么办？是强迫她们改正，还是用自己的行为监督她们，抑或先做个自我检查？个人卫生看起来是一件微不足道的小事，却可以反映出女孩的精神面貌和生活情趣。如果想培养健康、讲卫生的女儿，就要求她们从小养成保持整洁的习惯。

想想看，生活中有没有出现过这样的场景：
冬天天气冷，你担心女儿感冒，不让她洗澡。
女儿手指甲很长了，你却不给她剪，说留长指甲好看。
女儿头发油腻，你却不及时给女儿清洗。
女儿的被褥，你从来都没有拿出来晒过。
女儿的书房又乱又脏，你却不懂督促她打扫。

问题：
类似的小片段在你的生活中，是不是也经常出现？你是如何应对的呢？如何应对才是正确的呢？

一天，我的邮箱里收到这样一封来信：

女儿阳阳出生后，由于工作特别忙，我们便把女儿放到乡下的爷爷奶奶家。现在她已经三岁了，该上幼儿园了，我们便将她接回了北京。
不知道她在乡下是不是也这样不讲卫生——每当我要给她洗澡，她就推三阻四不肯进浴室，更别提饭前洗手、刷牙漱口了，以至于她经常肚子疼，牙齿也长了不少蛀虫。
上幼儿园后，原本洁净的校服，不到几天就被她磨得又破又脏。看到其他小朋友干干净净、漂漂亮亮的，自己的女儿却像一只又脏又臭的小猪，我感到非常苦恼。
我教她刷牙洗脸，她哗啦啦两下就完事了；我告诉她不要捡掉在地上的东西吃，她总也改不了，依然我行我素。我不断地提醒她、警告她、

责罚她，可是一点儿效果都没有，我该怎么办才能让她改掉坏习惯呢？

生活中，很多女孩都有一些不良的卫生习惯，比如不刷牙、不注意卫生用品的洁净、用手指挖鼻孔、蒙头睡大觉、指甲太长不修剪、干净的衣服到处乱蹭、乱丢东西、不洗脸不洗脚就上床睡觉……

不讲卫生的女孩，既不文明，也不利于身心的健康。虽然说女孩过分注重自己的卫生、事事挑剔执着、办事过分拘泥，有时会很难与人相处，但适当保持个人卫生，热爱整洁，让女孩自幼养成良好的个人卫生习惯也是非常必要的。

个人卫生看起来是一件微不足道的小事，却往往反映出一个人的精神面貌和生活情趣。讲卫生的好习惯一旦养成，将会使女孩一生受益。

在同龄人中给女儿找一个榜样

为了让女儿养成讲卫生的好习惯，可以在她的身边树立一个讲卫生、爱清洁的榜样。俗话说"榜样的力量是无穷的"，天长日久，她的坏习惯就会在不知不觉中改正。

小萌虽然是个女孩，却有着和男孩一样的坏毛病：邋遢、不爱收拾。妈妈不知批评过她多少次，她的房间仍旧一塌糊涂。暑假里，妈妈把小萌的表姐方方接来，方方是一个爱整洁的小姑娘，小萌的小房间总被方方收拾得整整齐齐。暑假过去了，妈妈惊奇地发现，原来那个邋遢小姑娘不见了，小萌变得和方方一样爱整洁了。

小萌之所以改掉了不爱收拾的坏习惯，并不是因为妈妈的说教，而是靠同伴的影响。虽然年龄小，但是她和我们大人一样能感觉到环境或别人给自己带来的心理压力，当身边的小伙伴爱干净、爱整洁时，她会在比较中感受到自己的不足，从而自觉地改正自己的毛病。

每一个成长中的人，都需要好朋友的影响。对女孩来说，同龄伙伴与她的生活环境相似，所经历的事情、所说的话，甚至所看的节目都相似，更可能有交流的话题。和同龄伙伴交往的过程，也是女孩不断学习对方好习惯、好品质的过程。对于稍微大一些的女孩来说，同龄群体对她们的影响往往超过了妈妈。这时，在各种习惯形成方面，同龄伙伴对她的影响往往会超过妈妈的说教。因此，帮女孩找个好的榜样是非常必要的。

了解自己的女儿，根据女儿的具体情况来选择朋友。

和其他女孩的父母见见面，多些了解。

让女儿把朋友领到家里来一起玩。

与女儿多沟通，了解她喜欢什么样的小伙伴。

训练女儿讲卫生的良好习惯

很多妈妈本身就不爱干净，不讲卫生，因而女儿受其影响，也会养成这样的不良习惯。因此，妈妈应当以身作则，除了给女儿良好的照顾，而且要教女儿讲卫生、爱整洁。

为了让女儿养成讲卫生的好习惯，有位妈妈是这样做的：

首先，让女儿保持个人身体和服装整洁。具体方法是：让女儿早晚刷牙、饭后漱口；随身携带并会正确使用手帕，经常更换，保持清洁；让女儿勤洗手、洗脸、洗头、洗脚、洗澡；让女儿注意自己的衣服是否干净整齐，自己的头发是否整齐；不让女儿挖耳朵，不将异物塞入耳内；除非生病鼻塞，否则要用鼻子呼吸。

其次，让女儿养成良好的饮食习惯。具体方法是：不让女儿吃不净的食物，生吃瓜果一定要洗干净，最好削皮；让女儿经常喝水，吃饭的时候也适当配一些菜汤、稀饭。

第三，让女儿保持周围环境整洁。比如，不乱涂墙壁，不踩桌椅，不乱扔果皮纸屑，不随地吐痰和擤鼻涕，不随地大小便……

培养女儿养成良好的生活卫生习惯是件平凡而细致的工作。妈妈一定要持之以恒，运用示范、讲解、提示、练习等方法，给女儿以具体的指导和帮助。

保护好心灵这扇窗

学校里的小"眼镜"变得越来越多，如果不相信，随便找个学校去看看。眼睛是心灵的窗户，更是女孩的精神之窗。当女儿出现伤害眼睛的行为时，要及时提醒她们。千万不要以为保护眼睛只是大人的事，对于女孩来说，保护眼睛更是一项重要任务。

想想看，生活中有没有出现过这样的场景：

女儿连着看了两个小时的电脑，你却不闻不问。

女儿喜欢躺在沙发上看书，你也不管。

女儿和你一起抢红包，一抢就是两三个小时。

女儿写作业的时候老是趴在桌子上，你不在乎。

你从来都没有带着女儿到野外眺望过绿色。

问题：

类似的小片段在你的生活中，是不是也经常出现？你是如何应对的呢？如何应对才是正确的呢？

很多眼科专家建议，两岁以内不要看电视，2—5岁的孩子看电视的时间不宜超过半小时。可是，现实生活中，很少有妈妈能控制好女儿看电视的时间，因此患近视、斜视、弱视的女孩越来越多。

妈妈对女孩视力发育的好坏起到了至关重要的作用，千万不要为了省事，就把女儿放在电视机前不管，否则会对女孩的视力造成极大的损害。

一直以来，我都非常重视女儿的视力问题。我给她定了很多规矩，比如看电视的距离不能太近，看电视的时间不能太长，看一段时间要出去活动一会儿，玩游戏的时间不能太长，看电脑的时间不能超过20分钟……女儿也很听话，一直都照着做。可是，有好几次，我都发现，女儿和老人一起坐在沙发上看电视，一看就是一上午。

一个星期天，由于要将稿子赶出来，我便将女儿交给了婆婆。婆婆非常喜欢看电视，而且一坐一天。当我写完了稿子，从房间里出来的时候，发现女儿正和奶奶坐在沙发上一边嗑瓜子，一边看电视，而且还是女儿看不懂的《甄嬛传》。女儿见我出来了，便跑过来，搂着我说："我想出去玩！"这是我想要的。于是，我便带着女儿出去了。到了外面，看着一路蹦蹦跳跳的女儿，我的心渐渐安静下来。

我很庆幸自己不喜欢看电视，如果女儿这么小就养成看电视的习惯，她长大了该怎么办？如果伤害到眼睛，怎么办？真是不敢想象。

如今，电脑、iPad、智能手机等电子产品已经充斥了我们的生活，不仅成了某些成年人的"最爱"，就连咿呀学语的孩童也迷恋上了这些电子产品，比如看动画片、玩游戏等。女孩面对各种屏幕的时间越长，产生的"视力问题"就会越严重。

在这里，有必要给妈妈们强调一下，儿童的眼球发展是有其自然规律的：0—6岁是发育期，6—9岁是视觉塑型期，9—12岁是稳定期，直到13岁眼球赤道部的巩膜胶原才发育完成，此前都处在可调期。眼球直径每增1毫米，近视度数便可增加300度。所以，过早开发儿童视力或密集用眼，都极易伤害到眼睛，造成近视。

看电视，注意保护视力

收看电视节目是调节神经、消除疲劳、增长知识、欣赏艺术的一种正当的娱乐活动，可如果看的时间过长，距离过近，很容易导致视力下降。特别是玩电子游戏机，远比看电视更能损害女孩的眼睛，妈妈们必须提高警惕。

在我们身边，很多女孩都非常喜欢看电视，甚至一看就着迷，把学习和作业都丢在了脑后。如果她们一定要看，妈妈最好让她们看一些知识性、科学性、趣味性强的、有教育意义的儿童节目、体育节目、国内外新闻等，规定时间不超过一小时，这样既可帮助女孩丰富知识、促进思维、理解问题、认识新形势，也不会造成眼睛疲劳、视力骤降。周末或节假日，在女儿完成作业的情况下，适当延长看电视时间也是可以的。

看电视如果想不损坏视力，有些事必须要注意：

与电视机的距离保持在电视屏幕尺寸的6—8倍，并以看不清屏幕上横向细线条为好。

要注意女儿的座位，使眼睛与屏幕尽量保持在水平位置，并让她坐在中间。

电视机的亮度、对比度应调节适宜，使图像清晰、柔和，不能开得过亮或过暗。

室内最好开一个3瓦左右的小电灯，可防止眼睛疲劳。

看书写字时，注意用眼卫生

平时我也很注重女儿的用眼卫生，她看书、写字、画画的时候，我会告诉她正确的坐姿，避免她从小养成趴桌子的坏习惯。

在书房里，我会让女儿在光线充足的条件下读书，光线一般都是由左边照过来，而且防止强光直射，刺激眼睛。

为了不让眼睛过度疲劳，女儿每次画画、看书的时候，我都会给她规定好时间，一般不超过一小时。

平时只要一有时间，我就会带着女儿到户外活动，看看青山绿水、蓝天白云，既可培养女儿热爱大自然的情操，又能放松眼肌、缓解眼睛疲劳，从而保护她的视力。

每当女儿趴在桌子上看书、写字时，我都会及时提醒她，让她养成良好的用眼习惯。

眼睛同其他组织器官一样都非常娇嫩，很容易受到损害。所以，妈妈必须以身作则，告诉女儿：要像保护生命一样保护自己的眼睛！

鼓励女儿走出去，不做"宅"女

有人说体育是"四肢发达，头脑简单"的人才做的事，其实绝不是这样，体育是强心强志之育，对女孩来说更是如此！童年时期不爱运动，长大了是很难养成运动习惯的，对生命质量的提高也有一定的消极作用。健康的女孩一般都爱运动，平时没事的时候就带着女儿一起出去走走吧！

想想看，生活中有没有出现过这样的场景：
晚饭后，只会安排女儿写作业，从来都没有带她出去遛过弯。
早上从来都没有带着女儿一起去户外活动过。
午饭后，让女儿直接上床睡觉。
你不喜欢羽毛球、乒乓球之类的，女儿想玩，你也不支持。
从来都不鼓励女儿参加学校举办的体育运动。

问题：
类似的小片段在你的生活中，是不是也经常出现？你是如何应对的呢？如何应对才是正确的呢？

吃过晚饭，小区的小广场上有许多孩子溜冰、嬉闹，玩得开心极了。悠悠妈做完家务也准备带悠悠去小广场玩儿。可是，悠悠看《熊出没》正起劲，任凭妈妈怎么说，她就是赖在沙发上不动。

妈妈气得把电视关上了，这下不得了，悠悠大哭大闹，在沙发上撒娇。实在没辙了，妈妈只好重新打开电视机，悠悠这才安静下来，继续津津有味地看动画片。妈妈看着悠悠，无奈地摇了摇头。

现实生活中，许多妈妈碰到像悠悠这样的女儿都很无奈。一方面，害怕她窝在家里看电视久了，小小年纪就成了"小四眼儿"；另一方面，担心她整天足不出户，缺乏锻炼，导致身体虚弱，爱生病。那么，女孩为什么喜欢"宅"呢？

许多妈妈平时总是很忙，没时间照顾女儿，每天早晨急急忙忙把她送到幼儿园，晚上把她接回家就开始忙着做饭、收拾家务、加班忙工作……女儿想跟妈妈玩一会儿，说说话，还总是被拒绝。可想而知，长时间不互动、不沟通，她就会养成看电视、玩游戏的习惯，如果哪天妈妈有时间了想找她聊聊，她就会沉浸在自己的世界不与妈妈有任何交流，或者是有一句没一句地搭话，心思却完全不在谈话上。

所以妈妈们一定要提高警惕，但凡能腾出时间，一定要多跟女儿交流，带她们多出去走走——玩游戏、去旅游或者参加任何孩子喜欢的体育活动等，这样不仅开阔孩子的眼界，还能锻炼身体，增强身体抵抗力，让孩子身心愉悦。

事实证明，儿童时期是养成自觉锻炼身体习惯的好时机，也是人体形态发育的重要时期，一旦错过，随着年龄的增长，由于受旧习惯的干扰，很难形成新习惯，另一方面也会对孩子的发育产生一定的负面影响。

鼓励女儿积极参与体育竞赛

一次体育竞赛，小辉本来挺想参加的，可妈妈不同意，理由是小辉没有时间参加赛前训练。老师鼓励让小辉参加，可是妈妈却认为，每天都要抽出两个小时，仅仅是为了什么体育比赛，有这个必要吗？就算拿了名次又怎样？有那个时间，还不如让她多学点东西呢。妈妈跟老师解释时态度还挺诚恳的，老师没办法，只好叹气作罢。

显然，妈妈把多学些东西局限在书本知识的范围内，不认为体育也是需要学习的。现在许多人的生活压力很大，为了生计，每天都在不停地忙碌着，但是女儿不应成为大人忙碌的"牺牲品"。即使妈妈们回家后还有许多事情要忙，也要挤出时间关心一下女儿在幼儿园或学校的情况，满足女儿表达和倾诉的需要。

电视、故事书和玩具是不能替代妈妈的关心和交流的，妈妈们可以找一个固定的聊天时间，或者在带女儿回家的路上，主动和她们聊聊学校的情况；如果天气好，可以在晚饭后，带着她们去散步，和她们简单说说自己的工作情况；还可以邀请其他小朋友参与到谈话中来。这样她们的兴趣点就会扩展，自然愿意走出家门，探索更广阔的天地。

参加体育运动，也是让女儿远离电视、保护视力的一个好方法。当她们的时间被体育运动占据的时候，也就没有时间看电视了。因此，为了帮女儿保护好自己的眼睛，妈妈们千万不要这样说：

跑步多累啊，还不如在家里玩游戏呢。

踢毽子？等会儿回来就是一身臭汗，快别去了。

做课间操，多热啊！跟老师说，你肚子疼。

不做"宅"妈

小静个子不矮，但身体较弱，不喜欢运动，常常显得弱不禁风，学习也没有足够的精力。眼看她就要上中学了，可这样的身体根本无法应对紧张的中学生活。于是，暑假里，妈妈每天早晨和傍晚都要陪着小静一起做运动。

开始的时候，小静有点不愿意，聪明的妈妈便用游戏吸引她：用球拍端着乒乓球快速走，左右手拍球，单腿跳……渐渐地，小静爱上了运动。每天到了锻炼的时间，小静便会积极主动地和妈妈一起去运动。

经过一个假期的锻炼，小静的体质改善了很多，而且在那个假期小静没有生过一次病，原来吃饭挑食、做事马虎、注意力不集中等毛病也在不知不觉中改正了很多。

人是环境的动物，爱动是天性，但运动的习惯却是养成的，妈妈的言传身教，此时尤为重要。不是所有人都爱运动，但如果你爱运动，你的女儿迟早会受影响。

不少妈妈意识不到其实自己本身就很"宅"，平时不是躺在沙发上看电视，就是坐在电脑旁上网、玩游戏。周末的时候也不参加任何户外活动，朋友一吆喝，立马扑到牌桌前。女儿年龄小，被撇在一边，又不能自己外出找小朋友玩，只能像爸爸妈妈那样成天窝在家里。日子长了，自然就会形成孤僻、内向的性格，大门不出二门不迈，也不愿意与人沟通，成为名副其实的"宅"宝。

所以妈妈们一定要多关注女儿的内心。

如果女儿说想出去玩，就带着她一起出去。

如果女儿想到同学家玩，就不要制止。

如果女儿想让你一起出去，也不要拒绝。

本章小结——说给妈妈的话

※ 为了让女儿养成讲卫生的好习惯，可以在女儿的身边树立一个讲卫生、爱清洁的榜样。俗话说"榜样的力量是无穷的"，天长日久，她的坏习惯就会在不知不觉中改正。

※ 收看电视节目是调节神经、消除疲劳、增长知识、欣赏艺术的一种正当的娱乐活动，可如果看得时间过长，距离过近，很容易导致

视力下降。特别是玩电子游戏机，远比看电视更能损害女儿的眼睛，妈妈们必须提高警惕。

　　※ 妈妈可以找一个固定的聊天时间，或者在带女儿回家的路上，主动和她们聊聊学校的情况；如果天气好的话，可以在晚饭后，带着她们去散步，和她们简单说说自己的工作情况；还可以邀请其他小朋友参与到谈话中来。

Part 11　忽视礼仪, 女孩的教养何处寻

满嘴的脏话和新新人类语言, 并不代表你时髦

在接女儿放学的时候, 你有没有听到孩子们嘴里蹦出来的新人类语言? 在街上遛弯的时候, 有没有见到满口吐脏话的女孩? 相信, 很多人都遇到过。可我要说的是, 所有的这一切都无法表明女孩的独特, 只能说"这个女孩没教养"! 不要觉得这是个小问题, 等到哪天从自己女儿嘴里也出来这样的词, 你就知道问题的严重了。

想想看, 生活中有没有出现过这样的场景:
女儿走在路上碰了人, 想去道歉, 你却说"没事"。
女儿直呼长辈的名字, 你却觉得"我们是平等的"。
女儿当着你的面诋毁老师, 你也帮着搭腔。
女儿去公共洗手间插队, 你却帮着她"孩子还小, 请让一让"。
在公共场所, 女儿大喊大叫, 你却不管。

问题:
类似的小片段在你的生活中, 是不是也经常出现? 你是如何应对的呢? 如何应对才是正确的呢?

一天, 我去超市买东西, 我在货架上选购的时候, 被一位小女孩粗暴地推开。我看了她一眼, 她正伸手取一盒薯片。当时, 她妈妈站在旁边, 本以为她会为女儿不礼貌的举动对我说抱歉, 可是却没有。小女孩拿到薯片后, 这位妈妈像什么事情都没有发生一样走开了。

小女孩为什么没礼貌? 其实, 很多时候, 女孩没有礼貌的行为起源于妈妈的纵容, 在她们甚至都不知道自己做错的情况下, 应该受到责备的并不是她们。

当女孩的行为不正确时, 妈妈们一定要及时地制止并适时地指出来。如果说教之后她还是不能改正, 尤其是当她的行为确实已经对他人造成伤害时, 就要强行阻止她, 并想办法采取恰当的措施惩罚她。只要妈妈保持严肃的态度, 即使一个眼色、一个手势, 都会让她清楚地意识到——自己做错了事情。

养成良好的行为习惯，学会礼貌待人，是女孩个人形象和修养的体现，对未来的生活与工作有着非常重要的影响。教女儿礼貌待人，既不需要多么高深的学问，也不是一件比发射火箭还要困难的事，更不需要多少"专业"知识。妈妈们应该谨记，在女儿年幼的时候，你的一言一行，你所教给女儿的行为规范将会影响她们一生。

做个讲文明讲礼貌的好妈妈

六一儿童节是小朋友的节日，为了让孩子高兴，好多妈妈都会带自己的宝贝出去玩儿，我也不例外，我带着女儿去公园，先喂了鱼，然后去了游乐场。我们到的时候，这里人山人海，好不容易买了票，赶紧去排队玩游乐项目。排着排着，我就发现，有一些妈妈带着孩子插队，有几个还插到了我的前面。排队的多是父母和孩子，有些人终于看不过去了，就对他们说："前面的，请不要插队，我们的孩子也排了好久了，后面有些孩子都哭了，你们也好意思？这么多的孩子都在看，要给孩子们做好榜样嘛！"可是，没有一个插队的人理会他。我也想上去说几句，但看着大家跃跃欲试的神情，我只好对女儿说："排队也是讲文明礼貌，也是社会公德，插队是不对的。"

真不知这些人是怎么做妈妈的，怎么能教孩子不遵守社会秩序呢？

回来的时候，在十字路口等红绿灯时我又见到这样一幕：

一位妈妈拉着一名女孩要闯红灯，女孩看起来有五六岁的样子，急忙挣脱了妈妈的手，并说："妈妈，绿灯还没亮呢，不能闯红灯。"可是，妈妈却说："没事，妈妈有急事，妈妈保护你。"最后，这位妈妈硬是拉着女孩的手强行闯了红灯，穿梭在车流中过了马路。

妈妈的文明礼貌程度、言谈举止，直接影响着女孩。这种影响的好坏，关系到女孩的未来。想让女儿有好的文明礼貌习惯，做妈妈的更应该先做表率。如果你自己满口脏话，却要求女儿讲文明，其结果是很难想象的；如果你经常占小便宜，却让女儿帮助别人，是绝不会起作用的。做妈妈的，只有加强自己的道德修养，才能促使女孩进步，使整个家庭充满文明礼貌的气息。

很多时候，社会上不讲文明的人，是成年人；不讲文明的事，也大多发生在成年人身上。为了女孩身心健康成长，做妈妈的千万不要在女儿面前公然做一些不讲文明的行为，比如：

在校园的地面和校门口停车的地方，随手扔掉餐纸、饮料盒。

吃了香蕉后，把香蕉皮随手乱扔。

为了少走几步路，带着女儿不顾往来车辆跨越护栏。

纠正女儿说脏话的行为

女孩生活在社会的大环境中，难免受到各种不良言行的影响，说脏话也是如此。我曾经在网上看到过这样一个故事：

四岁的小米和邻家女孩小凡在院子里玩，小凡跑到一棵小树下面说："这是我家，你来我家玩吧。"小米不屑地撇撇嘴："我靠，这是你家吗？"小凡回答："当然是我家，它是我奶奶种的。"小米又反驳说："放屁，树怎么能当家？"听到她们俩的对话，小米妈十分诧异，女儿竟然开始说脏话了，还用得这么熟练。小米妈觉得很不好意思，一把拉过小米回了家。

到了三四岁，女孩会进入语言发育的第二阶段，这个阶段她们能讲较为复杂的句子，能从具体、个别的事物进而理解事物的关系。这个年龄的女孩大多都在上幼儿园，接触到的人和事更加丰富，语言环境也更加复杂，她们可能会从周围的成人或幼儿园小朋友那里无意中听到脏话，然后再遇到类似的场景，就会下意识说出来，如果不及时制止，这些脏话可能会在女孩的意识里生根。

在女孩刚刚说脏话的时候，如果妈妈觉得有趣或是表现出过度紧张、气愤的样子，她们可能会误以为脏话是一种很有趣或是很特别的话语，从而重复地练习与模仿。此刻，妈妈应该尽量保持平静，让女儿觉得脏话跟其他平常的话语没什么差别。一旦女儿觉得这样的话语不能引起别人的注意，她们自然觉得无趣，也就不会再去故意说了。

要纠正女儿说脏话的不良行为，可以试试以下方法：

1. 冷静分析女儿的脏话是怎么来的。仔细查找模仿源，一旦发现是谁教她的，就要对这个人做工作。

2. 如果是自己反应过度，就要适当做到自我控制，学会冷处理。

3. 如果是由于生活过于单调，拿说脏话来取乐，就要想办法丰富女儿的生活内容。

4. 可以和女儿解释"脏话"的含义。如果女儿说："××是大肥猪。"就应该告诉她："'肥猪'是不好看的，你说××是肥猪，就是说他不好看，这会使人不高兴，以后不要说了。"

5. 千万不要逗引，让女儿对讲的"脏话"产生兴趣。

6. 对长期不改的说脏话行为，要严肃批评，但不要打骂。

7. 用讲故事来教育女儿，有时会有很好的效果。

懂得社交礼仪，让女孩在人际交往中进退自如

从属性上来说，人是具有一定的社会属性的，需要在社会环境中生活。既然如此，人与人交往，就需要遵循一定的法则和礼仪。忽视了这些，或者在这些方面做得不到位，都会影响女孩的人际关系。相信，对于这一点，妈妈们一定深有体会。

对于女孩来说，礼仪教育也是人格教育的重要组成部分，但这绝不是靠说教能够做好的，一定要让女孩在成长过程中练好自己的礼仪"童子功"。

想想看，生活中有没有出现过这样的场景：

元旦期间，孩子们之间互送贺卡，女儿也想买，可是你却不给钱。

客人带着礼物来拜访，女儿看到礼盒就打开，你也不管。

女儿借了同学的书，放了20天仍没还，你却说："既然人家没要，肯定是不看，你先留着，等同学跟你要了，你再还。"

女儿参加婚宴，非要穿白色羽绒服，你也不说。

家人生病住院，你从来都没有带着女儿去看望过。

问题：

类似的小片段在你的生活中，是不是也经常出现？你是如何应对的呢？如何应对才是正确的呢？

每到元旦小长假，很多女孩都会跟着妈妈走亲访友，这时候就会出现很多关于礼仪的小片段，比如女儿遇人不理、吃相不好、急着拆礼物，或是女儿在聚会中肆意大叫、冲进主人的卧室玩闹等。为此，妈妈一般都会火冒三丈。这里就有几个例子：

情景一：

这一天，孙女士应邀带着女儿去赴宴，出门前，她怕女儿不知礼节而使场面尴尬，便嘱咐女儿一定要懂得礼节。

可是，在家无法无天惯了的女儿只是随口答应了，根本没把妈妈的话放在心上。几个菜刚上桌，她就急不可耐地伸出了筷子吃了个遍。最后，索性将自己喜欢吃的菜放在了自己面前，旁若无人地吃起来，搞得孙女士很尴尬。

情景二：

元旦这天，女儿正坐在客厅的沙发上看电视，门铃响了，几个同事来家拜访。李霞高高兴兴地接待同事，并让女儿腾出位置，让叔叔阿姨坐。

可是，女儿坐在沙发上一动不动，还没好气地说："你们不会到里屋说话去吗？"李霞尴尬地笑着，用眼瞪瞪女儿，意在让其尽快离开。可是，万万没有想到，女儿竟大声嚷道："你瞪什么眼，我看我的电视，又不影响你！"同事只好尴尬地寒暄几句，匆匆离去。

情景三：

这天，一家三口围坐在一起吃饭，妈妈说："女儿，明天妈妈要带你去阿姨家做客。你要听话，看见人要打招呼。"女儿扒着碗里的饭，应了声："哦！"妈妈接着教导："到人家家里吃饭，不能像现在这样吧唧嘴。""哦！"女儿又应声道。

第二天，到了阿姨家，妈妈示意女儿："叫阿姨呀！"女儿眨巴眨巴眼睛，一句话都不说。吃饭的时候，看到自己喜欢吃的东西，女儿只顾自己猛吃，吧唧声不断，妈妈拦都拦不住。

生活中，类似这种不懂礼节的例子还有很多，如果妈妈们平时没有把教女孩礼节放在心上，一旦到了一定场合，就会出现本不应有的尴尬。

交际能力是女孩成长过程中的一项重要能力，很多女孩不善交际，不会交际，甚至害怕交际，有的到了成年，还视交际如险滩，迟迟不敢把脚步迈出去。在竞争日益激烈的今天，如何让女孩走出孤独，学会交往，是妈妈们需要深思的问题。

在学校，善于与他人交往的女孩，不仅能够从容地与同龄人交往，还可以从容地与老师等成人交往。而女孩是否善于同别人打交道，在人群中人缘如何，都会对她以后的学习和人生发展产生巨大的影响，因此一定要从小重视培养女孩与人交往的能力。

将客人交给女儿来照顾

我女儿不太喜欢来客人，每次家里有客人来，她都会表现得反常，要么缠着我不放，要么就是不断搞怪，弄得我很头痛。

一次，朋友过来找我，起初我还担心会场面尴尬，可是却发现，朋友和女儿正聊得高兴呢。原来，朋友问了我女儿一些幼儿园里发生的趣事。女儿这次不仅没有哭闹，还把亲子手册拿出来给朋友看。我这才意识到，女儿以前在客人来时，总会觉得无趣，因为这些客人都似乎和她无关。

于是，在下意识里，我会在以后招待客人的环节中设定一两个让女儿当主角的环节。前一段时间，她去上了舞蹈课后，总喜欢在我们面前表演下腰、劈叉。我就把这个表演机会放到客人面前，得到肯定的女儿，表现得很不错，而且每次客人来了，她也会拿一些她觉得不错的点子招呼客人。现在，有时我忙别的事时，可以完全放心地把客人交给她照顾。

让女孩成为关注对象，会增强女孩的自我意识，当她们的自我意识被唤醒的时候，就会调动起自己的积极性，对人也就会有礼貌了。

在客人来之前，应告诉女儿，何时何人要来，他来干什么，他与父母是什么关系，该如何称呼他，让她在心理上有个准备。

口头指点女儿该怎么做，如客人出现时提醒女儿热情招呼，请客人坐，拿糖果请客人吃。

客人走后，及时对女儿的表现作评价，肯定她表现得好的方面，指出做得不够的地方和改进的办法，使女儿逐步提高待客的能力。

鼓励女儿将玩具和小客人分享

女儿两岁多的时候，如果家里来小客人，我都会一阵紧张，女儿的玩具很多，可就是不愿意和别人分享。很多时候，本来快乐的聚会就因为孩子争夺玩具而弄得一屋子哭声。为了让女儿大方接待客人，我就和她一起玩招待客人的小游戏，她当小客人，我是主人。

有一次，我特意准备了一款女儿喜欢的玩具迷宫，当她想玩时，我拒绝了她，并强调说："这是我的玩具。"女儿被一连拒绝了三次，有点儿生气，不理我了。我趁机对她说："平时，家里有小客人来，你都不肯借玩具给她们玩，她们也会很伤心难过。要是你愿意借给她们，大家一起分享不是很好吗？"女儿听了，很快就把自己心爱的花园宝宝拿出来，放到了我的手里，我也愉快地把玩具迷宫借给她玩。

有了这次的经历，女儿开始愿意跟别人分享自己的玩具了。有几个孩子特别喜欢到我们家里来，而且每次都会带一些玩具过来大家交换着玩。

其实，每个女孩都具有可塑性，只要想些办法，就能让她成为一个合格的小主人。不爱跟小客人玩的女孩，不舍得拿玩具跟人分享的女孩，一般都对小主人的意识不够强，妈妈要引导她们学习做小主人，并让她们明白，分享并不是失去，会让她们得到更多友谊与快乐。

对于女孩来说，家里来了客人是一件大事。妈妈可以利用这个机会帮助女儿发展社会交往能力，帮助女儿形成自我概念。但是，一定要注意，不要对女孩提出不可能完成的任务。例如对于两三岁的女孩，不要要求她和小客人分享她最心爱的玩具。处在这个年龄，女孩"所有"的概念正在形成中，此时硬性地让她们提前"分享"，容易给她们造成混乱。

懂得倾听的女孩更受欢迎

女孩是个独立的个体，她们不仅要听你的话，还要倾听妈妈分享自己的困惑、问题、乐趣、喜悦……良好的倾听习惯是锻炼女孩学会倾听的前提和基本条件。如今，女孩的表达能力要比以往强出很多，可是有些习惯却不好，如大人说话时常插嘴，不能认真仔细地听等。认真倾听也是基本礼仪的一个重要方面，因此必须培养女孩良好的倾听习惯。

想想看，生活中有没有出现过这样的场景：
女儿将自己的想法告诉了你，你却心不在焉。
女儿还没有说完，你便打断了。
女儿哭了，你却不问女儿原因。
女儿晚上不敢一个人睡觉，你从来都不问她为什么。
当女儿给你读书的时候，你却忙自己的事情。

问题：
类似的小片段在你的生活中，是不是也经常出现？你是如何应对的呢？如何应对才是正确的呢？

那天，我带着女儿到商场买衣服，在儿童服装区，遇上有很多妈妈也带着女儿过来买衣服。我相中了一款羽绒服，问女儿说："漂亮不漂亮？"女儿回答说："漂亮，我要！"然后，我便带她到试衣间。

试衣间只有两个，需要排队，我和女儿也静静地站在了后面。在我们前面站着一对母女俩，女孩看起来八九岁的样子。妈妈嘴里喋喋不休地念叨着，女孩则自顾自地看着前面的人群。很快，妈妈提高了嗓门："别试了！我觉得这款衣服不适合你穿，都八岁了，还穿这种带动物图案的衣服！"女孩没有理她，将衣服拿在手里在身上比画着。看到女孩依然不理会自己，妈妈一把夺过衣服，说："我都这么大声音了，你怎么就不吭声！"女孩依然一副我行我素的样子。前面的人纷纷扭过头来。

我知道，这位妈妈之所以生气，很大程度上是因为女儿没有听自己说话，自己觉得没面子。如果女孩能够对她的话做出反应，即使意见不同，我相信，她也不会大发雷霆。

倾听是一种基本的礼貌，更是女孩应该具备的基本能力，倾听能力的强弱直接影响女孩知识技能的接受和掌握。许多女孩非常善于表达自己，但是却不会倾听他人，无法与人在交往中体现出真诚，甚至不愿意倾听他人的建议和忠告。为了女儿的健康成长，每位妈妈都要以身作则，培养女孩倾听他人的习惯。

培养倾听能力从妈妈开始

在现实生活中，许多妈妈都没有认真倾听女儿心声的习惯，这也是女孩无法养成倾听他人习惯的原因。比如，有些妈妈性格很急躁，容不得女儿延迟，听不得女儿吞吞吐吐地讲话。要知道，女孩年龄小，语言表达有限，很难把自己的所思所想完整而有条理地说出来。因此妈妈应耐下性子，多给女儿些时间，让女儿放松心情，把自己想说的话讲出来。

瑶瑶妈平时特别爱说话，最近几天声带发炎，疼得要命，看过医生后，医生嘱咐她一周内不要讲话，这可憋坏她了。可是不知道为什么，妈妈发现，这段时间自己跟女儿的关系奇迹般地融洽了起来。

看完医生回来那天，瑶瑶幼儿园放学回来，一进家门就气呼呼地说："妈妈，我再也不要去幼儿园了，老师总笑话我。"这要在平时，妈妈早就提高嗓门责怪女儿是不是在幼儿园调皮来着，但这次因为不能说话，她只能忍着，什么都没说。

很明显，女儿觉得自己受了委屈，她跑到妈妈身边，伤心地哭了起来："妈妈，今天老师让我们装玩具，我把小马的耳朵给小驴安上了，老师就笑话我，小朋友们也都笑我。"

妈妈依然没有说话，而是伸手把伤心落泪的女儿搂在了怀里。女儿沉默了几分钟，从妈妈怀里挣脱出来，擦了擦眼泪，说："妈妈，我去玩了，我没事了。"然后，就高高兴兴地走了。

看着转变如此快的女儿，瑶瑶妈顿悟了，原来耐心倾听对和谐亲子关系有神奇的作用。

对于妈妈来说，要想培养女儿的倾听能力，就要先从倾听女儿做起，因为妈妈的一言一行、一举一动都是女儿学习的最好榜样。因此，无论什么时候，哪怕是在自己家里，妈妈也要特别注意交谈时的方式和礼仪，专心听女儿讲话，不要边听边做其他的事。

在女儿跟你说话的时候，不要只顾自己的事情而不理女儿。

在女儿想跟你聊天的时候，不要用"我很忙"推脱。

既然和女儿一起聊天，就不能三心二意。

教给女儿倾听他人的礼仪

随着女孩的渐渐长大，会出现反抗情绪，比如爸爸让她帮忙做点事，她却不乐意。有时候爸爸跟她说话，她也表现得漫不经心。

这天吃饭的时候，丈夫叮嘱女儿："在幼儿园如果遇到了问题，先自己想办法解决，如果解决不了，就主动找老师想办法。"说完之后，他发现女儿自顾自地吃着饭，一点儿反应都没有。丈夫有点生气了："我简直是在对牛弹琴！"听着丈夫的不满之语，我对女儿说："大人跟你说话的时候，一定要注意听，千万不要表现出不耐烦的样子。"女儿意识到了自己的错误，然后积极回应了爸爸的话。

其实，由于年龄的限制，有些女孩之所以表现得没有礼貌，完全是由于她们根本就不懂。所以，妈妈们一定要将倾听的礼仪讲给她们听，比如：

听别人说话的时候，要多一些耐心，让对方感到轻松自如。

听他人说话的时候，不要挑对方的毛病，不要当场提意见，不要使用否定别人的回答，如"不可能""我不同意""我不这样想"……要多站在对方的立场去想问题。

和他人说话的时候，要少说多听，不要随意打断他人的话。

如果对对方谈到的内容比较感兴趣，可以先点点头，然后表明自己的态度。

本章小结——说给妈妈的话

※ 为了女儿，妈妈的言行必须文明有礼。作为妈妈，应切实提高自己的礼仪修养，以身作则，言传身教，认真负责地扮演好女儿人生道路的引路人的角色，努力践行规范的文明礼仪，从而使女儿自然而然地接受教育。

※ 让女儿成为关注对象，会增强女儿的自我意识，一旦她们的自我意识被唤醒，就会调动起自己的积极性，对人也就会有礼貌了。家里来了客人的时候，让女儿主动招待客人，比如给客人端茶、倒水。

※ 由于年龄的限制，有些女孩之所以表现得没有礼貌，完全是由于她们根本就不懂。所以，妈妈们一定要将倾听的礼仪讲给她们听。

Part 12　不懂交往，女孩的成长之路必多坎坷

不要让家庭的优越感成为瞧不起人的理由

随着一天天长大，很多女孩都会变得瞧不起自己的妈妈，尤其是处在青春期的女孩。有的女孩会说妈妈"老土"，有的女孩会说妈妈"落伍"，有的女孩甚至还会说妈妈"不可理喻"……当女儿说出这些话的时候，其实已经出现了瞧不起人的苗头。这时候，妈妈们一定要及时提醒孩子，不管家庭条件多么优越，都是父母辛苦挣来的，绝不能因此成为她们产生优越感的理由。

想想看，生活中有没有出现过这样的场景：

你穿衣朴素，很少买新衣，女儿不愿意和你一起出门，原因是"没面子"。

你是保姆，女儿感觉没面子，从来都不会在同学面前提起你的职业。

你初中没毕业，女儿经常会说："你小时候都是个差生，今天怎么还想管我？"

你让女儿好好学习，女儿却说："家里连辆车都买不起，还要求我？"

你让女儿和同桌友好相处，女儿却说："她们家是卖煎饼的，不相为谋。"

问题：

类似的小片段在你的生活中，是不是也经常出现？你是如何应对的呢？如何应对才是正确的呢？

小时候，大多数女孩都会对妈妈言听计从，令妈妈们感到很欣慰。可是，随着女孩的长大，原来的乖女儿会变得对妈妈不屑一顾，特别是女孩上初中后，她们经常会觉得妈妈的言行、穿着会"很土"。这是什么原因呢？

有一次，我收到这样一封来信：

老师好！这段时间，我很困惑，不知道该如何和女儿相处了。

从小到大，在我的眼里，她都是一个乖巧听话的孩子，我们的意见

她一般都能听进去。可是，自从升入初一开始，我就发现，她越来越看不起家里的大人了。尤其是对我，她显得特别没耐心，有时候甚至还会给我脸色看、对我大声嚷嚷。

我出生在农村，没有上过大学，不能像其他家长那样帮她温习功课，可是我自认为还不是太落伍。在公司里，我努力工作，各方面都没有输给别人，有尊严、有信誉，人缘也不错。可是，每当我回到家里，和她聊起学校的话题，要发表看法时，她总会说："老妈，你已经过时了，你一点儿都不懂我们。"

她做作业时，我有时候会给她端些水果、点心进去。有时，我也想看看她作业做得怎么样，可是，她呢？心情好时，不吭气；心情不好时，直接把我轰出来，还说："老妈，你又看不懂。"

这个星期天晚上，她一直都在电脑前打游戏，我劝她早点休息，她不仅听不进劝告，还叫我"闭嘴"。那一刻，我真是既伤心又难过。

马上就要中考了，为了不影响她的情绪，我尽量迁就她，可我有时又觉得这样做妈妈很可悲。难道是我的教育方法不正确？还是她觉得我文化程度低？又或者，现在的女孩真的比我们那一代人懂很多？也许，时代不同了，她们的思想和我们真的不一样了……

读完这封信，我想了很久。

"看不起父母"是很多女孩身上出现的一种不良现象，仔细琢磨一下，可能会有这样几个原因：女孩虚荣，看到自己的妈妈不如别人的妈妈，就会瞧不起；妈妈确实做了让女孩不理解的事情，女儿对妈妈的所作所为感到不快……在我们身边，这样的女孩有很多，尤其是处于青春期的女孩，她们的世界变得日益丰富多彩，妈妈们如果不及时学习，不能跟上女儿成长的步伐，不能满足女儿的心理需要，很多时候就会被女儿看不起。

如果发现自己的女儿也出现这种状况，就要多加注意了

将女儿看成是"别人家的"

那天晚上，吃完晚饭后，我们一家三口到外面遛弯。父女俩走在前面，互相追赶着，我则不紧不慢地在后面看着他们。

这时候，一对母女走过来。这位妈妈随口说："看人家父女俩，玩得多好！你什么时候能够这样和爸爸玩一会儿？"走在一边的女孩听了，有点儿不开心，说："就我爸？只知道让学习！我都快烦死了！

怎么会可能跟他玩？"

　　这位妈妈看了看我："真是羡慕你啊！"我无声地笑笑，说："这对活宝，每天只知道玩！"女孩看了看我，跟我打招呼："阿姨好！"我突然发现，这个女孩还是挺有礼貌的。

　　女孩似乎找到了发泄口，对我说："我爸一天到晚只知道让我学习，一点儿都不通情达理，我怎么会和他玩？昨天下午还批评我呢！他同事的女儿在英语竞赛中获得了二等奖，跟我有什么关系？为什么非要拉上我？既然总说别人的孩子好，那为什么不找别人的女儿做你的女儿！"

　　母亲发现，女儿当着外人的面说自己的爸爸，脸上有点挂不住，便拉起女儿离开了。

　　一直以来，每当女孩遇到类似的反应，我都会认为是女孩不够虚心，见不得表扬别人。可是，当这个女孩说出"为什么不找别人的女儿做你的女儿"时，我才发现了问题的严重性。这位爸爸本来是想让女儿"知耻而后勇"，激发女儿学习的斗志，可结果让女儿越来越觉得自己不如人，不相信自己了。

　　很多时候，我们都能一眼洞察到别的女孩的优点，却对自己女儿身上的长处视而不见；我们总是不遗余力地去夸赞别的女孩多优秀，却从来不对自己的女孩说出一句真心的赞美。如果大人们能够把自己的女儿当成"别人家的女儿"来看待，多发掘女儿身上的优点，多给予赞美之词，女儿也就变得开心了，对学习的自信心也必然会增强。

　　对于这样的事情，我有自己的理解——很多妈妈总爱拿"别人家的女儿"来和自己的女儿作比较，目的是为了给女儿一个奋斗和努力的目标，可事实上这样做不仅不能起到激励作用，还会损伤女儿的自尊心、上进心，甚至影响女儿对妈妈的信任度。正确的做法应该是让女儿"和自己比"，例如可以拿女儿这次成绩和上次成绩进行比较，拿女儿的优点和缺点来比较。

　　如果确实觉得别人家的女孩在某一方面值得自己的女儿学习，该如何做呢？首先，对女儿表现好的方面给予表扬和肯定；其次，客观分析别的女孩表现比较好的方面；之后，建议女儿如何学习别人的长处……

　　这样做了，女儿的心里会更容易接受。

不要过分赏识女儿的长处

　　前段时间，一个邻居来我家和我"发牢骚"：

我女儿正在上一年级，学校邀请全国著名的家庭教育专家作了一场精彩的"赏识你的女儿"的教育报告。会上，专家号召家长们对自己的女儿要多些赞美，少些指责。我觉得专家说得很有道理，便把"赏识教育"的观念贯彻到了对女儿的家庭教育中来。

或许是担心我回来后批评她（女儿课上经常做些恶作剧），第二天她比平时早起了10分钟，还主动把自己的小被子叠好了，虽然叠得歪七扭八，可是做得很认真。这在以前是没有过的。

我进屋看到了这一切，又惊又喜。想到教育专家说的"赏识教育"，便赶紧笑着对她说："你叠得真好，比妈叠得还漂亮呢！"听到我的夸赞，她咕噜了一声："妈妈撒谎。"

我转念一想，也许是她还不太适应受到表扬。我决定再接再厉，继续推行"赏识教育"。

在随后与她的相处中，她每做一件事情，我都会适当地夸她。

二年级期末考试，她成绩优秀，在全班排名第五名。我夸奖她："你真聪明，真了不起。"因为考试成绩优秀，女儿的心情本来就好得不得了，听到我的赞扬，就更加高兴了，得意扬扬地认为自己真的是个天才。可是，后来渐渐地我发现，她居然翘起了"小尾巴"，上课也不认真听了，甚至还有点儿看不起我。

赏识教育作为一种积极的教育观念，被越来越多的妈妈所接受。很多家长都知道，要以赏识的眼光看待女儿，以鼓励的态度引导女儿，可是很多时候，在我们一片片热烈的充满"赏识"的目光中，女孩们却变得越来越骄傲、自私、脆弱、不堪一击……

她们究竟怎么了？难道这都是赏识教育惹的祸吗？

其实，赏识教育本身并没有错，只是很多妈妈在运用过程中没有把握好"度"，才使女儿出现了这样那样的问题。据英国《泰晤士报》报道，英国伦敦市长鲍里斯·约翰逊认为：今天，街头暴力之所以会如此猖獗，在很大程度上要归咎于现在流行的赏识教育。现在，是时候反省一下了。我们应该好好地给女孩定些规矩，该惩罚的绝不要手软。

遵从赏识教育的理念，无论女孩做什么，很多妈妈都会表扬和鼓励她们一番，殊不知，在这样的教育大环境下，会让女孩变得自以为是。在对女儿进行赏识教育的过程中，妈妈们一定这样做：

赏识不要过于频繁。对于女儿积极的行为可以给予肯定，但不能过于频繁，否则会使女儿成为一个表扬成瘾的人，所做的一切只为了得到表扬。

不要比较。在肯定女儿的时候，如果常说："看看，谁都不如你学习好！"会使女儿变得自大、目中无人。

有目的地进行赏识教育，适时加以挫折教育，才是最适合女儿的。

大胆与人接触，无论对方是谁都不要害羞

曾几何时，"害羞"也是女孩的代名词。很多女孩都会害羞，遇到人不敢打招呼，不敢说话，妈妈如果能够及时发现，及时调整自己的言行，就可以让女儿的这种情形得到改观。在社会发展如此之快的时代，如果想让女儿在未来能够养活自己，就一定要让她们的胆子大起来。

想想看，生活中有没有出现过这样的场景：

家里来了客人，女儿却躲在房间里不出来。

让女儿主动去收银台结账，她却躲到了你的身后。

女儿换上了新衣服，你想看看效果，可是她却脸红了。

你的方向感不强，让女儿问路，她却害羞。

女儿从来都没有参加过学校组织的文艺节目，因为害羞。

问题：

类似的小片段在你的生活中，是不是也经常出现？你是如何应对的呢？如何应对才是正确的呢？

星期天，我去超市买东西的时候，遇到了小区里的小陈，由于年龄相仿，我们很谈得来。当时，小陈正带着自己的女儿在小区的操场上做游戏，一看到我，便和我打招呼。

我说："你们母女俩又一起玩儿呢！"小陈一把揪住地下蹲着的女儿说："快！说阿姨好！"小女孩羞怯地低着头，硬是不抬头。

小陈不好意思地对我说："你知道的，我家闺女害羞！一见人，就这样，熟人也这样！"我看了看小姑娘，蹲到她面前，和她笑了笑。小姑娘先是低着头，见我蹲下跟她说话，她赶紧躲到了妈妈身后。

我知道，对于这种女孩，不能强迫，便说："我出去买点儿东西，等会咱们再见！"

我径直向小区门口走去，到了门口转身的那一刹那，我看了一眼这个小姑娘，此时的她已经从妈妈的身后出来了，一边看着我一边和她妈妈说着什么。

女孩生性就胆小怯懦，很多时候，人们甚至还将这些作为女孩身上的优点加以夸奖。其实，女孩有一定的羞怯心理是正常的，可是如果遇到熟人都羞怯，就有问题了。

这种女孩，内心一般都比较脆弱。长此以往，必然会影响到他们的人际关系。未来的社会是一个充满竞争的社会，如果女孩时时胆小，事事怯懦，看人一眼都脸红，怎么能生活下去？所以，做妈妈的一定要重视女儿的这种特点，如果女儿害羞过了头，就要加以引导。

不要对女儿说，妈妈小时候就怕当众说话

一天，在邮箱里，我读到这样一封来信：

我的女儿今年六岁，长相恬静，非常惹人爱。她不喜欢和外人说话，即使是遇到熟人也不怎么开口，只要一让她和别人说话打招呼，她便会羞怯地躲到我的身后；如果是在家里，来了客人，她也会把自己关在房间里不出来。

本来以为，她长大之后会好一点儿。可是，我现在发现，她的这种状况依然存在。我觉得，她的这一点非常像我，我也是一个不善言谈的人，不喜欢与人交往。我小时候，人们给我的评价就是——害羞、胆小。难道，性格还能遗传吗？

我知道，错不在女儿，很可能是自己出了问题。在她渐渐懂事之后，我不止一次地对她说过："不要害怕，妈妈小时候见人也会害羞！"满以为女儿会有所改变，可是事与愿违，这种情况甚至更加严重了。昨天幼儿园放学的时候，老师跟她说"再见"，她居然躲到了我的身后。这可是与她每天朝夕相处的老师啊！

一路上，我都在想女儿的问题。可是，终究找不到办法。今天，冒昧给你写了这封信，希望能够得到你的指导。

焦急的妈妈

读了这封信，我感慨万千，这可真是一个糊涂的妈妈！不管自己小时候怎么样，怎么能够跟女儿和盘托出？尤其不能对羞怯的女儿说自己当年是如何胆小的！这位妈妈最大的错误，就是告诉了女儿"妈妈小时候见人也会害羞"。

当女儿听了这句话，会认为，就连无所不能的妈妈都会见人害羞，我就更没有什么羞耻的了。不说就不说吧，反正我妈都这样。于是，她

便会将自己的嘴巴紧紧地闭起来，即使本来想说的话也会咽到肚子里。所以，妈妈们一定要提高警惕，有些话千万不要和女儿说：

你怎么这么害羞啊！跟我小时候一样。

也不能责怪女儿，我小时候不也是这样嘛。

你姥姥说，妈妈小时候也是个特别害羞的女孩，这一点你简直和我一样。

不要当着别人的面批评女儿

女儿上幼儿园后的第一个元旦，幼儿园召开联欢会，她的班里一共有二十多个小朋友，为了表示对家长的欢迎，老师让他们站到教室的前面表演节目，有几个小朋友就是不愿意去，一个小女孩被她妈妈强行推了上去，紧接着小女孩便跑回了自己的座位上。

我知道，小孩没见过这么多的家长，可能有点儿害怕，便鼓励女儿过去拉着她一起上台。可是，看到有人不上台，女儿也不愿意上去了。我对女儿说："去吧，带上那个小朋友，妈妈在这里给你们拍照！"女儿最喜欢拍照了，一听说我要给她拍照，兴奋地拉起了那个小女孩的手走了上去。

或许，对于幼儿小班的女孩来说，还不太明白表演的真正含义。女儿上去之后随着音乐摇摆一通，我则迅速地按了快门。后来，更多的孩子都上去表演了节目，只不过下来之后，有的受到了妈妈的夸赞，有的则受到了家人的批评。一位妈妈居然对自己的女儿说："你怎么不好好做！全班同学数你最差！"女孩的脸由红转白，默默地站在一边摆弄着手里的东西。

其实，在这里，这位妈妈犯了一个大忌，就是当着别人的面批评女儿。女儿年龄还小，感到羞怯在所难免，随着年龄的增长，她们的性格会变得一天天开朗。当着这么多家长和同学的面批评女儿，会给她的心理留下阴影。

聪明的妈妈不会当着别人的面说："我家女儿不讲卫生。"

智慧的妈妈不会当着他人的面批评女儿："怎么搞的，怎么这么喜欢咬手指头？"

好妈妈不会当着众人的面说女儿："不要玩了，身上这么脏，跟头猪一样。"

若要幸福生活，女孩应该自尊自爱

在物质生活日益丰富的今天，人们的思想更加开放。可是，社会给了我们更大的自由，我们却不能因此变得不自重。妈妈一定要正确引导女儿、教育女儿，鼓励她们树立正确的人生观和世界观。让她们知道，什么该做，什么不该做；更要教育女儿自尊、自爱，做一个自强不息的人。

想想看，生活中有没有出现过这样的场景：
看到女儿和异性同学勾肩搭背，你却不理会。
看到女儿和异性朋友的聊天记录，语言不文明，你觉得无所谓。
看到女儿经常会为一点小事情伤害自己，你也不说。
女儿早恋，和异性同学关系亲密，你还沾沾自喜。
女儿经常和社会上的小混混进进出出，你也不管。

问题：
类似的小片段在你的生活中，是不是也经常出现？你是如何应对的呢？如何应对才是正确的呢？

有一次，和朋友在饭馆一起吃饭，我们斜对面坐着一个年龄大约20岁的女孩，她像小鸟一样依偎在一个大约50岁的男人怀抱里。他们一边互相夹着菜，一边嬉笑私语，看着很幸福甜蜜的样子。我对同事说："你看，这对父女多让人羡慕啊！"

同事向他们瞥了一眼："这怎么会是父女？真正的父女会这样吃饭吗？"

"就你想得多，看人家这当爹的多么爱自己的女儿啊，我好羡慕……"可是，还没有等我把话说完，从门口冲进来一个体态臃肿的中年妇女，气势汹汹地快步走到那对"父女"面前，大骂："小妖精，不要脸！"然后，一把操起一盘子菜泼向这对"父女"。

这对"父女"显然没有想到会出现这种情况，只能由着胖女人大声骂："今天，你们终于让老娘捉住了，不要脸……"顿时，整个饭馆让他们搅得乱七八糟。

同事看了看我，说："看见了吧，我说得没错吧？现在的小女孩啊！请吃一顿饭，买件衣服就会跟那些……悲哀啊！"

有些人说，这个新时代很宽容，每个人有每个人的活法，每个人有每个人的追求；不要去责备别人，只要管好自己就可以了……可是，作为女人，作为一个教育者，作为一个妈妈，我还是想大声对那些精神沦落的年轻女孩说：孩子们，请你们自尊自爱、干干净净、清清爽爽地好好生活，不要拿自己的青春做那些人所不齿的事。

懂得自尊是一种健康的心理状态。懂得自尊的女孩，都有着自己的做事原则，不会损害其他人的利益；懂得自尊的女孩，会格外珍惜自己的人格；懂得自尊的女孩，知道什么是羞耻，明白怎样对待自己的缺点与不足。

任何一位妈妈都不希望自己的女儿成为故事中的主角，要让女儿懂得自尊自爱，一定要从小给她们灌输这种思想，并从行动上给她们做好榜样。

像瑞典人一样尊重女儿

陈凤是我大学时候的闺蜜，毕业后和家人去了瑞典，有感于瑞典对子女教育的不同，她经常会在网上和我作一番谈论。

有一次，陈凤带着女儿甜甜回国看望老人，顺便来看我。我们俩聊天，甜甜则和我女儿姗姗玩了起来。

"在瑞典，大人们一般都非常尊重女孩，大多数情况下，不会代替她们作选择，而是让她们感到自己是自己的主人。瑞典人非常讲究对女孩说话的口气和方法，她们同大人讲话，大人不但要认真听，有时候还要蹲下来听，使她们感到大人是尊重她的；她们不吃饭也不硬逼；做错了事，也不会对她们横加训斥……"

这时候，甜甜走了过来，要水喝。我给她倒了一小杯，喝完之后，问她："想不想吃东西？"甜甜回答说："不要，谢谢！"说完，又去玩了。

陈凤告诉我："在瑞典，妈妈带女儿外出做客，主人如果拿出食物给她，妈妈不能替她回答'不吃''不要'之类的话。她们认为，女儿要吃，本身并没有错，任何人都没有理由指责女儿，否则会深深伤害女儿的自尊心。"

我很同意瑞典人的这种做法。或许你认为，瑞典妈妈对女儿的尊重太过分了，可事实告诉我们，从妈妈那里得到尊重的女孩，一般都能和妈妈开心相处，而且她们待人友善，懂礼貌，同大人谈话没有一点儿局促感，自我独立意识也强。所以，我们要向瑞典妈妈学习，尊重女儿：

当女儿不想做事情的时候，不要逼她们去做。

当女儿想穿某件衣服的时候，大可以放心地让她们去穿。

当女儿不想吃饭、睡觉的时候，不要赶着她们去吃、去睡觉。

当女儿不想看科普节目的时候，不要让她们硬着头皮去看。

学学孟母来"三迁"

一天，一位朋友给我打来电话，说她搬家了。我问："为什么？是不是因为靠近农贸市场？"朋友向我说出了实情："我们家住在农贸市场的边上，每天早上，都会被嘈杂的吆喝声吵醒。我本来想搬家的，可转念一想，不搬家更容易让女儿体会劳动者的不易，搬家的事也就不了了之了。直到有一天我去学校开家长会，发现在去学校的路上，不知道什么时候开了一家电影院。电影院门口挂着大幅的宣传海报，什么一夜情、温柔乡之类的词语清晰可见。一想到自己的女儿每天都要和同学们从这里经过，我感到很紧张。最后，决定搬家。很快，我们便选好了一所学校。在这所新学校附近，都是清一色的居民楼，而且离图书馆还很近……"

不可否认，这位朋友可以说是用心良苦。我们都知道，环境对孩子的影响是巨大的，所以"孟母三迁"的故事流传至今：

小时候，孟子和妈妈居住在墓地旁边。孟子的模仿能力很强，就和邻居的孩子一起学着大人的样子进行跪拜、哭嚎，有时候还会和孩子们玩些办理丧事的游戏。妈妈看到后，意识到了问题的严重性，便皱起了眉头："不行！不能让我的孩子住在这里了！"

于是，妈妈就带着孟子搬到了市集边上。这里靠近杀猪宰羊的地方，孟子又和邻居的孩子学起了屠宰猪羊的事。妈妈发现后，又对自己说："这个地方也不适合我的孩子居住！"于是，她们又搬家了。

这一次，他们搬到了学校附近。每月初一，官员都要到文庙行礼跪拜，孟子看到之后都学习记住了。孟妈妈很满意："这才是孩子应该住的地方！"从那以后，她们就定居在了这里。

"孟母三迁"的故事告诉我们，只有接近好人、好事、好物，才能学习到好的知识，养成好的习惯。为了让女孩养成自尊自爱的品行，妈妈们也可以采取这个办法，在她们的学习环境、生活环境上多下功夫，比如：

如果发现附近有很多足浴、网吧之类的，要给女儿换个地方。

如果发现有些社会青年经常和女儿接触，可以考虑给女儿换所学校。

如果发现周围的人有事没事喜欢说三道四，让女儿远离这些人。

本章小结——说给妈妈的话

※ 应该让女儿"和自己比"，而不是"和别人比"，例如拿女儿这次成绩和上次成绩进行比较，拿女儿的优点和缺点来比较。赏识教育本身并没有错，只是很多妈妈在运用过程中没有把握好其中的"度"，才使女儿出现了这样那样的问题。遵从赏识教育的理念，无论女儿做什么，很多妈妈都一味表扬和鼓励，殊不知，在这样的教育大环境下，会让她们个个变得自以为是。

※ 不管自己小时候怎么样，都不要向女儿和盘托出，尤其是不能对羞怯的女儿说自己当年是如何胆小的。孩子们的年龄还小，感到羞怯在所难免，随着年龄的增长，她们的性格会变得一天天开朗。当着别人的面批评女儿，会给她们的心理留下阴影。

※ 受到妈妈良好尊重的女儿同妈妈大多非常合作，她们待人友善，懂礼貌，同大人谈话没有一点儿局促感，自我独立意识也强。为了让女儿懂得自尊自爱，也可以采取这个办法，除此以外，就是让她们离开不良的环境。

Part 13 忽视态度，女孩自然无法取得好成绩

只有塌下心来，才能进入学习状态

不管处于人生的哪个阶段，学习，永远都是女孩的主题。只要她们还处于学习阶段，大多数家长必然都希望她们取得好成绩。可是，社会环境充满了浮躁元素，她们的自控力还比较弱，学习时自然就会浮躁一些、无法塌下心来。对于这些，妈妈们一定要心中有数。

想想看，生活中有没有出现过这样的场景：
女儿考试成绩总是上下浮动，你觉得没什么。
女儿一边做作业，一边吃东西，你也不管。
女儿作业没写完就跑出去玩了，你觉得无所谓。
女儿看书的时候，容易受外界干扰，你却没发现。
女儿听课不认真，经常走神，你也不提醒。

问题：
类似的小片段在你的生活中，是不是也经常出现？你是如何应对的呢？如何应对才是正确的呢？

这天，在微信朋友圈里，家长们针对这样一个话题各抒己见——女儿学习不踏实！

大海：我女儿这次期中考试，数学才考了88分，上学期期末考试还是95分呢，退步了一大截。学习不踏实，老是来回反复。

小米妈：我闺女也是。学习上一个数学概念的时候，题目还会做；可是这次学了三位数的加减法，却经常问我。让她动脑筋想想，她也不理。

小童子：现在的女孩都这样，没有一点儿学习动力，学习不踏实，只知道玩。

……

不可否认，这样的女孩在我们身边有很多，这样的问题也不止一次出现。其实，女孩浮躁心态的出现，和妈妈有着密切的关系。比如有的妈妈总是心理矛盾，患得患失，心神不安；有的妈妈急于改变生活

现状，对工作挑三拣四，恨不得立刻变成"先富起来的那一部分人"，她们的这种心理是影响女孩的直接因素。

浮躁是一种常见状态。浮躁的女孩，不论做什么事情，都无法全心投入。每做一件事的时候，她不是想着以前的事，就是想着做完这件事以后接下来要做什么。她们的心不是在以前，就是在以后，但永远不在现在。

仔细观察多位女孩之后，我也发现，这些浮躁的女孩通常都有五种表现：

1. 上课一听就懂，其实没有真懂，下课做题不会。
2. 书一看就会，其实没有真会，合上书什么都忘了。
3. 拿来题目，没看清条件就做，结果出错了。
4. 做完题，不检查就上交，答案基本都错。
5. 发现题做错了，是因为粗心不改，下次接着再犯。

对于女孩来说，一旦出现了上面五种浮躁的表现，学习成绩一定不会理想。所以，如果想让女儿踏实学习，妈妈不仅要多引导、多提醒，还要自我反省。

让女儿做事认真一些

李梅是个三年级的女孩，非常聪明，平时作业做得不错，一考试就不行了。妈妈说了她很多次，每次说的时候，李梅还愿意听，一旦离开了妈妈的视线，又开始我行我素。妈妈没办法，只好来找我，想听听我的建议。

听她讲了一些关于孩子学习的情况，我很快发现，李梅的问题主要出在——做事不认真。虽然她基础知识都掌握了，可平时总粗心大意的，再加上考试时比较紧张，就更容易出错了。后来，我建议她多注意一下女儿认真态度的培养，提醒女儿做事的时候认真一些，必要的话，女儿写作业时在一边监督。

一个月之后，李梅妈给我打来了电话，告诉我她女儿变得比以前认真多了。我听了之后感到很欣慰，一方面是由于自己对她的判断是正确的，另一方面是她确实有了明显的进步。

通过这则案例，我再次明确了这样一种思想：认真的女孩，学习更踏实！做事认真的女孩，一般都会聚精会神，直到彻底弄透一件事情为止；她们也会全力以赴地学习，一次性把事情做到趋于完美。引导女儿学习的时候，不能听她说"学会了""听懂了"就不管了，只有她真正做对了，才说明她真的会了、懂了，妈妈们这时才能彻底放心。

女儿做作业的时候经常因粗心犯错，就要让她认真检查一下。

女儿做事的时候经常半途而废，要让女儿专注一点儿。

女儿说话不走心，要让她将注意力集中起来。

有意识地培养女儿专注做事的习惯

女孩天性好奇，活泼好动，因此注意力经常不集中，妈妈们可以从训练她们注意力的持久性入手，有意识地培养她们做事专注的习惯。同时，尽量创造良好的环境，避免她们注意力分散。

不管是在学习上还是在生活上，女孩常常三心二意，注意力不集中。对她们进行注意力训练时，应尽可能避免一切外来干扰。比如女儿在玩搭积木以及其他要求专注的游戏时，先关闭电视等的干扰。为她提供一个安静的环境；当女儿要求独自玩游戏时，在没有危险的情况下，妈妈们不要进行干预。

我的大学同学海燕在这方面做得就非常成功。从女儿上小学开始，海燕便开始了对她认真态度的培养：

让她和自己一起擦玻璃，母女俩一人负责一面，如果她擦得不干净，海燕会直接给她指出来；如果她想半途而废，海燕就和她一边擦一边聊，以至于她即使有了想放弃的念头，也会在妈妈的引导下坚持下来。

她写作业的时候，如果想吃东西了，海燕会要求她写完作业再吃，或者在写作业前吃。

母女俩一起看书的时候，海燕会和她提前商量好，每人看几章，确定之后就不能改，直到全部读完。

事实证明，海燕的辛苦确实没有白费，当其他妈妈都在为女儿的学习伤脑筋的时候，她却和女儿做着自己喜欢的事情。

由于年龄的限制，小女孩都喜欢玩儿，虽然说不像小男孩，可是玩儿依然是她们最最热衷的事情，这个时候，一旦有其他事分散了她们的注意力，她们也会变得不专心玩儿了。

为了让女儿集中注意力写作业，可以将周围影响学习的东西都撤掉，如玩具等。

如果想让女儿专心读书，就不要对她们有任何干扰。

如果想让女儿认真做某件事，就要提醒她：认真一些！

重视作业的作用，按时完成，无错误

作业是女孩巩固所学知识的一种方式，可是很多女孩放学回到家之后，首先想到的就是玩、吃、喝，之后才会写作业，结果拖拖拉拉，越拖越晚。到了后面，时间紧张，为了完成作业，自然就容易因粗心而出现一些错误。如果发现女儿出现了这样的问题，妈妈们一定要引起注意。

想想看，生活中有没有出现过这样的场景：

看到女儿做作业很晚了，心疼女儿，说："写不完就别写了，我跟老师说。"

女儿想按时完成作业，你却在她旁边进进出出。

每到周六日都让女儿先玩后写作业，理由是"周末就是玩的时间"。

女儿要写一篇关于景物的作文，让你带着她去户外走走，你却说："没空。"

女儿每次作业都错误百出，你却不理会。

问题：

类似的小片段在你的生活中，是不是也经常出现？你是如何应对的呢？如何应对才是正确的呢？

我曾经在网上看到一个小女孩彤彤的故事：

彤彤做事很磨蹭，做作业的时候，不是这里摸摸，就是那里弄弄，很长时间了还没打开作业本。为了让女儿改掉这个毛病，开始的时候，妈妈会监督她做作业，而且很快她就做完了。可是问题也出现了。有时妈妈要加班、做饭，或者临时有什么事，这时候彤彤往往不能按时完成作业，或者本来在晚饭前可以完成，经常要做到晚上 10 点半。

为了激励女儿，妈妈还用过奖励零花钱的办法，只要她能按时完成作业就奖励一毛钱。开始的时候，彤彤很积极，后来她发现一个矿泉水瓶也可以卖一毛钱，就对妈妈说："妈妈，我不要你的奖励了，我积攒矿泉水瓶去卖。"奖励零花钱的办法就这样流产了。

彤彤喜欢听故事、看动画片，妈妈便心生一计，对她说："彤彤，如果你放学回家先完成作业，剩下的时间你可以随便听故事、看动画片。"可是，彤彤却说："我才不上你的当呢！等我做完作业你又说让我看书，或者说时间到了，要睡觉了。我还是先看动画片再做作业吧。"

现实中，总有一些女孩不能按时完成作业，妈妈对她们是又恨又气。要知道，按时完成作业对女孩的意义非常重要，既能让她们掌握已经学过的知识，也能让她们养成良好的学习习惯，更是发展智力和提高素质的重要前提。不按时完成作业，一次如此，影响一课的学习；次次如此，影响一册书的学习；长此以往，就会影响整个学期、学年的学习成绩。学习成绩总是不理想，会使女孩在其他方面的成长受到不良影响。所以，女儿一旦出现这种情况，妈妈一定要高度重视，并想办法帮助女儿改正。

不要给女儿布置额外作业

有些妈妈认为，关心指导女儿的学习就是在女儿完成老师留的作业后，再给女儿布置一些额外的作业，以为只有这样才能把女儿的成绩提高上去。其实，这是一种误解，结果往往会得不偿失。

每次假期，很多家长都会给女儿报班，如奥数、英语、作文班等；有些家长甚至还会网购一些练习题来让女儿做。对于这种做法，我是不赞成的。因此，当老公问我，要不要给女儿买一些练习册的时候，我没有同意。我认为，父母可以通过平时检查女儿的作业情况，从中了解她在学习上的薄弱点，如果她的数学计算经常出错，那么完成老师留的作业后，适当地让女儿做一些这方面的练习。

从目前的情况看，孩子的作业负担已经比较重了，再过多地加码，会引起孩子的反感，反而冲淡他们的学习兴趣。有时间的话，鼓励女孩多看一些课外书籍，做一些读书笔记，拓展她们的知识面，扩大她们的阅读量。

不要看到女儿作业不多，就给她另外增加作业。

不要看到女儿每天作业做到 12 点，就高兴不已。

不要总给女儿买练习题，否则她会受不了。

优化作业环境

通常来说，女孩只要喜欢作业，就会喜欢上学习。因此，影响女孩作业的其他因素一定要解决好。对于这一点，我也非常重视。

我家有个书房，女儿出生后，我们便在这个书房中隔出一个单间，专门供女儿学习和读书用，玩具之类的统统被放到了阳台。为了让女儿安心学习，我还尤其向她强调，做作业之前，要先将桌面收拾整洁，和作业无关的统统拿掉。因此，她写作业的时候，桌子上全是和作业有关的东西，也因为这个原因，她写作业的效率也比较高。

对于写作业环境的重要性，我深有体会。因此，看到很多女孩写作业的时候周围一团糟，我都替她们深感无奈。当妈妈在为女儿不好好写作业而烦恼的时候，是否应该想想，她们写作业的环境是否合适？

如果有条件，可以单独给女儿准备一个书房；如果写作业和睡觉的地方是合在一起的，可以用木板隔开，形成独立一间书房。告诉女儿，只有做作业的时候，才可以用书房，写完作业，要立即离开；如果想玩，一定不要在书房。一旦女儿养成了在书房学习的习惯，一进书房，大脑神经系统就会自动进入写作业的状态，从而提高作业效率。

被动学习效果差，主动学习才能取得好效果

学习成绩的提高，在于学习的主动性。女孩习惯了妈妈的推动——推一推，动一动，成绩即使有提高，也是被动的。这样的态度，即使取得了成绩，也是一时的。长此以往，不仅不利于成绩的提高，也无益于良好学习习惯的养成。因此，如果想提高学习效率，就要让女儿的学习主动性提高。

想想看，生活中有没有出现过这样的场景：

放学回家后，女儿不是吃东西就是玩游戏，每次都是吃完晚饭才写作业，时间已经七八点了。

女儿从来不主动翻看课外书，你推一推，她就动一动。

女儿学习的时候，很少思考，遇到问题，就找你要答案。

女儿不喜欢上学，早上老赖床。

女儿报了很多辅导班，可是越学越糊涂。

问题：

类似的小片段在你的生活中，是不是也经常出现？你是如何应对的呢？如何应对才是正确的呢？

很多家长都抱怨女儿学习不自觉，让人操心；很多老师也感觉到，女孩学习的依赖性特别强，从收拾书包到做作业，处处透着家长的影子。如果女孩缺乏自主学习的能力，会直接影响成绩的提高和自信心的形成，严重的还可能引起厌学情绪，妈妈们一定要引起关注。

这天，在网络上，我看到这样一则案例：张晗上小学四年级，每天做作业都要妈妈陪着，没有独立做作业的习惯；不管作业多不多，总是能拖就拖，每次都从放学一直做到晚上 10 点多，而且还很粗心，一些会做的题目也会做错。因为做作业很慢，也很粗心，妈妈常常督促她，发现一个错别字，就让她重写。时间长了，张晗渐渐丧失了学习主动性，一看见作业就烦，后来做作业也就成了一种应付。

如果自己的女儿出现了这种问题，妈妈多会感到忧心忡忡。其实，学习不自觉并不是她们一个人的问题，妈妈的教育方式也存在着误区。如果能改善一下陈旧的家长教育模式，她们的学习积极性会明显得到改善。

中国有句老话，牛不喝水强按头。意思是说，如果牛不想喝水，你按住它的头，它也不会乖乖地去喝。每个妈妈都经历过孩提时代，相信大部分人都认为学习是一件非常苦恼而且枯燥的事情，更何况女孩喜欢玩儿、喜欢无拘无束，所以只有通过后天的个性塑造和家庭影响，明确了学习目的，她们才能变得聪明好学、喜欢读书。

善于发现女儿的优点

每个女孩都一样，既有优点又有缺点，妈妈要善于发现她们的优点，并不断鼓励她们找到自己的兴趣所在，在积极正确引导的同时让她们变得自信。

小婷是我同学的女儿，她有礼貌、善解人意，用我同学的话说："我女儿什么都好，就是不喜欢学习。"为了提高女儿的成绩，我同学找到了我。

于是一个星期天，我到她家去串门。我进门的时候，小婷正在妈妈的要求下伏在茶几上写作业。同学去给我倒水，我拿起小婷的作业本看了看："好规整的正楷！"对于一个三年级的女孩来说，能写出这样一手好字，真是难得。

我佩服地看着她，小婷的嘴角向上翘起："我们老师也说我写得好，还让同学们向我学习呢。"这时候，同学走了过来："写作业的时候就像绣花一样，那个慢啊！字写得好有什么用，把作业完成好才是关键！"

我看了看小婷，刚才的笑脸没有了，她低着头，好像在等待我们的审判。

"你的字确实不错，如果参加书法比赛，也许还能获奖呢！下次有机会了，我给你报名。"听了我的话，小婷又一次抬起了头，眼睛发亮。

我接着说："能写出一手漂亮字的人，大家通常会认为她很有学问，所以你如果再把学习成绩提上去，肯定会有更多的人称赞你！"说完，我便和同学聊天去了。

一个星期之后，同学给我打来电话，说小婷学习比原来主动多了，每天放学回来都主动写作业，尽管会出现一些错题，但比过去好多了。她很奇怪，小婷怎么会突然改善了呢？

我告诉她："小婷字写得非常棒，这是她的优点，加以突出和强调，她就会认识到自己的好，认识到你对她的肯定，这样一来，你提出的意见，她就容易接受了。"

同学听了我的话，说："过去，我还因为小婷喜欢写字批评过她呢，没想到这个优点却成了她提高学习主动性的牵引点。"

任何一个女孩身上都有自己的闪光点，只要我们多留心就能发现。如果这个优点正好激起了女孩的自豪感，妈妈针对这个优点的表扬就会成为吸引她与你亲近的触点。一旦女孩喜欢听你说话了，再给她们提些学习方面的要求，她们也就容易接受了。

发现女儿字写得很规整，记得表扬一下。

女儿主动将床铺收拾得很干净，要给个小奖励。

看到女儿对人有礼貌，要表扬表扬。

帮女儿找到学习的快乐

一个人最容易做成功的事是什么样的？我认为一定是他感兴趣的事。同理，女孩最愿意做的事是什么？当然是能让她感到快乐的事啦！这就是为什么很多事情没有人教，但女孩却能做得很好的原因——兴趣是最好的老师。那么，怎样让女儿对学习感兴趣呢？需要妈妈帮女儿找到学习中存在的快乐元素。

为了做到这一点，有个妈妈是这样做的：

首先，让女儿觉得学习是一种快乐。在语言上，这位妈妈会表现出对女儿学习的羡慕："你们的书好漂亮呀！""哇，这道数学题你现在就会做了呀？我小时候可是到四五年级才会做的呢，你好棒！"女儿听到后，往往都会产生很高的学习热情。

其次，分享女儿的喜悦。女儿用了很长时间才解出一道题，开心地去和妈妈分享："妈妈，这道题我花了十几分钟的时间，终于做出来了。"这位妈妈会说："我女儿真棒，这么难的题，你都能做出来，真为你高兴。"女儿听了这样的话，更加努力了。

在我们小时候，接受的教育是"学习是份苦差事"，很多人打心眼里觉得学习苦，只要一提到学习，脸上就会阴云密布。可是，众多考入清华、北大的学子，他们的学习经历证明，只有体会到学习的乐趣，才能提高学习的主动性；只有将学习当作一件乐事来做，才能提高学习效果。因此，如果想让女儿的学习主动性提高，就不要再对女儿说"学习是个苦差事"了。

制订计划，让学习更轻松

做一件事情之前，很多人都有做计划的习惯。在这份计划中，会将自己要做的事分步骤列在其中，按部就班地一步步实施。这样，当一件件小事都做好的时候，整件事情也就完成了。学习，也需要这样！在引导女儿学习的过程中，一定不要忽视了学习计划的制订和实施。

想想看，生活中有没有出现过这样的场景：
从来没有和女儿说过，要订一份生活计划或学习计划。
你做事情的时候就是杂乱的，没有头绪。
有了制订计划的打算，可是没有付出行动。
即使制订了计划，也没有按照计划实施。
遇到突然情况，不懂灵活变通，女儿对计划心生抵触。

问题：
类似的小片段在你的生活中，是不是也经常出现？你是如何应对的呢？如何应对才是正确的呢？

要想在马拉松比赛中取胜，意志和体力固然重要，但更重要的是如何规划马拉松比赛过程中的每一段路程。学习就像一场马拉松比赛，因此制订切实可行的计划是非常必要的。没有切实可行的学习计划，就不知道什么时候该做什么事，也不知道自己正在做的事情对于整个学习有什么帮助，慢慢地就会丧失学习兴趣。

小敏是个小学六年级的女孩，头脑聪明，可是学习没有长久性，常常三天打鱼，两天晒网，学习成绩也并不突出。

小敏的英语成绩不太好，为了不让妈妈担心，她向妈妈保证：自己一定要努力把英语成绩提上去。妈妈听了感到很欣慰，至少女儿知道要努力去提高自己的成绩了。

小敏确实说到做到，第一天她就认真地做了两页练习题，做完之后她自己也感觉很高兴。可是一个星期后的某天晚上，妈妈突然发现小敏没有坚持做英语练习题，也没有看书，于是问她为什么。小敏摊开双手，无奈地说："我做了几天，成绩也没有提高，而且，其他科目老师布置的作业也很多……"妈妈笑着说："你应该制订一个学习计划。任何事情都不是一蹴而就的，更何况你只努力了几天而已。"小敏听了，若有所思地点了点头。

很多女孩学习时没有耐心，缺乏毅力和坚忍的意志，本来保证得好好的，一定要把自己的学习成绩提高，但说完没几天就放弃了，这让很多妈妈感到头疼。其实，要想改变她们的这种状况并不难，最简单的方法就是协助她们制订一个切实可行的学习计划，明确地告诉她们什么时间应该做哪些事情，而且制订学习计划有三个好处：

1. 可以帮助女儿克服惰性和倦怠，如果能够将她们的学习计划配合适当的奖励制度会更加有效。

2. 设定目标，按照计划有条不紊地做事，可以将她们的心态调整到最佳状态。

3. 按时完成学习计划，可以增强她们的信心、激发她们的学习潜能和解决困难的勇气。

如果发现女儿还没有学习计划，就引导她去制订一份吧！

考虑全部生活的平衡

制订计划的时候，不能只考虑学习而不顾其他，毕竟学习只是一天生活中的一个方面，其他活动对学习都有一定的积极影响，所以必须全面考虑，让这一天的活动多样化，因为有规律而充实的生活才是提高学习效率的基本条件。

在女儿的书房里，张贴着这样一份学习计划，尽管并不十分完善，但是对女儿却非常管用。

上午和中午	项目	下午和晚上	项目
6:00—6:20	洗漱	14:15	上学
6:20—7:00	小区跑步	17:00—19:00	写作业
7:00—7:30	吃早餐	19:00—19:40	吃晚饭
7:35	上学	19:40—20:20	小区散步

续表

12:00—12:40	吃午饭	20:30—21:00	看电视或看课外书
13:00—14:00	午休	21:00	洗漱、睡觉

备注：

1. 如遇特殊情况，比如作业多，要占用下一项的时间，下一项的内容可以省去。以对应的时间为准。

2. 周六出去活动，比如打羽毛球、滑旱冰、打乒乓球等。周日去看望老人。

要有一定的灵活性

学习的时候要严格按照计划来实施，如果遇到特殊情况，也要灵活处理，比如周围的环境、身体状态、学习内容的深广程度等发生了变化，就要及时调整。

如果女孩按照计划学习时，经常会感到犯困、疲惫、紧张、头痛等，可以将每天学习的时间减少，以保证学习起来精力充沛，效率高。

如果女孩因参加运动会身体非常疲倦，也应该及时改变计划，让她早早休息。单纯为了执行计划，强迫女儿一边打盹儿一边做作业，往往会得不偿失。

当然，我协助女儿制订计划的时候，也做到了这一点。同样还是上面的学习计划：

上午和中午	项目	下午和晚上	项目
6:00—6:20	洗漱	14:15	上学
6:20—7:00	小区跑步	17:00—19:00	写作业
7:00—7:30	吃早餐	19:00—19:40	吃晚饭
7:35	上学	19:40—20:20	小区散步
12:00—12:40	吃午饭	20:30—21:00	看电视或看课外书
13:00—14:00	午休	21:00	洗漱、睡觉

备注：

1. 如遇特殊情况，比如作业多，要占用下一项的时间，下一项的内容可以省去。以对应的时间为准。

2. 周六出去活动，比如打羽毛球、滑旱冰、打乒乓球等。周日去看望老人。

在备注里，我注明了可以调整的事宜。

本章小结——说给妈妈的话

※ 女孩浮躁心态的出现，和妈妈有着密切的关系。对于女孩来说，一旦出现了浮躁的状态，学习成绩一定不会理想。所以，如果想让她们踏实学习，就要多引导、多提醒。

※ 如果女孩学习不自觉，妈妈多会感到忧心忡忡。其实，学习不自觉并不是她们一个人的问题，妈妈的教育方式也存在着误区。如果能改善一下陈旧的家长教育模式，她们的学习积极性会明显得到改善。

※ 学习时缺乏毅力和坚忍的意志，本来答应得好好的，坚定地表示一定要把自己的学习成绩提高，但说完没几天，往往就不能坚持下去了。要想改变女孩的这种状况，最简单的方法就是协助她们制订一个切实可行的学习计划，明确地告诉女儿具体时间应该做什么事。

第三篇

望子成龙，爸爸要这样做

Part 14 漠然之心不可有，男孩也要有爱心

主动捐款，鼓励儿子主动向他人传递爱心

爱别人，被别人爱，就是我们生活的一切。如今，社会贫富差距拉大，当看到遇有困难的人需要帮助时，带着儿子一起伸出援助之手，恐怕比你对儿子说100个"要有爱心"要管用得多。

想想看，生活中有没有出现过这样的场景：

为了救某个病重住院的孩子，家人发起了筹款。你和儿子都看到了这样的信息，可是却不打算捐款。

妻子单位有个同事家庭生活比较困难，女儿得了重病，听说妻子为其捐了200元，你大发雷霆，当着儿子的面抱怨，甚至还逼着妻子将捐出的钱要回来。

某地发生了地震，学校号召孩子们捐款。儿子想将自己的压岁钱捐出去，可是你却极力反对："这些钱又到不了需要的人手里，不知道最后被谁贪污了，不要捐！"

问题：

类似的小片段在你的生活中，是不是也经常出现？你是如何应对的呢？如何应对才是正确的呢？

近年来，每次遇到洪涝灾害或者发生地震，国家都会鼓励人们捐款，而且很多人也会奉献出自己的爱心。可是，依然有部分人会拒绝捐款，为什么？他们认为，自己捐出去的钱并不会真正用在受灾人们的身上。

我想说的是，不管社会舆论怎样，终归有些人需要救助，只要我们有能力帮，就要主动尽我们的一分力量去帮他们一些。因为，众人拾柴火焰高。儿子一旦在爸爸身上看到爱心的闪光，他们的爱心也会在心中生根发芽，日后随着爸爸潜移默化的影响，儿子就会成为一个心地善良、充满爱心的人。

不要否定儿子主动奉献爱心

这天，同学请客，说大家很长时间没见面了，聚聚。我欣然前往。

由于女同学比较多，大家聊着聊着，自然就聊到了孩子。有说孩子调皮的，有说孩子成绩差的，有说孩子不听话的……反正都是抱怨。其实，我知道，她们这都是在谦虚，谁也不会当着外人的面老说自己的孩子好。

话题间，一个男同学说起了自己的儿子："我那儿子什么都好，就是心眼太实。前段时间，他们学校有个学生得了白血病，学校让各班捐款。我对他说，少捐点儿就行了。可他居然打算将自己的压岁钱都捐出去，足足 2000 块！我一听，当时就被吓着了……"

听了他的话，周围的同学便七嘴八舌地议论开来：

"孩子有爱心，挺好的！"

"同学之间就应该互相帮助！"

"就是！不捐肯定不像话，但要少点儿！"

……

听了有人同意自己的看法，这个男同学接着说："就是！他的压岁钱都在卡里，卡是由我老婆保管的。看到我不同意，他自然不敢造次了。最后，我给了他 100 块。"

"100 块也有点儿多，可以再少点儿！"一个同学笑呵呵地说。

"是啊，给了他我就后悔了！等他回来之后，我问他，班里的同学都捐了多少？我儿子说，5 块的、10 块的，还有 50 的。但捐 5 块的人最多，超过 50 的人就很少了……"

"听到这个，你是不是气炸了？"

"反正心有不甘！下次如果还有这种事，我也让他捐 5 块，意思意思不就行了。"

"是啊，现在没良心的人多了去了。接受了人家的捐赠，可是却忘得一干二净的人大有人在……"

……

他们还在对这个问题进行着讨论，俨然成了我们吃饭的热门话题。我知道他们的观点不对，可是却不好插嘴。因为，捐与不捐考验的只是一个人的爱心，捐 100 块就说明孩子有爱心，难道捐 5 块爱心就会少一点儿？

或许，很多爸爸已经被现实生活所累，不再相信世界自有真情在；也不再相信，当我们付出爱心的时候，接受者会对我们心存感激。

儿子还小，他们的爱心还需要滋养，即使在他们长大后也会遇到没有爱心、白费爱心的情况，但也需他们亲自体验。早早地就将他们的爱心阻断，并不是一个好爸爸应该做的，更不能将社会的阴暗面尽早地告诉他们。

"天下熙熙皆为利来，天下攘攘皆为利往。"似乎真的是这样，尤其是社会发展到了现如今，利益确实成为人们关注的焦点。但少有人明白，这都不是至关重要的，假如没有爱心，就算是名利兼收，也不会感到幸福；若是心中有爱，即使是一贫如洗也不会感到痛苦，哪怕走在人生的低谷，也不会没有信心，更不会失去拼搏的动力。

爱是儿子获得幸福的源头，一旦拥有了爱心，他便会拥有整个世界！作为爸爸，必须把爱传播到儿子的心田。当儿子想为一些需要帮助的人提供帮助时，一定不要阻止。

组织儿子主动奉献爱心

在一个偏远的山区里，住着父子两人。他们家生活非常困难，为了让儿子上学，爸爸做了几份兼职——帮村民种地、打扫卫生、给工厂搬砖、送饭等。

星期天，爸爸正在收拾屋子，儿子在做题，突然响起了敲门声。爸爸打开门一看，一个推销员站在门口。这位爸爸看他又累又饿，很是窘迫，微笑地问道："你有什么事吗？"

年轻人顿时怔住了，事先准备好的言辞忘得一干二净。他愣了半天，才吞吞吐吐地说道："请问，你可不可以给我点儿水喝？"

爸爸稍微打量了一下这个面生的小伙子，热情地让他进了屋，递给他一杯热水。

小伙子缓缓地喝完，一时间精神大振。然而，当他看到这家简陋的环境，轻轻问道："我应该付多少钱给你？"

"不用给钱。"爸爸顿了顿，接着说，"帮人于危难，不图回报！而且，不就是一杯水嘛，有什么可谢的？"

爸爸说这句话的时候，正在写作业的儿子悄悄回头看了看，想了想，然后笑了笑……

我们有理由相信，在这位爸爸的感召下，男孩一定会成为一个有爱心有出息的人。

在漫长的生活中，所有的人都会不得已地碰到各种困难，假如我们伸出援助之手，就必然能够将爱传播下去，让心灵的每个角落都沉浸在爱的沐浴之下。

"送人玫瑰，手留余香。"无论你付出什么，必将有所回报。唯有热情尽力地帮助他人，才能够获得到更大的幸福和乐趣。所以，作为一名爸爸，在教育儿子时，一定要注重爱心的播撒。

"只要人人都献出一点爱，世界将变成美好的人间……"相信每当这样的旋律萦绕在你耳边的时候，你的心灵都会不由得为之一颤。在生活里，一声真切的问候，一个会心的微笑，全在传播着爱的真谛。

如果儿子想帮老人提提篮子，就让他去。

如果儿子想给同学补课，也不要阻止他。

如果儿子想给人让座，不要制止。

带着儿子做义工，多给弱势群体提供帮助

罗曼·罗兰曾经说过："只要还有能力帮助别人，就没有权利袖手旁观。"在社会的任何一个角落，都存在弱势群体，给他们一点儿援助，就如同雪中送炭。义工是个受人尊敬的代名词，有了做义工的经历，看到过多的不如意，儿子定然能够珍惜自己现在的生活；有了义工的经历，他们的人生也会丰富很多。

想想看，生活中有没有出现过这样的场景：

看到关于义工的新闻，儿子问你什么是义工，你却回答说："吃饱了没事做的人！"

有朋友建议你带着儿子做义工，让儿子锻炼一下，你却以"学习忙""没时间"等为由拒绝了。虽然儿子想去，你也不答应。

儿子和亲戚一起去做义工，回来之后兴奋地给你讲事情经过，你却说："有什么好兴奋的！给别人帮忙就行，怎么不见你给我帮忙。每次吃完饭，也没见你帮着收拾下碗筷，更别说洗碗了。"

问题：

类似的小片段在你的生活中，是不是也经常出现？你是如何应对的呢？如何应对才是正确的呢？

这天，在网上看新闻的时候，看到了这样一个故事——母亲节到来之日，三名义工带着慰问品到当地的敬老院表示慰问。老人们感慨万千，喜从心中来……新闻上还附着一张大照片：房间里，三个中年

男子正将自己准备的慰问品送给老人。旁边，还站着两个小男孩。新闻上是这样介绍的：为了教育孩子，他们还将自己的儿子带来了。

看到这里，我的心突然收紧。

是啊，在我们奉献爱心的时候，完全可以带着儿子一起去。人生需要丰富和磨炼，通过这样的接触，儿子对他人必定能够有更多的了解，对父爱可能会有更深的体会。

不管儿子有没有爱心，做义工完全是一个可以激发他们爱心的好方法。儿子不是某个人的独有财产，他们总有一天会成为社会的一分子，如果不懂得怎样去爱，怎么能获得别人的认同、收获快乐呢？

鼓励儿子主动关爱弱势群体

一个时代就算再强盛，总会有一些人是悲剧的，成为普通人眼中的弱势群体，这就需要我们去关心爱护他们。

我认识一位单亲爸爸，他叫李磊，有一个13岁的儿子。失败的婚姻没有让他彻底消沉，他决定和儿子一同成长，勇敢面对所有的困难和不幸。一次偶然的机会，他成了慈善大家庭的一员。虽然他的能力有限，但每次也会捐赠200块至500块不等的慈善款。很多时候，他在看望病弱人员时，还会忍不住偷偷地为他们塞上几百块，直至身无分文。

面对生活的苦难，他从来不当着儿子的面埋怨命运不公平，相反，他化悲痛为动力，带着儿子一起主动投身到慈善队伍中，用实际行动感动着那些更加无助的老弱群体，同时也感动着儿子。

关爱弱势群体，是我们每个人应尽的义务，也是弘扬中华民族的传统美德，是一个人爱心的具体体现。一个关爱弱势群体的人，会更加爱身边的亲人、朋友，也会更加爱自己。我们有理由相信，在李磊的影响下，他儿子一定会成为一个内心充满爱和阳光的人。

我们经常会通过各种媒体看到或听到许多男人为了个人私利不顾亲情、抛妻弃子的事，这种行为永远被他人所不齿，所以想成为一个好爸爸，就要有一颗爱心，懂得关怀弱势群体、懂得关心爱护妻儿。在日久天长的熏陶之下，儿子自然也会爱自己、爱家人。

关心、帮助周围的弱势群体，最行之有效的方法、最鼓动人心的行动，莫过于伸出我们的援助之手，莫过于打开坦诚之心，用极大的爱心让他们感到温暖，帮助他们走出困境。优秀的爸爸，不仅不会阻止儿子去做义工，还会鼓励儿子伸出自己的手，做一些力所能及的事。

可以和儿子到网上找些义工的资料，让儿子多些认识。

如果距离不远，且儿子能够独立行动，可以让儿子和大家一起做义工。

如果你就是一名义工，出去的时候，最好带上儿子。

献出我们微薄的爱

关爱弱势群体，一定要从自身做起，从小事开始。如果认为我们能做的太少、太微不足道了，于是有了退却之心，就大错特错了！其实，我们完全可以极尽所能地给予他人关心和友爱，让他们重振生活的勇气，体会生命的意义。

周末，王爸爸带着五岁的儿子坐公交车出去玩，由于是始发站，车上比较空，两个人找了两个比较好的位子坐下。

一路上，公交车走走停停，不知道过了几站地，车上的人越来越多。这时候，上来一位颤巍巍的老大爷，正好停在了父子俩的面前。

儿子对爸爸说："爸爸，你看那个老爷爷，老师说要给老人让座。"

爸爸笑了笑："傻子，那么多人都不让，咱也没必要让。再说，你还小呢，而且咱们要去的地方还特别远，要是把座位让给他，你就得一路上站着了……"

听完爸爸的话，儿子也不作声了。

残疾人和孤寡老人在生活中经常遇到困难，每一个有能力的人都应该尽力帮他们一下。况且，尊老爱幼本就是我国的传统美德，作为爸爸，在培养男孩的时候，如果不重视这点，就是一种失职。如果像故事中的王爸爸那样铁石心肠，没有社会责任感，你的路只会越走越窄，还会连累子女。

如果要问哪位爸爸没有爱心，相信大多数爸爸都会说"我有"。可是，你真的有吗？爱心不仅体现在思想上，还表现在行为上。如果你只是对儿子进行说教却不做任何表达爱的事，这样的教育就是无意义的。

一个有责任感的男人，不仅爱家庭，爱工作，还应该爱和自己一样的普通百姓，更要爱在社会夹缝中生存的弱势群体。给他们传递爱，才是真正的大爱；引导儿子为弱势群体服务，才能让他们更加了解社会，更加珍惜自己的生活。

关爱小动物的男孩，更加热爱生命

在街边，我们经常会看到小男孩伤害小动物的情景。看到小动物受惊吓而逃走，有些男孩甚至还会穷追不舍。生命是高贵的，不管是动物，植物，还是生物……只要是有生命的存在，都值得我们尊敬。一个热爱生命的爸爸，多半能够带出珍爱生命的儿子。

想想看，生活中有没有出现过这样的场景：

和儿子外出散步的时候，看到一只流浪猫，儿子想把它带回家，你却说："家里没地方，况且没人管的猫都有病菌。"打消了儿子的念头。

看到儿子带回来一只小狗，你不高兴，再听儿子一说这只小狗受伤了，你就更不乐意了。于是，你将小狗装进大食品袋，丢到了小区的垃圾桶旁边。

看到有人欺负一只小鸟，儿子想去制止，你却不允许。

问题：

类似的小片段在你的生活中，是不是也经常出现？你是如何应对的呢？如何应对才是正确的呢？

杰克是我的一个朋友，他非常喜欢狗。他从小就是和家里的汤（狗名字）一起长大的，后来他来北京留学，没办法将汤带来，于是又买了只狗，取名汤二。有一次，他带着汤二外出，在路边看到一只流浪狗，之后便将其带回了自己的出租房。从那以后，他开始关注流浪狗。研究生毕业后，他便开了一家动物医院，一边给动物治病，一边收留流浪在外的小动物。

杰克是个很有爱心的绅士，每每看到伤害小动物的行为都会感到不忍。有一次，他在网上看到一则新闻——一只宠物狗离开主人，跑上了公路，结果被车撞断了腿，后来被一位路人捡到，直接挂到附近的树上扒皮取肉……杰克看到后，感到心里疼痛难忍，给我打电话："这些人怎么这么残忍，仅仅是撞断了腿，完全可以治。"这种事在我国是见怪不怪的，可是我不知道该如何劝他。他接着说："从小，我爸就让我爱护小动物，因此便给我买了汤，我们相处得也很融洽，汤已经成了我们生活的一部分……在和汤生活的过程中，我爸告诉我，不要看它们小，它们也是有生命的，只要是生命都值得尊重！"

是啊，只要是生命就值得尊重！可是，有多少人重视小动物的生命呢？可以说，那个将受伤的宠物狗扒皮取肉的人肯定没有爱心，即使有，也不全面。

杰克是优秀的，他的爸爸更是一个好爸爸。在杰克很小的时候，他就将"尊重生命，爱护动物"的理念灌输给了儿子，而且身体力行。很难想象，离开了小时候爸爸的教导和影响，杰克还会不会如此有爱心？

热爱小动物是孩子的天性，著名的教育家苏霍姆林斯基说："从一个小孩如何对待鸟、花、树木，可以看出他的道德，他对人的态度。"不知道珍爱动物的男孩，长大后肯定不会珍爱他人。所以，爸爸一定要对儿子进行尊重生命的教育。

培育男孩的爱心，就要从关爱小动物做起，唯有如此，男孩才能从关爱小动物到关爱大自然，再到关爱自己的生命，关爱他人的生命。

和儿子一起去了解小动物

如果你本身就不喜欢小动物，这种情感模式定然会影响到儿子。因此，为培养儿子喜爱动物的积极心态，爸爸首先应该尽力克服这种恐惧或厌烦，给儿子做一个良好的模范。例如可以和儿子一块儿亲近小动物，触摸、喂养它们，让儿子觉得小动物很可爱。

一天下午，周先生的儿子从外边抱回来一只流浪猫。看到小猫蜷缩在儿子身旁，周先生十分生气，因为他从小就不喜欢小动物，他讨厌猫在家喵喵乱叫，讨厌它们把刚刚收拾好的房间弄得乱糟糟……所以，对于儿子的行为，周先生是断然不许的。

儿子不忍心，结果周先生一气之下将猫踹了出去，随着"喵呜"一声惨叫，小猫摔倒在地……儿子很生气，可周先生却说："它很脏，身上有寄生虫，长时间和它待在一起，会生病的。况且，猫本来就是一种玩具，别人不要的，我们干吗弄回来……"

如此不懂得心疼动物的人，绝对不可能去珍爱他人的生命，在这样的环境之下长大的儿子，也会毫无怜悯之心。

人和动物都是地球上的生物。特别是小孩子，发自内心对动物有一种喜爱之情。假如每个爸爸都像案例中的周先生一样，这个社会将会变得非常可怕。

爱动物，是每个孩子的天性，只不过，女孩可能喜欢养只小猫，男孩喜欢养只小狗罢了。在和儿子共同生活的过程中，爸爸们要身体力行，正确引导他们跟小动物和平相处。因此，当他们从外面抱回一只小狗或小猫的时候，一定不要制止，如果家里确实没地方养，也要和儿子一起为它找个合适的收养所。

找些资料，让儿子对动物多一些了解。

找些视频，和儿子一起看，让他提高保护动物的意识。

路遇受伤的小动物，可以带回去为它治疗。

多给儿子提供与小动物接触的机会

如果想让儿子热爱生命，关爱小动物，爸爸可以多给他们提供一些和小动物接触的机会。

有一天，在小区遛弯的时候，我看到一对父子正在摆弄一只小鸡。我来了兴致，问他们是买的，还是别人送的。接着，这位爸爸便告诉我，为了培养他儿子的爱心，他陪同儿子一起买了两只小母鸡回家养，父子俩一直精心照顾它们。几个月后，母鸡长大了，有一个还下了个双黄蛋，一家人都十分高兴。有一天，下双黄蛋的母鸡无意中跑出鸡笼，当他们在公路边找到它时，它已经死了。儿子十分难过，亲手把它给埋了。不久，另一只母鸡也病了。父子俩一起给它打针买药，经过儿子和爸爸的精心呵护，终于把它的病治好了……今天，他们父子俩将小鸡带出来，是给它放风的……

不可否认，教育儿子爱护小动物对培养男孩的爱心很有帮助，因此爸爸们可以参考案例中爸爸的做法，陪同儿子一起喂养小动物，在这个过程中逐渐培育儿子的爱心——小动物受伤了，可以和儿子一同想法子护理它；小动物生病了，跟儿子一块儿带着它找医生。慢慢地，儿子就会在不知不觉中受到爱心教育。

当然，如果不具备喂养小动物的条件，为了让男孩对生命的意义多一些了解，可以给他提供一些和小动物接触的机会。比如陪他们看一些关于小动物的书或者图片，给他们讲一些人类和小动物互相帮助、相互依赖的故事；或者节假日带着他们去动物园，接触更多不同种类的动物。

保护环境和自然，每个男孩都有责

爱护环境，保护地球，才能共同撑起一片蔚蓝的天空。当我们感慨城市空气质量一天不如一天的时候，我们有没有反思过：对于环境的保护，自己究竟做了什么？对于大自然的保护，自己又做了多少？因此，如果想和儿子一起生活在蓝天下，就一起去保护自然环境吧！

想想看，生活中有没有出现过这样的场景：

你带着儿子去公园拍照，看到新栽种的草坪，你非常喜欢，便让儿子站到草坪上照相，但儿子不愿意。你将照相机交给儿子，自己则走进了草坪，让儿子帮你照。

看到一些景区的植物遭到人为的破坏，你对儿子说："这些景区的工作人员都是干什么吃的，连人都看不住！"

儿子对动植物是非常爱护的，从来都不会踩踏，你觉得儿子这一点上做得不错，逢人便夸。

问题：

类似的小片段在你的生活中，是不是也经常出现？你是如何应对的呢？如何应对才是正确的呢？

每年的植树节，网上都会出现很多关于植树的图片。看着这些图片，我会想起自己小时候种树的事。

我上学的时候，学校几乎每年都要在植树节这天举办种树活动，同学们总是积极参加，有的从家里拿个小水桶，有的拿铁锹。为了宣传植树造林的好处，学校偶尔还会邀请家长参加。只要有时间，很多家长都会去。看到自己的爸爸参加了，该同学就会觉得特骄傲！而那些爸爸没有到场的同学多多少少会心情失落。到达具体地址后，我们就会进行合理的分工，参加活动的爸爸在前面挖树坑，我们就在后面栽种、浇水。

后来每次回老家，依然可以看到挺立在路边和沟渠边的大树。这些树也像我们，在不断成长，从当初一人多高的小树苗长成现在的参天大树……

现在想想，当初的植树活动，爸爸们的参与对我们发挥了重要的影响。他们通过自己的行为告诉我们，植树造林是对的，是对人类有益的；随意毁坏环境是不对的，是要受到自然界惩罚的。

环境是人类赖以生存的基本条件，环境遭到破坏，我们的生活也会受到威胁。比如，进入 21 世纪，我们回望地球的生态环境时，才惊愕地察觉自己已经处于风口浪尖：人口急剧增加、沙漠飞速蔓延、森林大量锐减、水源破坏、酸雨横行、垃圾成山、臭氧层空洞、温室效应、很多稀有动物濒临绝迹……所以，一名合格的爸爸，一定会在日常生活中培养儿子的环保意识，同时也要让他们形成节约用水、节约用电、不浪费粮食的习惯。

实地参观，加深儿子对环境污染危害性的认识

想要让男孩树立良好的环保意识，必须让他们从感性上认识到环境污染的危害。可是总有一些爸爸对儿子破坏环境的行为不但不予以制止，还故意纵容。

一个六岁的小男孩，从远处看见草丛上满是鲜艳的花朵，不时地还有蝴蝶飞来飞去，他直接就跑了进去，一会儿追蝴蝶，一会儿采花朵。

爸爸若无其事地看着儿子，看他玩得那么高兴，自己也开心。当儿子捉了一只蝴蝶递给爸爸看时，爸爸更开心了："宝贝乖，玩去吧！"

如今，大家越来越意识到保护环境的重要性，培育儿子养成环保意识，也就成了爸爸教育不可缺少的关键部分。对儿子破坏环境的行为漠不关心的爸爸，自己就是一个没有环保意识的人。

如果想增强儿子的环保意识，爸爸就要多带着儿子进行实地考察，比如：

带他到周围的工厂、工地、大路上走走，听听喧嚣的汽车声、机器的轰鸣声，体会噪音的嘈杂难忍。

看看工厂烟囱里冒出的大量浓烟，怎样使蔚蓝的天空变成为黑蒙蒙的一片，知晓空气污染的恶劣性。

看看工业废水怎样污染了城乡的生活用水。

看看森林砍伐造成的水土流失如何使得土地沙漠化，以及随处可见的"白色垃圾"怎样剥夺我们的蓝天绿水。

多让儿子观赏电视节目，阅读画报、图片

环境破坏日益严重，环境保护虽然引起了世界各界的广泛关注，但仍需要我们每一个人为环保做出努力。为了提高孩子们的环保意识，各电视台都会播放一些动画片，很多出版社也出版了一些相关的书和画报，爸爸们应该鼓励男孩多看类似的节目和书籍，他们在观看和阅读的过程中，可以增强环保意识；如果男孩确实不愿意看，爸爸可以陪着他一起看，边看边讨论，增强儿子的兴趣。

在加拿大的一个家庭里，有一个六岁的小男孩，他的父母平时注意收集环保方面的新闻资讯，常常对这方面的一些事件发表看法，并让儿子参与其中。他们也总会抽出时间去做很多有助于环保的事，如注意节水、用电、参加公益活动等。

有一次，儿子旅行前准备买一些面巾纸，爸爸说："实际上，用这

种纸只是方便，并不环保，因为制造面巾纸需要大量的植物原料，而且造成的污染和破坏你在电视里也见到过很多次。"儿子听了，看看面巾纸的包装，发现上面还真写着"100%木浆"，赶紧把纸包放下了，并且再也不使用面巾纸了。

自然环境是人类和生物界繁衍生息的重要场所，现阶段，人类对环境的破坏也达到了令人发指的程度。人类的环保意识决定着我们能否和自然界和谐相处。因此，爸爸们不但自己要树立环保意识，还要让儿子从小就养成关注环境保护的习惯。加强环保教育，是成为优秀爸爸在家庭教育中的一个重要方面。

利用孩子喜爱的动画节目和儿童文学作品来展开教育，如《地球超人》电影、《嘟嘟鸭星球》故事等，都是对他们进行环保教育的优秀教材。

另外，平时也可以给儿子讲解一些宣传环境保护报纸、图片，使儿子知道一些环保方面的常识，这样就能够让他们比较容易吸收有关环境保护的知识，树立起环保意识。

本章小结——说给爸爸的话

※ 儿子还小，他们的爱心还需要滋养，即使在他们长大后也会遇到没有爱心、白费爱心的情况，但也需他们亲自体验。早早地就将他们的爱心阻断，并不是一个好爸爸应该做的，更不能将社会的阴暗面尽早地告诉他们。

※ 人生需要丰富和磨炼，通过这样的接触，儿子对他人必定能够有更多的了解，对父爱可能会有更深的体会。不管儿子有没有爱心，做义工完全是一个可以激发他们爱心的好方法。儿子不是某个人的独有财产，他们总有一天会成为社会的一分子，如果不懂得怎样去爱，怎会获得别人的认同、收获快乐呢？

※ 只要是生命就值得尊重。可是，有多少人重视小动物的生命呢？培育男孩的爱心，就要从关爱小动物做起，唯有如此，男孩才能从关爱小动物到关爱大自然，再到关爱自己的生命，关爱他人的生命。

※ 环境是人类赖以生存的基本条件，环境遭到破坏，我们的生活也会受到威胁。一名合格的爸爸，一定会在日常生活中培养儿子的环保意识，同时也要让他们形成节约用水、节约用电、不浪费粮食的习惯。

Part 15 不要失信于人，诚信的男孩更容易成功

承诺的事，鼓励儿子去办

诚信，是男孩立身处世的根本。一个堂堂男子汉，说出的话却不算数；承诺的事，却办不到，那谁还会相信你？在儿子成长过程中，不管他向别人承诺了什么，都要鼓励他积极去实现诺言。如果他实在办不到，爸爸可以帮帮忙。

想想看，生活中有没有出现过这样的场景：

本来答应儿子不给他报辅导班，可是你却悄悄给他报了跆拳道班和书法班。儿子不高兴，埋怨你说话不算数，你辩解说："这都是为你好！"

本来答应给儿子买个旅行箱，假期的时候带他出去旅行。可是，想到旅行需要花很多钱，便放弃了，旅行箱也不买了。

六一儿童节，本来答应送儿子一辆滑轮车作为节日礼物，可是你却忘了。

问题：

类似的小片段在你的生活中，是不是也经常出现？你是如何应对的呢？如何应对才是正确的呢？

每年的七八月份，全国各地都要下雨，而且有时候还是瓢泼大雨，人们不能出门，只能待在家里。

这天，为了给女儿买药，我打着雨伞冒着雨去药店。回来的路上，我看到一个小男孩站在街边的亭子里，打着雨伞，四处张望，好像他怀里还抱着什么。虽然雨不太大，可是一直站在那里也够受的。

我打算过去看一下，结果被一个人拉住。我扭头一看，是个中年男子。我认识他，他就在我住的小区边上开超市，我经常去他家买东西。

"那是我儿子！"超市老板告诉我。

"你儿子？"我仔细看了一下，怪不得觉得眼熟呢。

"他说，同学跟他约好了，这个时间还书。就在那个亭子里。"

"下着雨，你还让他去？"

"答应了别人，下雨了，就不去了？"

超市老板将我的话堵了回去。

"这么点儿雨……而且，我能一眼看到他……"

听了超市老板的话，我不由得一惊，是啊，这么点儿雨，怎么能浇灭了孩子的承诺？

就在我们说话时候，果然看到一个男生从另一侧走到了亭子里。两人简单交流之后分手。

老板的儿子很快就跑了过来："幸亏我去了，要不人家还得等着。"

我问："怎么不让他上你家去取？"

男孩说："他是我们班刚来的新生，不认识我们家，但知道那个亭子。"

"下雨了还去，下大了怎么办？"

"这是我们前段时间的课堂笔记，他没有听，所以我便借给他看看。我爸说，这雨是连阴雨，可能得下一天，不送去，不就耽误人家了么。"

多么信守承诺的好孩子啊！

我知道，在现实生活中，这样的男孩有很多，他们用自己的实际行动遵守着自己的内心。当然，现实中还有很多这样的爸爸，他们也用自己的言行影响着自己的儿子。

或许，正是看到爸爸对顾客的守信，儿子才明白了守诺的意义。

诚信，是做人的根本，也是社会主义核心价值观的重要体现。践行承诺，信守约定，不弄虚作假，不表里不一，人与人之间才能互相信任，维持一种和谐融洽的氛围。

诚信是美德，应该从小培养，让儿子懂得，只有做一个讲诚信的人，才能在将来激烈的竞争中立于强者之林。因此，爸爸们一定要让儿子知道履行承诺的重要性，引导他们诚实守信，健康成长。

既然答应了儿子，就不要变卦

为了培养儿子诚实的习惯，作为一名爸爸，对待儿子必须要说到做到，千万不要言而无信。因此，在答应儿子一件事之前一定要仔细思考，不要轻易许诺，之后找借口不加以实现。承诺的事情，就必须达成；如果不能兑现，就要和儿子沟通解释，向儿子寻求原谅，并自我检讨，让儿子从内心里接受爸爸的道歉。

有一个朋友成天和我说，他家儿子小小年纪就学会了骗人。后来得知他家发生的几件小事，我就明白了他儿子为什么会如此。

一次，朋友一家人去公园，在公园门口，儿子看见卖玩具的，哭着叫着非要买一个玩具手枪。想到家里的玩具都堆满了，朋友不想给他买，就说在网上帮他买了一个，过两天就寄过来了。哄了一会儿，儿子也就不吵着要了。一家三口开始高兴地玩耍起来。之后的两三天，儿子总是问爸爸有没有快递。刚开始我这位朋友也没在意，可是儿子等了三四天，还没有快递，就追问爸爸玩具手枪的事。我这位朋友听了，怒吼："什么玩具手枪，天天就知道玩！"

言必行，信必果！这是每个人从小就被父母和老师灌输的思想，但却不是每个人都能做得到的。就像我这位朋友一样，他可能是生活中的你的影子，面对儿子无休止的索要，很多时候采用缓兵之计，骗一骗他，以为事情就会过去，但是在儿子心中，爸爸就是不讲信用。加上言行欠妥，儿子渐渐就会觉得爸爸"说话不算话"。

为了培养儿子的诚实习惯，爸爸对儿子必须说到做到，千万不要言而无信。一再失信于儿子，从来不表现出因失信而感到的自责，儿子首先会不相信爸爸，之后觉得承诺不过就是说说罢了，慢慢地他们也就不去履行诺言了。

答应和儿子一起去上海玩儿，就不要说自己工作很忙没时间。

答应儿子带他回老家，就不要借故推脱。

如果确实做不到，就不要答应儿子。

培养儿子诚实从点滴做起

诚信，是男孩一生最受用的品质，它伴随他们一生的成长。一个从小懂得诚信、说话算话的男孩，长大后才会对自己、对家庭、对社会负责，才能成为爸爸眼中的有用之材。

诚信作为日常生活中最基本的道德标准，不仅是一种品格的体现，也是一种公众共同履行的义务，更是一个人能否在社会中立足的基本条件，是高于其他的最重要的一点。爸爸要想让儿子在将来的激烈环境中成为强者，就要从小教育他们做一个诚实守信的人，鼓励他们树立诚信意识，让儿子健康成长，与诚信为伴。

有个小男孩曾经写过这样一篇日记：

我爸是一个诚实善良的人，他时时教育我要诚信处事，宽厚待人，并用自己的言行教我从小培养好的品德。至今，那件事让我总是忘不了。

一个闷热的中午，天气无比炎热，我坐在房间里，一刻不停地扇着扇子，但汗还是像串珠似的从脸上一个接一个地流下去。我对爸爸说："爸，这天气太热了，我想吃冰棍。"爸爸说："好吧，咱们去买。"于是，他拿起钱包，就带我到了小卖部。

我选好了冰棍，爸爸把一张50块的新钞票递给卖冰棍的阿姨，阿姨找完钱，我和爸爸就急忙回去了。到了家，爸爸仔细把找回的钱点了点，自言自语地说："咦，不对呀，总共花了7块钱，怎么找回45块？"

我一听，拍起手来，叫道："太好了！卖冰棍的白白找多了2块。爸爸，我把这钱再买几块糖吃了吧！"

爸爸使劲儿瞪了我一眼，生气地说："多找的2块我们不能要，不能占人家的小便宜！再说，他们卖冰棍多难呀！"说着，爸爸冒着炎热毒辣的太阳，把2块钱还了回去。

这个日记再次提醒我们，爸爸客观上的影响能给儿子带来主观上的效果，不要觉得男孩什么都不懂，其实他们无时无刻不在观察并效仿着你的一言一行。

什么样的人最可敬？当然是诚信的人！什么样的爸爸是好爸爸？自然也是一个诚信的爸爸。这位爸爸就用自己的诚信为儿子上了一课。也许男孩长大后会很平凡，但他必定会有一颗诚信的心，这足以让他成为一个闪光的人。

如果想培养儿子信守诺言的品格，爸爸们从小就应教育他们诚恳待人，不欺骗。

做错事时不逃避责任，承认错误、及时改正。

不经过同意绝不轻易动人家的东西，借别人的东西要及时归还。

做到言必信，行必果。

待人不虚伪，与人相处要真诚

《庄子·渔父》中有言：真者，精诚之至也。不精不诚，不能动人。真诚是与人相处的一大法则，当批评儿子不真诚的时候，你在做什么？当儿子发现了你的不真诚行为时，你又会如何辩解？

想想看，生活中有没有出现过这样的场景：

朋友家的老人生病了，你带着儿子去看望。朋友向你借钱，说要给老人看病。你本来有，却对人家说："我刚给家里老人买了房子，也还借着钱呢！"

几个同学约好带着儿子一起到市郊玩，大家 AA 制。可是，吃完饭后，你却说自己带的钱不够，同学帮你付了饭钱。回来的路上，经过一家超市，你带着儿子去超市买了足足一大包东西。儿子问你，不是没带钱吗？你瞥了一眼儿子说："你傻啊！我这才叫聪明呢！"

你和儿子去亲戚家串门，亲戚看你穿的皮鞋样式不错，问你多少钱，在哪买的。为了有面子，你说："北京西单，1000 块呢！"儿子问你："爸，你什么时候去的北京？我怎么不知道？"你看了看儿子，不高兴地说："去年！"

问题：

类似的小片段在你的生活中，是不是也经常出现？你是如何应对的呢？如何应对才是正确的呢？

这天，在我的邮箱里出现了这样一封信：

阿姨，您好！

我是一个正在上初中的男孩，今年 12 岁。

从小到大，我都非常佩服我爸，不管做什么事，都觉得我爸是对的。可是这段时间发生的事，却让我陷入了困惑中。

上个星期天，一个和我们关系不错的叔叔来找我爸，说是他家里要改建南屋，让我爸去帮忙。可我爸却说，那天他正好要带我去市里买课外书。那天他确实带我出来了，可是根本就没去什么书店，而是胡乱转了一圈。我问他，既然关系挺好，为什么不帮人家？我爸是这样回答我的："盖房子那么累，能躲就躲呗！"

我已经是个 12 岁的大男生了，自然知道他的做法是不对的。如果在学校，和同学相处，这么虚伪，同学早就不搭理你了。我劝他待人真诚一些，可他却说我什么都不懂。

还有一件事，我记忆犹新。去年春天，我姥爷生病住院。我姥爷是个老实巴交的农民，没什么积蓄，最后我妈她们姐妹三个决定，老人的住院费用平摊。这个决定本来是正确的，我爸也没反对，可是真正拿钱的时候他却不乐意了，对我妈说："你大姐和二姐都比咱们有钱，先让她们垫着，等咱们有钱了再还……"

其实，我知道，平摊的住院费并没有多少钱，我们家完全可以出得起。但每次只要我妈一提起这件事，我爸就说"再等等"。我妈是个家庭主妇，平时就不当家，自然说不过我爸了……

哎！连我都看不过眼了。我爸怎么能这样？

读完这封信后，我回复这个男孩，劝他和爸爸好好沟通一下。至于结果如何，我就不得而知了。

心理学研究表明，我们只有诚实守信，以信立身，才会有一个和谐的人际关系，心理才能保持健康，性格才能积极主动、发展完善，生活才会快乐。

一个男孩如果不真诚，慢慢地就会受到他人的冷落，变得越来越孤独，从而对自己越来越没有信心，甚至可能还会滋生出一些极端的性格。

无论是谁，在选择朋友时，最看重的都是对方是否真诚，因为谁都不喜欢被欺骗。如果男孩真诚友善，实实在在，不虚伪，不做作，与别人打交道不说空话，那么跟他在一起一定很踏实，很放心，他的朋友自然就会很多，他也会变得快乐、自信。作为一名爸爸，如果想让自己的儿子成为这样的人，就要先从自身做起！

让儿子看到真诚待人的好处

许多爸爸觉得儿子只要诚实守信就够了，对人何必要真诚？那不是自降身价吗？于是，他们对儿子能不能做到真诚待人，不以为然。

我看过一篇日记，是这样记述的：

一天下午，爸爸带我去市场买菜，我想吃年糕，正好看见不远处有一位穿着破旧衣服的老爷爷在卖年糕。也许是第一次出来卖年糕，他的动作都不是很麻利。

一位领着儿子的阿姨买了 30 元的年糕后，却只付了 26 元，这位老爷爷没有经验，又上了年纪，尽管算来算去总觉得钱不对，但又实在算不出具体的数，只好让那个阿姨走了。

老爷爷不放心，又叫回了她，要重称一遍。结果，还没有过秤，那个阿姨就叫着说："不会错的啦！我不会少给钱的。"

旁边的人议论纷纷，不停地指责这位阿姨。我爸实在看不下去了，走过去帮老爷爷算了一下，让那个阿姨把少给的钱补上了。

老爷爷感激得说不出话来，不停地道谢，我们走的时候，老爷爷为了表示感谢，免费送了我一斤年糕。

不可否认，这样的事件在生活中很常见，可是小男孩却从这件事中看出，爸爸真诚待人接物，才会有老爷爷的馈赠回报。对比之下，那位阿姨就有些虚伪了。

生活就像一面镜子，你怎么对待生活，生活就会回报你什么；爱的回答，是更真挚的爱；真诚的回报，当然也是真诚；虚伪的回答，自然会受众人的冷眼、指责与不屑。

真诚待人，就是予人玫瑰，手留余香，如果想让男孩养成真诚待人的品格，就要让他们看到真诚待人的好处，比如：

你真诚待人，他人才会好好对你。

你真诚对待同学，当忘带橡皮的时候，同学才会帮助你。

你真诚待人，学习中遇到问题的时候，他人才会乐意告诉你。

你真诚待人，出门在外的时候，才会得到他人的帮助。

你在公司诚信待人，同事才会愿意和你相处。

儿子待人不真诚，适当赏罚也能行

每个孩子的心都如同白纸，思维就像小猫小狗一般，看到鞭子，就知道自己犯错了；看到好吃的，就知道自己做了好事，于是为了获得更多好吃的，就会不停地做好事，久而久之，就养成了习惯。为人父者，不妨用赏罚分明的"制度"教会儿子真诚待人。

周六晚上，小博正和爸爸在家聊天，电话突然响了起来。小博接起了电话："喂……好吧。"

"什么事啊？"爸爸出于关心，问了一句。

小博回答道："我同学，明天约我一起去跑步呢。"

第二天早晨，都八九点了，小博还赖在床上没有起来。爸爸把他叫醒："你不是要去跑步的吗？怎么还不起床？"

"哎呀，我不想去了，本来我也不是特别想去，我想多睡一会儿。"

爸爸听了，不太高兴，说道："儿子，你既然昨晚上答应了别人，就不能轻易失约啊！这是对人的不真诚！你这种行为，是要受到惩罚的！"

小博不说话了，马上起床，找同学跑步去了。

如果想成为一个人见人爱的孩子，首先就要诚恳实在。明明答应了别人，却不重视，不予以履行，同学就会对你有意见，时间长了，同学关系必然受到影响。因此，爸爸一定要告诉儿子：时刻不要忘记，真诚待人！

处于生长期的男孩，大多数自我控制能力都比较差，爸爸对男孩的健康正确引导就显得格外关键了；如果没有爸爸的悉心指导，就会偏离健康成长的轨道。对真诚的渴望是每个人的基本心理需求，真诚的待人处世才会受到欢迎。生活中，很多男孩自以为聪明，无限夸大，见风就是雨，为了自己的利益添油加醋，表里不一——今天撒了一个谎，明天又用无限制的另一些谎言来填这个无底洞，直到有一天会真相大白……作为一名爸爸，一定要加强这方面的督导，将儿子的虚伪和欺骗等不真诚行为，扼杀于萌芽状态。

发现儿子待人虚伪，就要和儿子谈一谈。

看到儿子对人不礼貌，也要及时引导一下。

看到儿子对待同学不真诚，要及时提醒。

担当的男孩，遇事不推诿

男孩，需要的是担当。不管是为人处世，还是将来的成家立业，不懂担当的男孩，都会让人瞧不起。身为爸爸，一定要通过自己的言传身教，激发起儿子的责任感。

想想看，生活中有没有出现过这样的场景：

晚饭，西红柿鸡蛋这道菜放的盐多了，儿子直喊咸。你却对他说："我这么辛苦给你做饭，还嫌不好吃，觉得太咸，就喝点水！"第二天的菜还是一如既往的咸。

过完周末，地板比较脏，到处都是吃剩的零食。尤其是厨房，垃圾更多。你看到了不但不管，还踢上一脚，妻子说你这样做不对，你不但不思悔改，还直喊"烦"。

你教育儿子要知错能改，可是自己犯了错误之后，从来都不会主动承认错误，更别说改正了。

问题：

类似的小片段在你的生活中，是不是也经常出现？你是如何应对的呢？如何应对才是正确的呢？

这两年，经常会在网络上看到不懂担当的男人！现在就给大家举一个例子：

一位老人生了四个孩子——三个儿子和一个女儿。辛苦一生，将儿女拉扯大，看到儿子娶媳生子、女儿生活富裕，老人自然心满意足。可是，就在老人感到欣喜的时候，孩子们却将老人当球踢。这家说自己没责任，那家说自己已尽孝……为了讨要每日的生活费，老人不得已，只能将自己的儿子和女儿告上法庭。

法庭上，每个儿子都有理。老人是老泪纵横，儿子却振振有词，说老人偏了这个、向着那个……调解过后，孩子们回答的都好好的，可是一离开法庭，又会恢复到本来面目。

故事中儿子的行为确实令人发指，不管老人做了什么让你不满的事，他总归是你亲爹，你有责任赡养。既然老人能够和你对簿公堂，想必你们的行为肯定伤了老人的心；既然法庭已经做了调解，有了最后的决定，为何不执行……

在生活和成长的道路上，我们难免犯错。其实，错误本身并不可怕，可怕的是知错不改。明知道自己错了，还一意孤行，继续错下去；不但不承担错误，反而找借口，推诿责任。这样的爸爸，怎么能教出有担当的儿子？

作为一名爸爸，要想让儿子以后成为一个有责任感、有担当的人，在他犯错的时候，不仅要给予告诫，还要让他主动承担责任，对自己负责。

帮助儿子认识错误

生活中，很多爸爸觉得儿子犯错没什么大不了，不但不指出儿子所犯的错，还习惯性地为儿子寻找借口。例如"他还小，长大就知道了"。一味地姑息迁就会使男孩产生做错事的合理性，一旦再犯，也不会为自己的错误行为感到内疚，却觉得"我没有做错什么"；还会认为错误理所当然，觉得"大家都在做，我又怎么了"。这里就有这么一位爸爸，对儿子犯错姑息迁就到了可笑的地步。

小翔玩了一夜的游戏，第二天早上都快到上课的点儿了，他还没起床，迟到是肯定的了。爸爸急匆匆地将小翔送到学校，跟老师解释："老师，不能怪我儿子，怨我没注意到昨晚的时间，很早就睡着啦，以至于他玩游戏过了点我都不知道。今天早上我起床晚了，没做早饭。这不，他连早饭也没吃，就赶着上学来了。您看，您就别批评他了，下次我们一定注意。"爸爸还没有说完，小翔就大声地对老师保证："老师您别担心了，明早我一定让我爸定个闹铃，保证不再迟到。"

在这个故事中，爸爸可笑，儿子更加可笑，自己的错误不但没有认识到，还让别人承担后果；明明是自己没有控制好玩游戏的时间，却不知怎么处理问题。而且，毕竟是儿子犯的错误，爸爸却不明是非地揽到自己身上了，盲目溺爱儿子。显然，故事中爸爸这种看似是爱儿子的做法，实际上是在害儿子。

男孩虽然年龄小，但也是一个独立的个体，事情做好了要表扬他，事情做得不好就要让他主动承担。当爸爸的你，只能帮儿子一时，却帮不了他们一世。在儿子犯错的时候，不仅要让他们将责任担起来，更要让他们找到问题所在，并积极改正。

你把儿子的责任都担了，只会让他一遇到问题就逃避、推脱，变成毫无责任感、爱说谎。这样的儿子，怎么会在事业中有所成就，对社会有所贡献？

当儿子欺负同学的时候，要让他主动给人认错。

当儿子划伤了别人的车，要带着他一起等待车主，跟人家道歉。

当儿子没有将交代的事情完成好，要让他继续做。

和儿子一起弥补错误

作为儿子的监护人，爸爸们有义务、有责任和儿子一起承担所犯的错误。有时候，爸爸还应该让儿子自己承担他们所犯下的错误。

有一次，在和同事饭后闲聊时，他告诉我这么一件事：

同事的儿子叫刚子，10岁了，上小学三年级，他看到同桌悄悄把家里的平板电脑带到学校，很想玩，同桌就把平板借给了他，结果玩得高兴，一不小心，掉在了地上，坏了，同桌要他赔。

晚上，我同事下班回到家，儿子要他给自己买个平板电脑。同事很奇怪，儿子很少向他要东西，这次是怎么了？得知实情后，第二天，我这同事就带着儿子向他同桌的家长商量赔偿的事。经过商量，最后赔给人家500块。

回家后，我同事对儿子说："作为你的监护人，你把同学的东西弄坏了，我也有责任，但是毕竟东西是你弄坏的，所以你是不是也得赔偿一部分呢？"

刚子也知道自己错了，问爸爸："要赔偿多少钱呢？"

"作为成年人和你的监护人，我赔9份，你赔1份——50块钱。"刚子听了，感觉无法完成。我同事又解释说："你平时帮我做家务，一次两块；再加上清理家里的垃圾，卖给收购站，大概不到一个月就能还清了。"

看到儿子的神情还是比较严峻，我同事安慰他："时间是有点儿长，但是我会帮你的，主要是让你学会承担责任，记住事情的后果。"儿子听了爸爸的教诲，最后同意了。

在这则故事中，刚子犯了错，爸爸让他承担一些，目的只是为了让他明白：犯了错误，不但要及时发现，还要及时承担责任。如果不管不顾，不让儿子吸取教训，下次他还会再犯，长大了仍旧没有承担责任的意识。所以，如果想做一名好爸爸，儿子犯了错误，最好不要暴跳如雷，应该陪着他一起想想补救的措施，教他慢慢成长。

告诉儿子：不要让虚荣心腐蚀了自己的内心

虚荣心，虽然不能说是一种十恶不赦的心理，可是一旦在男孩的心中滋长了虚荣的因子，其未来的发展必然会受到影响。在爸爸们抱怨儿子"虚荣心重"的时候，有没有想过：自己是不是也有虚荣心呢？

想想看，生活中有没有出现过这样的场景：

看到一些条件好的家庭都在暑假里带儿子去游泳，你也给儿子买了一套泳装，挂在了房间显眼的位置。但是，你们一次都没去过。

开家长会，为了给自己撑面子，你特意买了一套新衣服穿上。

儿子钢琴弹得不错，每次家里来客人的时候，你都会让儿子弹奏。

问题：

类似的小片段在你的生活中，是不是也经常出现？你是如何应对的呢？如何应对才是正确的呢？

曾经看到过这样一则报道：

男孩高考成绩不错，考入国家重点大学。为了满足自己的虚荣，正式上学前，他要求爸爸给他买"苹果三件套"——苹果手机、iPad和苹果电脑。可是，不菲的学费已经让这个家庭苦不堪言，再花好几万买这些，更是雪上加霜。"不给我买，就等着我被同学看不起吧！"儿子怒冲冲地嚷着，丝毫不顾掩面抽泣的爸爸，拂袖离去。

现在的社会，攀比之心盛行，看到人家有笔记本，自己也非得买一个；看到人家有手机，自己也必须要有；看到人家女朋友漂亮，自己也找一个……就算是很小的男孩也在因为虚荣心而攀比：借钱过生日，大摆排场；因为爸爸是拾荒的，花钱雇别人开家长会；不顾爸爸的辛苦，总是穿名牌、比阔气……所有的这些都是以钱为基础的，如果家庭条件不错，这些还可以满足；如果家庭条件一般或者不佳呢？

虚荣心强的男孩，无论在生活还是学习中，都容易产生嫉妒心理，导致情绪波动、不安，或者造成行为上的迷失，无法正常发挥其能力。为了让儿子健康成长，必须遏制其虚荣心的蔓延，一旦发现儿子有虚荣心并且十分严重时，爸爸就要大胆告诉他：不要虚荣！因为我们有养儿子的责任，有供他们上学的责任，可是却没有供他们享受的责任。

不要为了面子无原则地满足儿子

如果不想儿子有虚荣心，做爸爸的就要随时注意自己的一言一行，尤其是不起眼的细节之处。如果儿子的虚荣心比较强，很可能是爸爸自己出了问题，这时一定要反思自己是不是有类似的行为。比如，为了让自己不"丢人"，经常买名牌给儿子穿；为了让儿子高人一等，在外人面前不时炫耀儿子的好成绩。

王爸爸给儿子的一张"开支账单"上这样写着：在辅导班开支中，围棋班、武术班的花费 1500 元；在旅游开支中，前往韩国度假的花费预计为 8000 元；在服装及学习用品开支中，计划月花费 2500 元。当他知道儿子的许多同学都报名去参加德国夏令营时，一狠心，又拿出两万元，把韩国游改为了德国夏令营。

王爸爸对此也是心疼的，因为他的家庭不过是一个普通的工人家庭，但是为了不让儿子受委屈，只要别人有的，王爸爸都会尽力满足儿子。

调查显示，男孩的虚荣心多半都来源于父母。如果人人都像王爸爸这般，儿子的虚荣心自然就会日益膨胀起来。因此，一名合格的爸爸会从儿子记事起，就向他们灌输勤俭朴素、不乱攀比的意识，同时注意自己的言行，否则等儿子懂得虚荣时，关于"为什么他能吃而我不能""别的小朋友会不会嘲笑我"这类问题就会蜂拥而至。

很多爸爸都希望儿子能够给自己挣面子，为了让他"更好"，在他人面前高人一等，就会给他提高身价。比如给他买名牌学习用具、让他穿名牌衣服、让他上名牌学校、让他跟学习好的同学玩、让他远离生活条件比自己差的孩子……其实，爸爸的这些言行都是虚荣心在作怪！

当爸爸因为儿子有虚荣心批评他的时候，一定不能只顾着批评儿子而忘了反思自己，因为儿子的行为很可能来源于自己。

带着儿子合理消费

儿子是爸爸的镜子，他们的虚荣、对事物的好恶，大多来源于爸爸的言传身教。因此，若想让自己成为一名好爸爸，也为了让儿子的内心保持纯净、不被虚荣污染，爸爸应以身作则，用一种更强大、更健康的态度去影响他们，指引他们。

戴爸爸善良热情，生活朴素，家里经济条件一般。当别人清一色使用苹果手机的时候，他还是用着过时的旧手机；一台电脑用了 10 年，还舍不得买个新的；衣服也是老款……

这天，儿子问他："爸爸，我们班很多同学穿的都是名牌，咱们怎么不买一件？为什么别人爸爸都有手表，你却没有？"

面对儿子的疑问，戴爸爸微笑说："名牌一点儿也没用，同样的衣服，名牌贵好几倍。儿子，你一定要记住，华屋万间，夜卧不过五尺；纵有卧榻三千，只得一席安寝。和别人比来比去的，比到你倾家荡产也比不过，倒不如朴素一些来得踏实。"

面对儿子的一些要求，戴爸爸没有不分青红皂白地满足，认为十分需要的东西，才会给儿子买，否则就会断然拒绝。

"华屋万间，夜卧不过五尺；纵有卧榻三千，只得一席安寝。"这句话说得非常好，很多时候，我们都在进行无用的消费。衣服越买越贵，玩具越买越新颖，旅行花费越来越不菲……这样的行为不但无用，还会使得男孩的攀比欲望越来越大。

要想消除儿子的虚荣心，还有一个办法，就是鼓励儿子合理消费。即便家里条件再好，也要让儿子懂得艰苦朴素的道理。比如让儿子参加一些身体力行的活动，让他们体会到家长的辛苦与艰难；即使家里条件比较好，也要尽量减少儿子穿名牌的机会。

上学时穿朴素大方的衣服，最能显示出学生的朴素大方，可以有效避免儿子和同学攀比穿着，才能让他与其他同学平等相处。

本章小结——说给爸爸的话

※ 诚信是美德，应该从小培养，从小就让儿子懂得，只有做一个讲诚信的人，才能在将来激烈的竞争中立于强者之林。因此，爸爸们一定要让儿子知道履行承诺的重要性，引导他们诚实守信，健康成长。

※ 无论是谁，在选择朋友时，最看重的都是对方是否真诚，谁都不喜欢被欺骗。如果男孩真诚友善，实实在在，不虚伪，不做作，与别人打交道不说空话，那么跟他在一起一定很踏实，很放心，他的朋友自然就会很多，他也会变得快乐、自信。

※ 在生活和成长的道路上，我们难免犯错。其实，错误本身并不可怕，可怕的是知错不改。明知道自己错了，还一意孤行，继续错下去；不但不承担错误，反而找借口，推诿责任。这样的爸爸，怎么能教出有担当的儿子？

※ 虚荣心强的男孩，无论在生活还是学习中，都容易产生嫉妒心理，导致情绪波动、不安，或者造成行为上的迷失，无法正常发挥其能力。因此，当发现儿子的虚荣心严重时，就要多加留意了。

Part 16　铺张浪费不可取，勤俭的男孩最成熟

积极参与劳动，体会勤俭的要义

　　参与劳动，不仅可以强健男孩的体魄，还能让男孩更加成熟。男孩自己动手、参与劳动，就会对事物多一些认识，生活体验也会随之变得丰富。有了丰富的经验，问题解决起来也就容易了。用爱的名义将儿子关在屋里，只会害了他！

　　想想看，生活中有没有出现过这样的场景：
　　儿子想让你在阳台上种些花花草草，你却嫌不干净。
　　儿子想用家里的废旧物品做些摆件，你担心儿子弄伤了手，或者将客厅弄脏了，便说："想要什么直接买就行了，还用做？"
　　看到你在修理电脑，儿子也想帮忙，可是你却说："去一边去，别添乱！"

　　问题：
　　类似的小片段在你的生活中，是不是也经常出现？你是如何应对的呢？如何应对才是正确的呢？

　　国庆节，爸爸带着童童回河北老家，正好赶上收玉米。虽然爸爸现在在上海生活，可是对于收玉米这样的活依然是轻车熟路，因为小时候他都做过。每天天不亮他就和大人们下地了，走之前还不忘给童童下达"命令"：起床了，好好写作业！玩累了，就看电视。
　　童童起床后，按照爸爸的吩咐，写作业，可是作业很快就写完了。没事做的他，只好坐在沙发上看起了电视。这时候，第一车玉米被拉了回来。跟着回来的姑父问他去不去玉米地，童童回答说，不去！因为他爸不让他去。姑父没办法，只好自己走了。
　　中午的时候，大人们陆续回来。吃饭的吃饭，休息的休息。童童找了个空，央求爸爸和他们一起去玉米地。可是，爸爸依然不答应。
　　童童说："在家里看电视很无聊！"
　　奶奶听到了他的话，说："去吧！地里有很多孩子，想干活，就帮着捡捡玉米；还可以逮蚂蚱呢！你爸小时候就喜欢逮蚂蚱！"

　　一说到这里，爸爸好像想起了自己的童年，便对童童说："要不，你就去吧！但一定要注意安全，不要瞎跑。"

　　我相信，有了这样的经历，童童的成长定然也就多了一些历练。

　　动手能力和劳动能力是男孩应该具备的一项基本能力，看到儿子学习任务重，为了关心疼爱儿子，就让他多休息多放松，将做家务这种最好的放松办法放弃，转而用电视和手机聊天来替代。其实，这是一种本末倒置的行为，不仅无法放松他精神上的疲惫，还会让可怕的近视和懒惰影响儿子。

　　休息很重要，这点不可否认。但一味地坐在那里，不管是看电视还是玩游戏，都会给孩子带来其他不良的影响。当家人都在忙碌的时候，完全可以让儿子动动手，参与进来。这样，既能让儿子的身心完全放松，也能让他们习惯劳动，还可培养他们的责任意识，让他们体验到劳动的快乐与意义。

　　与其为儿子的懒惰感到气愤，与其一次次地说教，倒不如让儿子亲自劳动，多多动手，这样才能更好地培养良好的劳动习惯。

舍得让儿子劳动

　　很多时候，儿子明明想参与劳动，当爸爸的却横加阻挠。要知道，这种"疼爱"在男孩眼中却是"轻视"的表现，是对男孩劳动积极性的扼杀和打击。明智的爸爸一般都会有意让儿子参加劳动。

　　鑫鑫已经 11 岁了，学习成绩很好，可是一谈到劳动就躲得远远的，每当班级大扫除，他不是借口请假，就是找一个很轻松的活干半天。

　　老师真诚地劝他说："虽然你的学习好，但是劳动也很重要。"他却不以为然地对老师说："我在家里从来不劳动，我学习这么累，哪有时间劳动啊，爸爸都帮我做了。"老师把鑫鑫的话转告给了鑫鑫爸，鑫鑫爸意识到了问题的所在。

　　暑假的时候，鑫鑫爸带着鑫鑫回了河北老家，正好赶上当地收小麦。爸爸带着鑫鑫一起去地里帮忙，可是鑫鑫却不乐意。爸爸便告诉他说："我小时候就是这样长大的，我不仅要和你奶奶种菜，还要帮父母浇地、摘菜……"

　　鑫鑫不太相信，没想到身为教授的爸爸，小时候过得居然这样艰苦。

　　没有哪个男孩一生下来就是懒惰的，他之所以不愿意劳动，其中一个重要原因就是爸爸对他的劳动教育不足。在儿子小的时候，爸爸们如果常以"儿子太小，做不了家务"为借口，万事包办，拒绝儿子劳动，让他们缺少劳动的体验，自然就不乐意做了。

我们这一代，小时候的生活并不如现在的孩子好，既然已经体会到了劳动对于男孩的意义，为什么不将劳动的意义直接告诉他们呢？不要说什么"现在哪儿有那么多活啊"，也不要说什么"我整天都闲着，更何况是儿子"……我的建议是，即使家里确实条件不错，即使你家雇着保姆，爸爸也要找些儿子力所能及的事让他做。

给儿子留些家务来让他做。

让儿子自己的事情自己做。

让儿子帮助他人做事。

别害怕儿子出错

男孩小时候犯下令人啼笑皆非的错误，这是很正常的。那么爸爸该如何应对呢？答案就是，尽量避免指责，让他对错误有个正确的认识。同时，鼓励他大胆实践，不怕犯错，这也是一种教育手段。比如，他倒脏水时弄了一裤子，难免慌张自责，爸爸要先给儿子换一身干净的衣服，然后再轻声劝慰他们：这些都是无法避免的，下次注意就好。等他们彻底平复下来后，再告诉他们怎么做才是对的。

小飞学习很好，又很上进，最近的考试又考了全班第一名，老师让他参加一个全省的竞赛，他开始更努力地备战。小飞既不洗自己的袜子，也不喜欢做家务，换洗的衣袜给妈妈带来沉重的负担。终于，爸爸忍不住了，对儿子说："小飞，你妈工作很忙，你已经不小了，像洗衣服袜子这类的，能做的你就自己做。"

小飞辩解道："我还要准备竞赛的考试呢，没有时间。"

"那让妈妈帮你洗衣服，袜子什么的你自己解决，好吧？"见小飞还有一些不满意，爸爸又说，"我不相信咱们的状元会被几只小小的袜子难住！"

一周过去了，小飞不仅将自己所有的袜子都洗得干干净净，还在竞赛中取得了好成绩。爸爸非常高兴。小飞对爸爸说："我发现洗衣服可以让我放松自己，而且洗完后会有一种成就感。"

从此以后，小飞的衣服都是他自己来洗，而且他发现洗衣服并没有想象的那么难，小飞甚至还觉得干家务不容易，渐渐开始帮妈妈分担更多的家务了。

爱儿子就要舍得用！"只知怜惜儿子，不舍得使唤儿子"，才是真正害了儿子。对于男孩来说，劳动实践也是一种学习，更是一种重要的对社会的认知途径。做家务正是锻炼男孩的好机会。因此，爸爸一定要让儿子学会并且乐于做家务，如洗衣服、倒垃圾，这样既可以让他们的身心得到放松，也能够培养他们热爱劳动的好习惯；一旦他们从中感受到了劳动的快乐与艰辛，就会明白：只有自己双手创造出来的东西，才是有意义的。

如果儿子做错了，要将具体的方法告诉他。

如果儿子犯了错，要让他积极寻找原因，加以改正。

如果儿子做错了事情，要让他动脑筋想办法。

连自己都照顾不了，何谈照顾别人

人的成长过程是一个不断提高自理能力的过程。一个连自己的生活都照顾不了的男孩，怎么学习，怎么工作，怎么照顾家人？自古以来，男孩就比女孩多一些照顾家人的责任，所以，千万不要将儿子培养成"奶嘴男"！

想想看，生活中有没有出现过这样的场景：

儿子想自己清洗小内裤，你却嫌儿子洗得不干净、花费时间长，便没答应。

早上起床后，儿子从来都不叠被子，你也从来不管，只是默默地帮儿子叠好。

每次儿子写作业的时候，你都要在一旁帮儿子削铅笔。

问题：

类似的小片段在你的生活中，是不是也经常出现？你是如何应对的呢？如何应对才是正确的呢？

星期天，我去一个同学家做客。同学的老公开着一家公司，这几年生意做得不错，家里的条件自然非常好。为了让儿子安心学习，同学便不再上班，在家做全职太太，这样一干就是七年！因此，没事的时候，经常会招呼关系不错的姐妹去她家玩。

这天，她老公正好也在家休息。他很健谈，也很好客，如果正好碰到了，每次都会留我们吃饭，这次依然如此。

我和他们在客厅里聊天，保姆在厨房里忙碌，这时候，快递给他们送来一个大包裹。同学的老公接过包裹，呵呵一笑："我儿子的脏衣服，每星期寄一次。"

我感到有些惊讶："怎么不让他自己洗？"

"他学习那么紧张，哪儿有时间洗衣服！"

"可是……"我想说什么，同学赶紧接过话茬："反正我在家也没事做，帮他洗洗衣服，我也挺高兴。"

对于面前的这对夫妻，我感到无语。

"你儿子上学的时候，成绩不错。"我转移了话题。

"是啊！"同学的老公说，"这点像我！所以，为了不影响他的学习，他的衣服都没让他自己洗过。"

我知道，同学的儿子确实很优秀，可没想到，他连最基本的生活都还需要大人帮着料理。

同学给儿子打电话，说包裹已经收到。她儿子紧接着报告了一个好消息：自己有女朋友了，和女朋友约会，每天都要换新衣服穿，因此下次多寄一些过来。

同学很高兴，满口答应。她老公更是笑得合不拢嘴。

我却很困惑，一个连自己的生活都不懂料理的人，还要谈女朋友；为了让衣服常换常新，还要大人多准备几套……这种儿子长大了该会是什么样的呢？

提高生活自理能力，就是提高自我管理生活的能力。独立照顾自己是男孩成长的一个重要因素。如果不能独立生活，他们往往会一直依赖别人，一旦脱离了爸爸的庇护，他们会变得惶恐不安，生活也会乱七八糟。

作为爸爸，你可以陪伴儿子十年、二十年，但不可能陪他一辈子。如果只顾眼前一时的舒服享乐，而不为儿子的整个人生做出考虑，他们所面临的将是无法承受的打击。因为今天对他们的溺爱，就是为他们埋下明天受苦的隐患。所以，爸爸们一定要从小培养他们的生活自理能力。

儿子力所能及的事情，鼓励他们去做

男孩自理能力的培养，需要实践和鼓励，当他们独立吃饭、穿衣、整理房间、洗自己的衣裤、打扫地面时，要引导他们自己完成。他们做得好与不好都没关系，重要的是你的态度。做好了，当然要夸赞一番；做不好，也要多鼓励他。

小东今年八岁，上小学二年级。每天早上，爸爸都会把他从床上叫起来，给他穿衣服、替他穿鞋，帮他整理书包。有时候吃饭晚，爸爸还会嫌他拖拉而喂他。

一次，小东想试着自己做些事情，但是爸爸总嫌他慢，然后就吼道："看你拖拖拉拉的，我来吧！"小东只好收回了手。

还有一次，小东晚上写完作业后想自己收拾书包，结果爸爸很快就走了过来帮他收拾："哎呀，你写作业就行了，这些事情我来做，看你丢三落四的。"

长时间听到爸爸的斥责，小东再也不自己做了，他将自己完全丢弃了。

家庭中，很多爸爸对自己的儿子都十分纵容，特别是在生活上，爸爸们恨不得帮他们把所有事情都办得妥妥帖帖，做完这个弄那个。爱自己的儿子本无可厚非，问题是，你不可能帮他们一辈子，他们总有一天要离开。试想一下，在笼子里关久了的鸟儿，一旦没有人去喂它们吃的喝的，它们还能活多久？

小时候他们能独立学习、生活，长大了后就可以独自到外面去闯荡，一个连自己都照顾不好的男人，如何能养活自己？即使你能够给儿子留下很多遗产，可是不懂自理的他，所有的事情都需要人帮，这点钱很快也会消失殆尽。

不管你能够留给儿子多少遗产，都不如让他们学会自己独立生活和面对，而这才是让他们生存下来的根本。

男孩长大后，需要承担养家的责任、工作的责任，连自己都照顾不了，如何去照顾老人、照顾孩子……虽然他们现在是孩子，但总有一天会长大，千万不要等到儿子对你说出"我什么都不会"时你才感到后悔！

让儿子自己的事情自己做

培养儿子独立能力的一项重要原则就是，让他们自己的事情自己做。

男孩刚开始学做事情的时候难免会不尽如人意，这很正常。此时，爸爸要保持一颗冷静平和的心态，若直接训斥、发脾气，只会伤到他们的自尊心；一旦产生了抵触情绪，他们就不愿做了，就会变得衣来伸手、饭来张口。当儿子办不好一件事情的时候，优秀的爸爸都会表现出极大的耐心，发现并肯定他做得好的地方，给他鼓励。

伟伟是一个六岁的男孩，每天都会背着一个与他很不相称的大书包走来走去。伟伟爸知道，自己的儿子是个生活自理能力非常强的孩子。

两岁的时候，他就开始自己穿衣服、洗袜子、穿鞋了；六岁，基本上什么事都会干了。

一次，和大人一起游颐和园时，伟伟依然自己背着一个书包。很多人看他背着很沉的样子，就让他把书包给爸爸，伟伟睁大双眼，微笑着说："怎么可以呢？自己的事情就应该自己做呀！"

不可否认，伟伟爸的做法是正确的，他的教育也是成功的。如果想让儿子成为动手能力强的人，就应该让他知道：自己的文具、书本、衣服等物品，要自己收拾，自己的环境卫生应该自己打扫，被褥也应该自己叠好。

从小就让他们明白："爸爸没有义务替你把所有事情做好。就拿上学来说，每天自己定好闹钟，闹钟一响，就应该马上起床，准时去上学。就算刮风下雨，也要按时到校上课。如果迟到了，你应该对此负责，并承受相应的惩罚，而不能推卸责任，埋怨爸爸。"

通常，三四岁的男孩，已经有了自我意识和一定独立性，他们经常会模仿大人的样子，独立行事。这时候，爸爸们需要做的就是鼓励他们，提高他们自己动手的意识和能力。

肆意浪费时间，男孩只会更"没时间"

时间很多，也很少。珍惜每一分钟，时间就会过得很慢，时间就会伸长；浪费掉分分秒秒，时间就会如水般流逝，时间就会缩短……眼睛简单地开合几次，十几年就会过去。我们没有理由让时间为自己的儿子停留，却可以让儿子去抓住时间的尾巴！

想想看，生活中有没有出现过这样的场景：

儿子做作业拖拖拉拉，本来一个小时能写完的作业通常都要写上两个小时。

儿子在等车的过程中，只要有空闲，就会听自己喜欢的故事或音乐。

做作业的时候，你都会让儿子先做简单的，然后集中时间攻克较难的。

问题：

类似的小片段在你的生活中，是不是也经常出现？你是如何应对的呢？如何应对才是正确的呢？

李涛是我的大学同学，大学毕业后留校任教，后来跟比我们小两届一个女同学结婚了。不是同学，就是校友，因此我们平时走得很近。

他们夫妻很喜欢看书，儿子出生后，为了让他养成良好的阅读习惯，他们还在洗手间里放了一个书架，摆放着自己和儿子喜欢看的书。

我问李涛为什么？李涛说："抓紧时间看书啊！每次给儿子洗澡的时候，小家伙就不愿出来，可是他又想出去看书，没办法，只好在洗手间设了一个书架。儿子在洗澡盆里玩撕不烂，我呢，则坐在一边看自己的书。"

我调侃道："你们父子俩，绝对到了看书的最高境界！"

李涛说："我从小就喜欢看书，可是那时候哪有那么多书看！我就跟同学借书看，为了看更多的书，我便见缝插针，吃饭的时候看，上厕所的时候看，洗脚的时候看……我的文笔就是从小打下的！"

我承认，李涛的文笔确实不错，不管什么题材的文章，他都信手拈来。上大学的时候，班上很多女生因此很崇拜他。

换句话说，李涛的文笔就是充分利用时间的结果。

时间就是金钱，只有不断争取，提高效率，才能创造更多的财富，从这个意义上讲，时间比金钱还珍贵，"一寸光阴一寸金，寸金难买寸光阴"说的就是这个意思。

电视剧《十八岁的天空》中的校长曾说：世界上有两件事情是绝对公平的，第一，我们每个人都会步入死亡；第二，每个人每天只有24个小时。可见，我们每个人生命中时光流逝的速度都一样，但时间对每个人都是公平的，不会因为他是富翁就变慢，也不会因为他是乞丐就变快。

谁能够珍惜时间，会充分利用时间，就能早点儿实现自己的愿望。很多爸爸反映，儿子磨磨蹭蹭，没有头绪，时间观念很差，究其原因，主要就是没有合理使用时间。受年龄的限制，孩子不会安排时间，所以做事总拖拖拉拉的，爸爸们应该针对这一特点，帮儿子完成一份时间表，时刻按时间表去做，形成一种固定的规律、习惯，这对提高他们的效率无疑是有很大好处的。

和儿子一起合理规划时间

在我们身边，有些爸爸认为，拿测验卷叫儿子做，给他们安排才艺学习，他们才不会把时间浪费掉，其实很多时候，这样做是没有效率的。

对于男孩来说，学习确实很重要，但我们也不能让他们每天除了上课还是上课。他们需要休息、需要在与同伴的玩耍中体会为人处世，还需要为自己的选择承担一定的责任。因此，带着儿子一起合理规划时间就显得尤为重要了。

在一次子女教育课题的家长会上，一位爸爸说道："我儿子五岁了，上幼儿园总是迟到，就算早起半个小时，还是不会赶在上课前到。"

教育家问他为什么，他说，儿子一般都在7点半左右起床。10分钟穿衣服，20分钟洗脸刷牙。接下来吃饭，磨磨蹭蹭，一边吃饭一边看电视，一般要用20分钟，多则一个小时以上。

教育家又问："你平时是怎样利用时间的呢？"这位爸爸摇了摇头，说自己以前上班也是拖拖拉拉、没有丝毫的时间观念，每天匆匆赶到公司，迟到也是家常便饭。后来有了儿子，更是没有时间观念了。

教育家明白了，说："你儿子早起多长时间，就会多看多久的电视。他上学迟到的原因：第一，是你没有合理给他安排时间；第二，是你没有以身作则……"

作为一个成年人，做事拖延，不会管理时间，是一个影响很坏的习惯。时间观念强的人，总能按时完成任务，得到一个好的结果。反之，则会诱发一系列的恶性反应。

爸爸的一点一滴都会被儿子当成榜样。案例中提到的爸爸，不要说给儿子合理规划时间了，自己都没有把时间利用好，他要做的，先是学会规划自己的时间，然后就是潜移默化地去影响儿子。

时间，每天只有24小时，为什么别人家的儿子都能将事情做好，唯独你的儿子不行？一个很重要的原因就是，你的儿子不懂规划时间。

相信每个工作中的大人都有这样的体会：将时间进行合理的规划，工作起来就会轻松很多；胡乱抓起来做，想到哪个做哪个，不仅工作效率不高，还容易出错。既然我们都明白这个道理，为什么一用到儿子身上就不行了呢？

好好想一想，自己在哪方面对儿子造成了负面影响？是自己就没有做过规划，还是不屑于做规划，抑或是经常当着儿子的面否定规划的重要性？

和儿子一起按计划利用时间

爸爸是男孩的榜样，男孩能否执行，在很大程度上取决于爸爸能否执行。制订好时间计划后，爸爸就要和儿子一起全力实施。如果爸爸依然拖拖拉拉，随便浪费时间，时间表也只是随便做做罢了，儿子自然也不会把时间看得那么重要。

我一个朋友曾经和我夸他的儿子单单，说他会管理时间。起初我不大相信，但朋友解释完，我还真挺佩服这位小能手的。

单单三四岁的时候，他爸爸就非常注重培养他的时间观念，给他制订了一个时间表，时间长了，单单就养成了一个这样的习惯——每天放学一到家，他就抓紧时间写作业，基本上八点半之前就完成了。过一个小时睡觉。但是在这一个小时里，他可以做许多自己喜欢的事情，比如玩玩具、看动画片、看书、听音乐。到了九点半，洗漱完毕后就上床睡觉。这样坚持的好处是，既提高了学习效率，又保证了自己的兴趣爱好。

合格的爸爸通常都懂得合理规划自己和儿子的时间，帮儿子制订合理的时间表，比如每天几点写作业、几点睡觉、几点起床……一旦男孩按照时间表形成良好的作息习惯，生活就会变得井井有条。不然，想什么时间学习就什么时间学习，想学习多久就多久，想什么时间睡觉就什么时间睡觉，不但会耽误前一件事的完成，还会把之后需要处理的事情给耽误了。

时间观念的培养需要爸爸极大的努力和耐心，一旦中断，儿子之前的努力就会付之东流。培养儿子的时间观念，不仅要让他认识到什么是时间，还要让他明白，时间和做事有什么关联，继而逐渐培养他们对时间的敏感性，让他们加强自我管理，把控时间。

奢侈铺张只会引来狐朋狗友，穿着朴素才能得人心

学生时期的男孩子奢侈铺张，只会引来更多的蹭吃蹭喝者。一定要告诉儿子：养活一大帮狐朋狗友，只会让自己倍感疲累；真想获得人心，就要用朴素的心理证明自己。奢侈浪费，多半都会让人觉得高高在上；只有简单朴素，才更有利于和他人相处。

想想看，生活中有没有出现过这样的场景：

你喜欢买名牌，虽然家人都有意见，但你依然我行我素。

出门的时候，你都要将名牌手表戴在手上；遇到熟人的时候，还要用手摸摸，以引起对方的注意。

参加婚宴之类的活动，只要是人多的地方，都会提前做头发、准备高档的服装。

问题：

类似的小片段在你的生活中，是不是也经常出现？你是如何应对的呢？如何应对才是正确的呢？

小时候，我邻居家的男主人比较能干，好像是个包工头。当时，只要人们一说起包工头，就觉得对方很有钱，因此包工头也就成了有钱人的代名词。

当时，我们管这个人叫伯伯。他对我们小孩都挺好，每次见到的时候，都会主动和我们说话。想想看，人家一个大包工头，居然会主动和一个小孩说话，是不是很有礼貌？可是，渐渐地我们便从大人的谈话中得到了这样的消息：这个伯伯之所以要和我们打招呼，就是在显摆自己，想让我们多看他几眼。

由于家里有钱，他儿子小军也跟他一样的油光满面。小军比我大一届，每天放学后都会被一大帮男同学簇拥着出入小卖部；即使自己不写作业，也有人帮忙。有一段时间，我们都觉得小军很酷。没办法，人家有个能干的爹。

后来，这个伯伯在外面养了女人。小军妈知道后，整天哭闹，最后离婚，小军被判给了妈妈。离婚之后，小军家的生活质量急剧下降。虽然离婚时他们母子也得到不少钱，可是小军妈说自己只是个家庭主妇，没有经济来源，这些钱留着来供小军读书用。

小军断了财路，开始的时候还跟爸爸要过几次，后来爸爸就不给了。更让小军感到难过的是，平时的那些好朋友都渐渐远离了他。

做爸爸的应该让儿子从小明白：幸福来之不易，知道生活中有幸福就有不幸、有成功就有失败、有高兴就有失落，做人一定要勤奋自律，勤俭自强。"寒门出栋梁"，这是千百年来的社会现象凝结出的精辟论断，在儿子的日常教育中，爸爸一定要细细品味，因为它对加强男孩勤俭的教育有一定的启发。

让儿子明白，朴素是一种美德

星期五晚上，姚亮一回到家就跟爸爸说："爸爸，明天给我买一双儿运动鞋吧！"

正在看电视的爸爸听到后，说："不是上周刚买了一双阿迪的吗？"

姚亮嘟囔着："那双不好看，耐克的款式更好。"

爸爸沉默了片刻："好啊，我也正想去买一套运动装备。明天一块儿去吧。"

这对父子，出手当真阔绰，但是这样为人父，如此为人子，穿多贵的鞋，也不会把人生之路走宽。

据调查，有一半的少年儿童现在都时兴开豪华派对、穿名牌衣服。究其原因，并非全部是男孩的过错，主要取决于爸爸的溺爱和自身的攀比心理。

像案例中的这位爸爸一样，但凡儿子有要求就立马答应，儿子的自制力弱，又不知赚钱的辛苦，长此以往，自然容易养成不良习惯。

朴素是人类一切美德的根基，没有勤俭朴素的美德，也就没有其他任何高尚的德行。作为一名爸爸，必须认识到，要想把儿子培养成一个全面的人才，就必须让他做到朴素低调。

生活上力求勤俭朴素，力戒奢侈浪费

做爸爸的应该以自身为榜样，杜绝儿子的浪费行为，保持简朴大方的家风，全力培养儿子劳动的习惯和爱好。因为劳动能使人明白自己创造财富的不易。儿子只有深入体会，才会懂得珍惜，从而养成俭朴的品德。

东林的家庭条件不是太好，父母只是打工一族，生活很拮据。东林爸很少买新衣服，对儿子的要求也是如此，有时候还要别人的儿子替换下来的旧衣服给东林穿。对此，东林一肚子不满。

此外，在生活细微小事中，这位爸爸也非常节俭。一次，东林在写作业，爸爸坐在沙发上看报。"哧啦"一声，东林从作业本上撕下了一张纸，爸爸问他："好好的纸，为什么撕了呢？"

东林说："我写错了！"

"才一个错别字，可以擦掉啊？"

听到爸爸的话，东林心中的不满一下子一发不可收拾："我连一件新衣服也没有，撕一张纸也不行？你知道我有多丢人吗？"

听完儿子的发泄，东林爸并没有动怒，而是语重心长地说："儿子，这不是丢人不丢人的问题。衣服不是用来比较的，只要干净整洁就行了，爸爸身上的衣服不也是别人的嘛。更何况，这是一种艰苦朴素的精神。"然后，他给东林讲了许多勤勉奋斗的故事。

听完之后，东林想了好几天，终于想明白了，他找到爸爸认错："我知道错了，爸爸，我突然发现节俭的人内心更强大呢。"

艰苦朴素，勤俭节约是中华民族的传统美德。男孩如果从小培养了这一优秀的美德，对他的一生都将大有益处。因此，每一位爸爸都应当继续节俭养德，追求内在美，从每一件细微的事情做起，以身作则，这样才能引导儿子得到全面健康发展。

本章小结——说给爸爸的话

※ 休息很重要，这点不可否认。但一味地坐在那里，不管是看电视还是玩游戏，都是会带来其他不良影响的。当家人都在忙碌的时候，完全可以让儿子动手，参与进来。这样，既能让儿子的身心完全放松，也能让他习惯了劳动，还可培养他们的责任意识。

※ 虽然儿子在你的庇护下可以衣食无忧，可是无法自理生活，就算长大成人，也没有生存能力。作为爸爸，你可以陪伴他十年，二十年，但不可能陪他一辈子。只顾眼前，只管一时的舒服享乐，而不为儿子的整个人生做出考虑，当离开他的那一天，他会面临无法承受的打击。

※ 谁能够珍惜时间，充分利用时间，谁就能早点儿实现自己的愿望。儿子磨磨蹭蹭，没有头绪，时间观念很差，究其原因，主要就是没有合理使用时间。由于年龄的限制，孩子不会安排时间，做事拖拖拉拉，爸爸们应该针对这一特点，帮他完成一份时间表。

※ 作爸爸的应该让儿子从小明白：幸福求之不得，生活来之不易，知道生活中有幸福就有不幸、有成功就有失败、有高兴就有失落，做人一定要勤奋自律，勤俭自强。"寒门出栋梁"，这是千百年来的社会现象总结出的精辟论断。

Part 17 气度不要太狭隘，将胸怀放大才是高境界

对人慷慨一些，优秀的男孩都不是"小气鬼"

小气的男孩，做事一般都喜欢斤斤计较，没有气魄，不懂原谅，心理发展自然也会受到影响。因此，在培养男孩的过程中，爸爸们一定要注意，不能将"小气"的因子留到他们身上。

想想看，生活中有没有出现过这样的场景：

工作中有了开心的事情，你会向儿子说。

吃饭的时候，你经常会让儿子将好吃的先分享给长辈。

带着儿子去别人家串门的时候，会让他带上一些好玩的或好吃的，去和对方家的孩子一起分享。

问题：

类似的小片段在你的生活中，是不是也经常出现？你是如何应对的呢？如何应对才是正确的呢？

这天下班后，和同学一起喝咖啡，同学跟我说起了下午发生的一件事：

她有个男同事非常小气，不管你跟他借什么或者让他帮什么忙，他都不愿意，还总说"自己正忙着呢"。求人办事本来就难，同学也就不好说什么。

这天，男同事儿子的老师开会，所以提前放学了。男同事将儿子接回来后，把他放到了公司的会议室。反正还有一个小时就下班了，大家都不在意，而且他儿子一直趴在那里写作业，也没有打扰到大家。最关键的是，老板不在。

一天的工作都忙完了，去过洗手间后，几个女同事看到他儿子可爱，就钻进了会议室。男孩见她们进来，并没有表现出慌张，而是问她们要干什么。

一个女同事给了她一个水果，他拿过之后直接装进了书包。就在他打开书包的一刹那，我同学看到他书包里有零食，于是问他，愿不愿意送给她们一些。我同学本来是逗他，没想到他认真了，直接将书包的拉链拉上了，还说："我爸说，这些只能我一个人吃，不能给别人！"

恰好这个时候小男孩的爸爸走了进来，他瞪了一眼小男孩，问："不好好写作业，干什么呢？"小男孩直接告状说："这阿姨想吃我的零食！"

没想到男同事狠狠地瞪了我同学一眼，然后又问他儿子："你是怎么做的？"男孩说："我没有给她们，这是我一个人的！"听了儿子的话，男同事微微一笑："我儿子真棒！走吧，回家！"

听到这样的故事，你会如何感想？这对父子，真是绝了！

人们都说，有其父必有其子！既然爸爸对儿子的影响力这样大，为何还不赶快矫正自己的行为？难道自己成为小气鬼不算，还要把儿子也拉上？

在学校或幼儿园，经常会看到这样的现象，有的男孩见到其他同学的东西就抢，抢不过来就哭，自己的东西却保护得严严实实，别人连抢的机会都没有！要知道，不懂得与人分享，一旦养成了习惯，会让男孩变得自私自利，心胸狭窄。如果爸爸对儿子说"把好吃的藏好了，不要给别人吃"，这不是爱他的表现，只会让他变成别人眼中的另类。

孟子曾说，独乐乐不如众乐乐。意思是要人慷慨大气，懂得分享。古人尚且如此，作为继承者的我们，是不是更应该做到？

让男孩明白分享是快乐的

在生活中，总是把所有的好吃的、好玩的、好喝的统统让孩子独享，而忽略了分享的重要性，他们自然就会越来越霸道，越来越小气。

我曾见过这样一对父子：

当时，年轻的爸爸正带着差不多三岁的儿子在草地上玩儿。这时候，一个小朋友经过这里，看着这个小男孩的玩具，很想玩。可是，小男孩紧紧地把玩具抓在手里一动不动。爸爸见了，劝说小男孩："和哥哥一起玩儿吧！"

"不要……"还没说完，小男孩一下哭出声来，爸爸马上说："好好，不哭了，那咱们回家吧！"然后就领着儿子走了。

后来，我得知，这对父子不止在外边如此，平时也这样，买了好吃的，爸爸从来都不教他与别人分享，就算他吃不完，也不会让人跟他分享一下，每次都是只有他不吃了才给别人。

如果一个男孩"小气"，不懂得与人分享，那一定是"父之过"。案例中的这个小男孩，他才三岁，不是不懂得和小伙伴分享，而是他爸爸根本就没教过他学会分享，就算偶尔有，也会因为溺爱他而作罢。

在生活中，爸爸们一定要引以为戒，千万不能一边教育儿子付出就会有收获，一边又教他好吃的要留给自己吃。与人分享才会有更多的回报，比如会更快乐、会交到更多的朋友、会变得心胸宽广，而这些远比物质本身更有价值。

这个道理，只有爸爸们懂了，儿子才能懂；如果爸爸们一直都懂，那么我们接下来就说说如何培养儿子懂得分享吧！

家里来了小客人，要引导儿子将自己的好吃的和好玩的拿出来，大家一起分享；并且要让他体会到，分享是快乐且有意义的。

儿子在吃东西或者在玩玩具，爸爸也可以要求一同参与，并且要表现得十分开心，还要表现出对他们分享的感谢。

久而久之，儿子就会形成跟他人分享食物和玩具的习惯，反之则不然。

用行动告诉儿子要懂得分享

很多大人都喜欢逗孩子，先问孩子要东西吃，当孩子真诚地给他们吃时，他们又拒绝了。后来再跟孩子要，孩子当然就不给了，于是他们会说孩子是"小气鬼"。

爸爸口口声声教育儿子要大方，当他们做到时，爸爸却不要他们的东西，让他们感到你是在逗他，同时他们的自尊心也会受到伤害。所以，他们看似自私的习惯，其实是爸爸的疏忽造成的——在教育中忽略了行动的重要性。

吴军是我的一个朋友，他儿子今年五岁，每当家里有了好吃的，他儿子总是先分给长辈，最后留一部分给自己吃。

吃饭的时候，吴军也总是教育儿子：等吃饭的人都到齐了再动筷子。刚开始，儿子不大习惯，还没等菜上齐，他就爬到桌前自己吃起来了，爸爸便教育他："爸爸上班那么苦，我们怎么能不等爸爸呢？难道让爸爸吃剩饭剩菜啊？"

有时候儿子喜欢吃某一道菜，总会把盘子"霸占"到自己跟前，然后狼吞虎咽。这时候，吴军就会耐心地告诉他，有好吃的东西不能一个人吃，要分享给大家。

儿子之所以懂得分享，很大程度上是受到了爸爸的影响，这样以身作则的爸爸，何愁教育不好儿子呢？

有本书中这样写道："儿子生长于分享中，便学会了慷慨。"对于男孩的分享教育，做爸爸的抓得越早，做得越好，就越能及早培养男孩自信、豁达、大方的性格，让男孩受人欢迎。因此，在日常的教育过程中，好爸爸应有意识地给男孩创造分享机会，多多引导他们，让他学会分享，做一个慷慨大方的人。

懂得宽容让男孩的心灵更自由

得理不饶人只会让自己陷入痛苦中，宽恕他人的同时，自己的心灵也会得到自由。当儿子和他人发生矛盾的时候，一定要让他们学会原谅。当然，当爸爸们在生活中遇到磕磕碰碰的时候，也要用自己的男子心胸来对待别人。宽恕了自己，也就宽恕了他人；给了自己时间，也就给了儿子自由。

想想看，生活中有没有出现过这样的场景：

妻子洗完衣服，没有洗干净，你就抓住不放，唠唠叨叨。

儿子考试成绩不理想，你就整天喋喋不休。

自己工作中犯了错误、挨了批评，就会自怨自艾。

问题：

类似的小片段在你的生活中，是不是也经常出现？你是如何应对的呢？如何应对才是正确的呢？

这天，在浏览网页的时候，王海看到一则关于学校暴力的视频，画面中几个初中生合围一个男孩，跟他要吃要喝，不给就打。这个男孩的父母都在外地打工，他和爷爷奶奶生活，即使受了欺负也不敢告诉老人。

看到这段视频，王海不禁脱口而出："打人的这几个人就该死！如果有人欺负我儿子，我一定会让他断条腿！儿子，记住，只要有人欺负你，你就告诉我，我来收拾他！"

儿子点点头，没承想，第二天就出事了。

早上十点钟的时候，王海接到了儿子班主任打来的电话，说他儿子把同学扎伤了。王海放下工作，急忙来到学校。被扎伤的学生已经被救护车送去了医院，王海的儿子则站在校长办公室。

王海问究竟是怎么回事，儿子说，下课时候，他想跟同桌借橡皮，同桌没理他，只顾和后面同学聊天。他很生气，用力推了一下同桌，结果把他推倒了。同桌站起来跟他理论，他气急了，就拿铅笔捅了上去，结果同桌的肚子就流血了……

听儿子说完，王海怒火中烧："同桌不借橡皮，你就不能跟别人借了！全班这么多人！……还拿铅笔扎人，你跟谁学的！"然后，猛地扇了儿子一个耳光。

儿子感到很委屈："不是你教我的嘛！你不是我的后盾嘛！"

听了儿子的话，王海那个悔啊！没想到自己的一些气话，却让儿子记在了心里。

不过幸亏那个同学伤得不严重，王海的儿子才不致酿成大祸。

宽容是一种品德，也是一种为人处世的智慧，学会了宽容，就会有融洽的人际关系，生活也会变得幸福。关于宽恕，马克•吐温形象地认为："紫罗兰把它的香气留在那踩扁了它的脚踝上。"可见，宽恕，不仅要宽容，还要以德报怨。

经常有人说"心有多大，舞台就有多大"，一个人拥有多大的胸怀，就会拥有什么样的人生。作为一位爸爸，如果想让儿子拥有广大的人生舞台，就要常常教育他拥有一颗宽容豁达的心，让他明白，别人对我们的伤害既然已经覆水难收，就要去宽恕，而不是愤怒，仇视。因为仇恨害人害己，它还会随着年龄的增长一天天地膨胀。到了最后无法控制，一发不可收拾的时候，会造成更严重的后果。

让儿子学会理解他人

每一位爸爸都应该让男孩明白，金无足赤，人无完人。只要对方不太过分，是应该理解和宽容的。男孩必须要学会以平常心来宽容别人、谅解别人，只有站在对方的角度，才能理解他们的缺点和错误，从而宽容他；只有这样，才能体会到宽容的真正意义，拥有宽容的品质。千万不能忽视了这一切，把儿子朝着不好的方向引导。

中午过后，六岁的军军和邻居家的哥哥玩，玩着玩着，军军的玩具被弄坏了。过了一小会儿，军军气哼哼地跑了回来，大哭着跟爸爸告状说："爸爸，哥哥把我的小熊给弄坏了，它没声音了。"

军军爸了解了事情的经过后也不高兴，刚刚新买的玩具没玩儿一会儿就坏了，还让儿子那么伤心，于是他对军军说："真讨厌！没一会儿就给我们弄坏了，别跟他玩了！"

作为一个男孩，犯错在所难免，人家弄坏了你的东西肯定是他的不对，但是这位爸爸的教育方法更是欠缺考虑。儿子因为一点儿小事跟别人斤斤计较并追究别人的错，爸爸不但不加管教，还雪上加霜，这样，儿子何时才能学会宽容？

在生活当中，儿子由于接触的事物少，认识浅显，处理问题常常会暴躁、不冷静，不懂得控制自己的怒气，更不懂得理解他人，稍受委屈就以为完全是别人的错。对此，爸爸必须教育男孩懂得克制自己，只有学会宽以待人，才能使男孩更好地成长。

让儿子明白"人无完人"的道理

随着儿子阅历的不断增加，他会慢慢地发现四周的人会有各式各样的缺点，也总会犯下各式各样的错误。要让儿子明白，十全十美的人根本不存在，每个人都有一定的缺点，谁也不例外。这样，男孩就会用全新的态度接受他人，也会宽容对待他人的不足和失误。

我听说过这样一件事：

一位实习老师中午休息时心不在焉，把一个五岁的小男孩锁在了器材室。一个多小时后，男孩的同学说他不在座位，老师这才想到了器材室。可以想象，小男孩被救前是何等惊惧。他爸爸闻讯赶来后，男孩在他怀里痛哭不止。

实习老师因为担心与内疚，在啼哭的孩子面前不知所措。几乎所有的人都等待着家长理所应当的斥责与抱怨，毕竟，是实习老师的疏忽造成了对孩子身心的伤害。可是，令人意想不到的是，这位家长却对还在抽泣的儿子说："乖，不哭了，去亲亲老师，告诉她没事了。"

这时候，孩子似乎已经恢复了平静，在爸爸的嘱咐下，含着未干的泪水，亲了亲呆立一旁的实习老师。刹那间，周围沉重的气氛忽然感到一阵轻松。

一个简单的亲吻，男孩学会了宽容，实习老师得到了宽容，围观的人欣赏到了宽容。爸爸是男孩的镜子，爸爸遇事斤斤计较，男孩定会冷酷无情；爸爸宽以待人，男孩也必定友善谅解。

教儿子养成宽容、友善的品质，这不只是一句简单的说教。只有宽容的爸爸给儿子做了好榜样，才会培养出宽容大气的儿子。所以，要想培养一个具有宽容大气品质的儿子，就必须从自身做起，当好儿子的表率，才能使儿子成为一个宽容有爱、善良的孩子。

无原则都是害，让男孩学会自我约束

原则，是男孩规范自己行为的法则，对儿子无原则并不是给了儿子最大的自由，而是给了他不断犯错的理由。由于不成熟，儿子做事的时候经常会欠考虑。而种种的"欠考虑"，都会为儿子的成长埋下隐患。

因此，一定要让儿子懂得自我约束。

想想看，生活中有没有出现过这样的场景：

你时时都会提醒儿子，要管好、控制好自己的行为。

和家人发生了摩擦，你一般都管不好自己的嘴，总会恶语相向，完全忘了自己是个男人。

为了减少儿子吃零食的现象，让他每次只吃一点点，严格控制。

问题：

类似的小片段在你的生活中，是不是也经常出现？你是如何应对的呢？如何应对才是正确的呢？

很多校园里张贴着"严于律己，宽以待人"的标语。严于律己，说的就是自律，自我控制，知道什么能做，什么不能做。自律的人可以拥有更多的资源、更多的人力或者物力的支持。缺少自律的人，杂念很多，以致被各种因素所牵绊，很难去自己做好一件事情，达到想要的目标。

常常看到幼儿园里的男孩不能安心地玩儿，与其他小朋友冲突不断；在家耍性子、闹别扭，不满足自己的要求就大哭大闹……所有的这些，都是缺乏自律的体现。

自我约束力是一种能够主动约束自己的情绪以及自己的行动的能力。作为一个男孩来说，由于身体尚未发育完全，尤其是中枢神经系统没有发育完善，神经纤维没有全部髓鞘化，神经的传递容易泛化，不够准确，因此会有缺乏自我约束的表现。

缺乏自我约束力的后果是做一些出格、不好的事情。所以，爸爸一定要培育男孩对自我的约束力。

巧用激励，提升儿子的自控能力

爸爸们可以采取适当的奖罚方式来帮助男孩培养自制能力。这种奖罚方式的目的就是为了避免当男孩有了向好的方向发展的时候，因得不到及时的激励，而回到原来的状态甚至退步。

有一次，我在超市里见到这样一对父子。

"爸爸，我要吃冰激凌，现在就给我买！"

"不行，天气凉，吃了会肚疼的，不能买。"

"不行，我想吃，没事的。"

看着爸爸开始在那里犹豫，儿子再一次使出了自己的必杀技——哭！

"好好好，别哭了，一会儿嗓子又疼了。"

后来得知，这对父子在家里也这样：

"爸爸，你过来一下。"

"干吗？爸爸在拖地。"

"你过来陪我一起玩。"

"等爸爸拖完地就陪你玩。"

"不不不，我就要你现在陪我。"（带着哭腔）

"好吧。"爸爸把拖了一半地的拖把扔在了那里，陪儿子做游戏。

哭，永远是男孩的杀手锏，很多爸爸都会"栽"到男孩的这一招上。

尤其是案例中这种没有一点儿自控能力的男孩，不达目的，哭不罢休，是很难管教的。这样的男孩一旦任其自流，会越来越难以管理，自控力越来越薄弱，以至于他将来更加无法约束自己，控制自己的行为。

这样，就需要爸爸们好好想想对策。建立"赏罚制度"就是一个不错的办法。男孩小，没有太强的自我约束能力，就需要想尽一切办法让他们知道，约束自己的行为会得到一些好处，反之则不然。

还可以采取两种方式叠加的办法，即以精神奖励为主，物质奖励为辅。物质奖励不用多说，所谓精神奖励，就是对男孩进行夸奖，比如对他说："太棒了，如果坚持到底，你一定会成功的！"这是一件非常容易的事情，但是在现实生活中，有些爸爸做起来却显得很难。

善借"外力"，提升儿子自控力

所谓"外力"，是指家长、老师、朋友、同学等人，"外力提升"就是要借用这些人的力量，对男孩加以管教。

男孩的自制力较差，这是由其心理特点决定的，是一种正常表现。但是，如果这时候没有外力的督促与监督，他自己根本不可能形成良好的自制能力，除非有过人的意志力。我就认识这么一位善借"外力"的爸爸。

这位爸爸的儿子叫作可乐，活脱脱一个"人来疯"。过年的时候，家里不断有客人来拜年，又买鞭又放炮，很热闹，这可把可乐给开心坏了。只要家里人来人，小家伙就开始玩闹，根本停不下来。可乐长得非常可爱，很讨亲戚好友的喜欢，大家也愿意逗他玩，这使得他更加疯狂，跑进跑出，不断尖叫。

爸爸看到他的表现，突然意识到了自己和儿子的问题，于是，他开始给儿子一一介绍客人，并让儿子按辈分称呼大家，然后告诉他说："今天你是小主人，你帮爸爸来招呼客人吧！"

可乐见爸爸这么信任他，马上就安静下来，像模像样地学着爸爸的样子，请客人就座，喝茶，吃点心。

像可乐一样的男孩太多了，家里来的人越多，他越兴奋。出现这种状况的原因，一方面是因为他们的脑部神经发育尚未完全，自控能力较弱，看到有客人来非常开心造成；另外一方面是男孩的自我意识渐渐觉醒，这么做是为了引起别人对自己的关注。

很多爸爸经常抱怨儿子缺乏自制力：上课时经常坐不住，一会儿动动这儿，一会儿动动那儿；一回到家作业也不写，就开始看电视；写作业的时候坐立不安，课外作业更是马马虎虎，时常不好好做；喜欢吃垃圾食品，乱花零花钱……其实，这种能力的培养与爸爸的有意训练是分不开的。至于如何培养，就要像可乐爸爸那样，先正确了解儿子的心态，然后对症下药，进行潜移默化的影响。

让我们来总结一下可乐爸爸的做法。

1.家里来客人之前要告诉儿子，事先熟悉来客并热情打招呼：客人叫什么名字？你该怎么称呼？你怎样介绍自己？客人喜欢怎样的男孩？

2.转移注意力，忽略"疯"行为。和儿子一起给客人准备用餐、喝茶的物品，让儿子参与其中，增加他的心理认同感。

3.要尊重儿子，不在客人面前训斥、指责、打骂儿子，无论如何，不发脾气，保持平和。

妒忌心损人不利己，帮助男孩及时收拢

妒忌心，从积极的角度来说，可能还对儿子发展有好处；可是，万事都有度，一旦超过了这个度，儿子的妒忌心就会成为一种心灵的扭曲。在陪伴儿子成长的路上，爸爸的引导发挥着重要的作用。当儿子的妒忌心旁溢的时候，最好及时帮他们收拢。

想想看，生活中有没有出现过这样的场景：

同桌数学考了满分，你鼓励儿子要向人家学习，可是儿子却说："有什么可嘚瑟的，他的英语还没我好呢！"

看到周围的朋友不是买了房就是买了车，你便督促家人赶快挣钱。因此，每天的吃饭时间也就成了你耍嘴皮子的时间，家人之间经常闹

得鸡飞狗跳。

　　发现儿子有了妒忌心，你会慢慢引导他向积极的方向去看。

　　问题：

　　类似的小片段在你的生活中，是不是也经常出现？你是如何应对的呢？如何应对才是正确的呢？

　　我曾经读到过这样一个故事：

　　洋洋和浩浩是对双胞胎，两人幼儿园、小学都是一个班。洋洋生性好动，比较淘气，成绩一直都不理想；而作为弟弟的浩浩，却成绩优秀。每次大人们在一起的时候，爸爸总会表扬浩浩，而批评洋洋，洋洋的心里很不是滋味。

　　这天，一个朋友结婚，洋洋和浩浩都跟着大人去了。席间，大人们免不了一起调侃。这时候，爸爸又开始了自己的论调："我这个小儿子，我最喜欢了，成绩总是不错。可是洋洋，我就比较讨厌了，主要是学习。有时候，我也问自己，怎么生的两个儿子这么不一样……"

　　洋洋听了爸爸的论调，感到很丢人，胡乱吃了几口，就躲到一边去了。

　　晚上睡觉的时候，浩浩突然发现自己的被子是湿的，爸爸将兄弟俩叫过来，问是怎么回事。爸爸知道，一定是儿子洋洋干的，于是说：今天找不出这个人，语文书从第一课抄到第十课。洋洋最讨厌写作业，只好承认。

　　爸爸本来就对洋洋不满意，看到儿子这样坏，更急红了眼，伸出手就甩到了洋洋的脸上。洋洋愤愤不平地说："你们老表扬他，我就妒忌他，我就是不满意！明天我还浇！"

　　是啊，当爸爸对儿子说出这话的时候，应该想想，这些话是否会对儿子造成负面影响。

　　每个男孩都有妒忌心，只不过有的多些，有的少些罢了。

　　从心理学上来说，嫉妒包含不服、不满、自惭和抱怨等交织的复杂情绪，而男孩的嫉妒心会比较外露，具有对被嫉妒者的攻击性和毁坏性。

　　如果发现儿子开始嫉妒了，做爸爸的不能坐视不管，应帮他克制，否则会让他失去自我，看不起不如自己的人，更会讨厌比自己优秀的人，心胸也会变得狭窄。

别把儿子和别人比较

小明爸常拿小明和邻居家的小哥哥作对比，比如"你看小哥哥多听话，你怎么这么难管""小哥哥多爱看书，你怎么天天看电视"。他的初衷是希望小明效仿小哥哥能变得进步，但小明每次在路上看到小哥哥，都要上去打他。

有一次，小朋友表演节目，很多孩子都为大家表演了，爸爸对小明说："哇，大家表现得多好，你咋也不唱个歌？"

听到爸爸对别人的夸赞，小明很不是滋味，决定要和其他合唱的小朋友一起唱。爸爸很高兴，但当小明上场时，他闭着嘴不出声，当别的小朋友开唱时，他却捂住了耳朵。

很多爸爸在教育儿子的时候，总是自觉不自觉地拿他们与别的孩子作比较，比如："你看，同桌的李恒得了 100 分，你怎么只得了 87 分？""你看别人当了班长，你咋净捣乱？"……这样会把儿子打击得越来越自卑，也越来越嫉妒，还会很反感被拿来与强的对手作比较。这种情况下，他们不但不会提高自己，还会憎恨那些比自己优秀的人。

只要是比较，就会分出谁好谁差，如果多人比较还可以，男孩即使不是最好的，也可能是比较好的；但如果仅仅是两个人比较，一旦男孩不如人，那就是最差的。一次差，男孩还比较容易接受，两次，三次……当越来越多的"差"贴到男孩身上时，他们的自尊心和自信心必然会受到伤害，也很容易演变出妒忌心。

因此，如果确实想激励儿子，那就拿他自己跟自己作比较吧！比如，看看这次成绩比上次多了多少分，看看这星期的阅读水平有了多大的提高，看看作业的出错少了多少等。

引导儿子正确竞争

期中考试结束后，小伟看到自己得了全班第三名，有些不高兴，因为上次他位居班级第二。小伟拿着成绩单回到家中，爸爸发现他不高兴，问他怎么了。

小伟生气地说："小丽学习那么差，还比我成绩靠前，不就是英语成绩好点嘛，我的数学还比她高呢，她竟然能考到第二名。"

爸爸恍然大悟，原来小伟开始嫉妒小丽的成绩，也嫉妒英语分数超过了他。于是，爸爸坐下来，对他说："小丽英语分高，我们小伟数学分比她高呀，你们两个人都有自己的强项，这次小丽肯定是有什么好的学习方法，所以进步很快。我觉得你们可以相互帮助，你教她数学，让她教你英语，这样你们俩进步得会更快。其实，考试的分数算不了什么，只能说明这一次，落后了，就要努力，可不能嫉妒。"

小伟听着爸爸的话挺有道理，脸上也逐渐出现了笑容。

男孩也会妒忌，而且他们比大人的妒忌心理还要强烈。当男孩发现别人比自己强的时候，他们的内心就会有一种小小的妒忌。这时，如果爸爸火上浇油，只会让儿子的嫉妒之火越烧越旺，最终害了自己。因此，当发现儿子嫉妒别人时，爸爸一定要及时帮助他消除这种可怕的心理，让他学会平静地对待他人。

儿子产生嫉妒心理后，爸爸们要通过自己的开导，培养儿子积极乐观的竞争意识。比如，告诉他们，看到别人进步，自己不该生气而不努力；应激发自己的斗志，有一种"这次你胜利了，下次我通过努力一定超过你"的心态。

同时，也要让儿子知道，其他同学取得了进步，一定是有许多值得他去学习的东西，要以别人为榜样，看看自己是否足够耐心，是否方法有问题等，这样他才能不断进步，赢得属于他的成功。

本章小结——说给爸爸的话

※ 孟子曾说："独乐乐不如众乐乐。"意思是说人要慷慨大气，懂得分享。古人尚且如此，作为继承者的我们，是不是更应该做到？

※ 在生活当中，男孩由于接触的事物少，认识浅显，处理问题常常会暴躁、不冷静，不懂得控制自己的怒气，更不会懂得理解他人，稍受委屈就以为完全是别人的错。对此，爸爸必须教育男孩懂得克制自己。只有学会宽以待人，才能使男孩更好地成长。

※ 男孩身体尚未发育完全，尤其是中枢神经系统没有发育完善，神经纤维没有全部髓鞘化，神经的传递容易泛化，不够准确，因此会有缺乏自我约束的表现。缺乏自我约束力的后果是做一些出格、不好的事情。作为爸爸，一定要培育男孩对自我的约束力。

※ 每个男孩都有妒忌心，只不过有的多些，有的少些罢了。如果发现儿子开始嫉妒了，做爸爸的不能坐视不管，应帮他克制，否则会让他失去自我，看不起不如自己的人，更会讨厌比自己优秀的人，心胸也会变得狭窄。

Part 18 胆小怯懦要不得，优秀的男孩都是勇敢者

不敢冒险和尝试，怎么成为男子汉

勇敢，在今天连很多女孩都很勇敢，更别说男孩了。可是，在我们身边，很多男孩却在潜移默化中爆发出了一定的女生气。男孩，就应该有男孩的样子。遇到困难的时候，女孩可以胆小躲在一边，而男孩是一定要往前冲的。不敢冒险，不敢尝试，怎么会成为堂堂男子汉呢？

想想看，生活中有没有出现过这样的场景：

儿子想和家人一起去爬山，你却担心他摔伤、碰着。

在游乐场，儿子想和你一起玩海盗船，可你非但自己不想玩，还阻止儿子，说"太危险"。

台灯坏了，儿子想自己动手修修，可是你却认为不能用了，便将其丢进了垃圾桶。

问题：

类似的小片段在你的生活中，是不是也经常出现？你是如何应对的呢？如何应对才是正确的呢？

相信小时候在河北农村生活过的70后都有过这样的体验：站在麦秆堆上翻跟头。大家站在三四米高的麦秆堆上，脑袋冲地，后腿一蹬，就像球一样从上面翻滚下来……这样的体验，很多生活在城市中的男孩是无法体验到的。

我们小时候，夏天收获了小麦，都会站在麦秆堆上翻跟头。男孩胆子大，都喜欢从最高的位置往下翻；女孩胆子小，只会在低处翻。大人们从来也不管，因为对于他们来说，男孩玩这种游戏习以为常，爬得高一些也没事，只要摔不坏就行。其实，他们的这种"纵容"更好地锻炼了男孩的勇气。

喜欢冒险和刺激是男人的天性，而要培养男孩的冒险精神，爸爸是他们的最佳人选。鼓励儿子大胆尝试，我们有理由相信，将来不管男孩遇到什么困难，都能勇往直前。

有人说："人生最有意义的事情就是冒险，只有愿意去冒险的人才

会走得最远。"冒险可以让男孩获得一种勇气、一种魄力，但最重要的是，不论结局如何，男孩一直没有停止努力和坚持，这种精神是十分可贵的。

如果男孩长大想成就一番事业，甚至想取得显著的成功，就必须具备独立自强、勇于冒险的性格。没有风险就没有机遇，成功也就无从谈起。然而，冒险不一定会成功，但不冒险一定会失败。

洛克菲勒就是用他的非凡的魄力，以及高度的自信和高超的判断力缔造了属于自己的商业王国。他曾教育自己的儿子说："人生就是不断抵押的过程，为前途我们抵押青春，为幸福我们抵押生命。因为如果你不敢逼近底线，你就输了。为成功我们抵押冒险难道不值得吗？"所以，作为父亲，一定要培养出儿子的冒险精神，为了言传身教，自己也一定要有冒险精神，一定要强悍。

优秀的爸爸都会给儿子正确的引导

有一次我去朋友家做客，电视正在播少儿频道的一档节目，内容是教孩子如何做奶酪。朋友六岁的儿子看了很兴奋，于是，跑到厨房拿了许多调料和器皿，说也要自制奶酪。我这位朋友一看，满茶几都是做奶酪的东西，气愤地说："快别给我瞎弄了，一会儿弄脏了衣服、打了碗，怎么办？"

还有一次，小家伙从跷跷板上摔了下来，造成左小臂骨折，全家心疼坏了，从此，我这位朋友便不再允许儿子出去玩游戏，更不准他离开家人的视线。

大多数爸爸都是这样，常常主张包办男孩的一切，任何事都不让他们亲自动手，生怕出现什么不好的后果。殊不知，这样的做法对男孩的成长是有百害而无一利的。

男孩勇敢品格的培养，离不开爸爸的教育和影响。比如，可以给男孩多讲些名人、英雄人物的故事或动画电视，让他们以英雄为目标，内心深处受到大人物的感召。如果你的儿子性格比较安静、内向，想让他勇敢起来，就要抓住他的一次积极表现，充分肯定。

要在保护儿子自身安全的前提下，放手让儿子去尝试。比如，爬树不仅可以锻炼男孩手和脚的协调性，还能活动全身肌肉，是一种积极有益、值得鼓励的活动，即使不小心受一点儿轻伤，也是一次富有教育意义的宝贵经验。

同时，当儿子做了那些冒险的行为，只要不是太出格的，都不要批评。即使儿子受了点儿小伤，也不要大惊小怪，他们的伤口愈合能力非常强，可能今天有点儿疼，明天就没事了。你的大惊小怪，只会增加儿子的恐惧，让他变得畏首畏尾。

对儿子影响，要从小事入手

日常生活中，爸爸们应该站在男孩的立场考虑问题，不要以成人的眼光与标准判定他们的行为。总是让他们按照自己的要求去做，只会抹杀了他们的创造性思维与尝试的信心和勇气。所以，爸爸们，放开你的手吧！多给男孩一些空间，让男孩勇敢地尝试，即使失败了，也会是他们人生路上的一次丰富体验。

爸爸给阳阳买了个玩具娃娃，在后面有一个发条，它可以像不倒翁一样来回摇晃，还会发出嘿嘿哈哈的笑声。阳阳对这个玩具爱不释手，每天都沉浸其中。可是玩了几天后，阳阳对玩具娃娃的内部产生了很大的兴致。

于是，阳阳就一个劲地问爸爸："为什么没有电池也能叫啊？它的里面有什么？"

其实，阳阳爸爸早就看穿了阳阳的心思，他想拆开娃娃看看，可是又怕挨骂——那可是新玩具啊。于是，阳阳爸爸说："爸爸还真不知道它里面是什么，要不然你自己拆开看看，然后给我讲讲？"

阳阳一听，兴奋地找来螺丝刀，认真地它拆了起来。

在生活中，只有像这位爸爸一样，站在男孩的立场，敢于让男孩尝试，才是真正地爱孩子。培养男孩勇敢，就要从小事上入手。

如果儿子怕打针，每次打针都会大哭一场，以致一看到白大褂的人就避之不及，这时爸爸应安慰他："打针就疼一下，只要勇敢些，马上就不疼了。不打针会让你病得更重，到时候就不能和小朋友玩去了。"

如果儿子夜晚对大人过分依恋，不愿意独睡，不能因为怕他哭闹，就一味迁就他，应及早分睡，培养他的独立意识和战胜困难的勇气。

如果儿子上课不敢回答问题，不要对他说："我小时候也非常怕老师！"

如果儿子不敢骑自行车，不能对他说："我小时候学骑自行的时候，经常摔跟头，可疼了。"

事情即使发生很突然，也要冷静应对

进入社会，在成家立业后，男孩遇到的问题和困惑可能会更多。每遇到一件事就着急上火，不仅无益于事情的解决，还容易让他人对自己产生不信任。为了减少自己对儿子这方面的负面影响，生活中不管遇到任何事，爸爸们请一定要保持冷静。不管事情多严重，既然已经发生，只能面对，要是连你都火急火燎的，儿子怎么办？

想想看，生活中有没有出现过这样的场景：

刚刚发生了轻微的地震，微信朋友圈中便火爆了，人们都开始忙着应对大地震的准备，有些人甚至已经往楼下跑了。你则对儿子说："大震躲不过，小震不用躲。"

老人得急病进了抢救室，你在抢救室外来回走动，不停地嘀咕着："怎么办？怎么办？"

本来周末要去参加同学婚礼的，可是家人打电话说，周末要过来。一边是同学，一边是家人，你感到有点儿手忙脚乱。

问题：

类似的小片段在你的生活中，是不是也经常出现？你是如何应对的呢？如何应对才是正确的呢？

去年夏天，我和几个志愿者去河北的一个贫困县看望贫困户。在一户人家，我看到亮亮。亮亮当时九岁，在附近的小学读书。亮亮妈在他出生后就去世了，爸爸则在路上被撞身亡，亮亮和奶奶相依为命。因为没有找到肇事者，家里又失去了顶梁柱，祖孙二人的生活自然很艰难。

可是，在我和亮亮聊天的过程中，我丝毫没有从他的眼神中看到绝望。他是一个阳光的男孩。我问他，和奶奶生活苦吗？他回答说："挺好的！我爸出事那会儿，有点不适应，后来也就想开了。我爸虽然文化只有初中水平，可总是对我说，男子汉不管将来遇到了什么事都要冷静。"

是啊，既然事情已经发生，着急上火有什么用，冷静面对才是上上策！

现在，很多男孩都是在蜜罐里长大，在中国传统的尊老爱幼观念的影响下，家长对男孩的溺爱，越发不可收拾。因此，很多男孩面对突发事件丝毫没有准备，面对突如其来的变故竟然完全没有概念。

多数爸爸对男孩的教育，往往只限于在身体健康、学习成绩上下功夫，最多就是"德智体美劳"全面发展，对男孩解决突发事件的能力似乎无人问津。当遇到这类事时，几乎很多大人也不清楚怎么办，更何况是一个男孩。可悲又可笑的是，很多男孩居然这么大了，连灭火器都没有摸过，一旦发生火灾，他还怎么保护自己？

当男孩独自在外，突遇火灾、地震、洪水、翻车或是别的事故时，他会怎么做？他能够镇静下来吗？如果是你呢，你会怎么做？冷静，是男孩健康成长的一个重要起点。在儿子的一生中，总会有一些突然事件，怎么办？慌里慌张，还是冷静面对？答案当然是后者。

向儿子灌输面对突发事件的应对技巧

新闻中，经常会看到一些天灾人祸，很多人都觉得那些灾难似乎距离我们很遥远，但是没有人知道，明天和意外哪个先来。所以，爸爸们要通过新闻中发生的状况，给男孩讲解应对的技巧。

元旦前夕，商场里人潮汹涌，一个七岁的小男孩在那里哭泣了半天，引来了很多人的围观。这时，一位保安过来，得知他走失了，便将其领到了服务台。

过了一会儿，商场里传出了一起寻人启事的声音。还没广播完，就有一个男人急匆匆赶到了服务台，他急切的眼睛，看见儿子后，两个人便在一起抱头痛哭。

虽说这件事有惊无险，不过，父子俩的反应出乎人的意料。

儿子还小，未来之路还很长。行走在这条成长之路上，遇到突然事件在所难免，比如家人突然离世，突遇火灾、洪水、车祸、雷电，这时候最好的方式就是将应对突发事件的方法直接告诉他。

男孩是一个独立的行为个体，了解必要的应急技巧非常重要。和爸爸在一起的时候，固然爸爸可以做出决断，但如果他是独自面临危险呢？因此，对他们来说，掌握一定的技巧，还是非常必要的，比如知道爸爸的电话，遇到问题及时求救；记住110、120、119等紧急电话号码，发生危险立刻拨通。此外，爸爸平时应该有意识地培训男孩的自救意识和能力。

对儿子进行适当的勇敢教育

有一次，我看到几个小男孩在广场上做游戏，大人们则在一旁的角落里聊天。这些孩子跑来跑去，玩得不亦乐乎。忽然一个孩子不小心跌倒了，鼻子里的血不停地往外淌。看到这一幕，其他的孩子都吓傻了，呆在那里不知道该怎么办。

这个时候，只有一个小男孩的表情非常冷静，跟旁边的同伴说："快去把他爸爸找过来。"接着，小男孩来到这个摔倒的孩子面前，一边将他扶起，一边说："谁带着卫生纸？"小男孩拿到卫生纸后，塞住了出血的鼻孔，然后告诉他把头仰起来。

面对这突如其来的状况，为什么小男孩如此冷静呢？后来我才知道，这个小男孩的爸爸平时就教育和培训儿子，事情不论有多危急，都要保持冷静，这样才能想到解决办法。

可见，小男孩对这一次的突发事件的完美解决，得益于爸爸的教育。我们也要学习这样的教育方法，鼓励男孩在突发事件发生时，保持镇静，不慌不忙。

面对突发事件，人最需要的就是冷静处置。对于男孩而言，只有平时了解甚至熟悉掌握了问题的处理方法，才能在以后的生活和工作中，更加镇定。

爸爸们从小就要教育儿子果断、坚强、勇敢、不屈不挠。例如：

让儿子在小时候就养成单独睡觉的习惯，激励男孩吃药不怕苦，打针、摔跤不哭不闹等坚强心态。

可以给儿子讲一些古今中外英勇杀敌、不怕困难、勇敢无畏的故事，或者自编一些弘扬勇敢、抨击胆小软弱的故事。

当儿子的行为确实表现得非常勇敢时，要给他一些鼓励；如果他们比较懦弱，就要给出一些切实可行的改变方法。

当然，也要让儿子明白勇敢和蛮干的区别，如果自己实在解决不了问题，一定要及时寻求别人的帮助。

敢于表达自己的意见，这样的男孩更自信

敢于表达，也是在未来社会中男孩应该具备的一项能力。我们都是有思想的人，每个人的想法都不一样，为了说服别人，或者让别人了解自己，就需要将自己的意见说出来。如果想让儿子成为顶天立地的男子汉，就要鼓励他多表达、让他多表达。

想想看，生活中有没有出现过这样的场景：

周末的时候，家人打算出去游玩。儿子发表了自己的意见，想去爬山。你却说："爬山又脏又累，我说了算，去科技馆。"

电磁炉出现了问题，缺少生活常识的你不知道该怎么办，儿子想到了好方法，你却不相信他。

对于儿子的每次插话，你都表示讨厌，只要男孩一说话，你都会用目光制止他。

问题：

类似的小片段在你的生活中，是不是也经常出现？你是如何应对的呢？如何应对才是正确的呢？

想必一些爸爸也看过一部叫作《绅士的品格》的韩剧，这部电视剧给我印象最深刻的一幕是：

回音归国，借宿老师伊秀那里的时候，面对与伊秀同住的可能是自己未来嫂子的人，回音似乎口无遮拦，大声地说出了自己的想法。于是未来嫂子责问，太无礼了吧？

伊秀替回音回答："有什么想法不要藏着掖着，要大声说出来，这是我教她的。"

"自己的想法就要勇敢大胆地说出来"是一个人心灵成长到一定程度，就必须认识到的一点。

每个男孩都会从迷茫到清楚自己内心愿望，从害怕、不自信地去表达到勇敢、自信地表达，从怀疑自己到坚定不移地做自己的转变，所以作为爸爸，一定要鼓励男孩勇敢地说出自己的看法。当男孩习惯表达了，他的心理状态就会积极、明朗，不会压制自我。

如果男孩比较内向，不相信自己，不敢去表达自己的想法，遇到困难与不统一，自我抑制、赌气、憋气，这样容易积累心理疾病，形成愤而不敢言、思而不愿言、痛而不知言的状态。

表达能力是男孩应该具备的一项基本能力，自己明明很有思想，就是满肚子的话说不出来，结果可想而知。对于男孩来说，领导力也是他们应该具备的一项能力，领导者一般都有着极强的表达能力，而且他们善于表达，敢于表达。因此，不管从哪方面来说，表达能力的提高对男孩未来的发展都是十分有益的。

引导儿子，让他更加相信自己

让儿子主动讲出内心的想法，是男孩走向成熟的重要一步。这个年龄段，鼓励男孩敢于表达，才能增加他们的自信。

我的一位同事，工作哪儿都好，只是教育儿子的方式我不敢苟同。

同事的儿子叫阳阳，一天早上，他高兴地对爸爸说："爸爸，我昨晚梦见一个奇特的世界，那里……"

爸爸摇摇手说："一个梦什么好说的，快吃饭！不然上学要迟到了！"

阳阳埋头吃完饭，拿起书包上学去了。

晚饭时，明明又想到早上说的梦，对爸爸说："我昨晚做了一个奇特的梦，可好玩了！……"

说了一半，爸爸打断他："吃饭吧，吃完还要写作业呢！"

吃完饭，阳阳说："我今天作业就几道题，一会儿再做。先讲完我的梦吧！"

爸爸很不耐烦说道："一个梦还讲什么讲。赶快去写作业，写完没事干就预习一下。"说完就走了，留下阳阳自己失落地待着。

作为爸爸，如果不善于观察，不能认真倾听男孩的话，让他憋在心里，不仅是不尊重他的一种做法，甚至还会影响他的一生——不敢面对他人尤其是陌生人；也不敢表达出自己的心声；不会有自己的想法，就算有，也不敢表达出来。

男孩如果比较自卑，就不敢将自己的看法及时表达出来，他们会认为，自己不适的表达会让自己变得难堪。所以，爸爸要树立男孩的自信，多多鼓励儿子，让他们注意到自己的独特能力，教会他们在表达时注意力集中在自己的完整想法之上，从而把自己的看法表达给身边的人，而不是在意别人对自己的看法。

由于生理发育的特点，男孩的表达能力相对欠缺一些，所以爸爸们要想办法通过各种途径来提高儿子的这一能力。比如：

如果儿子课堂表现积极主动，积极举手回答问题，就要适当鼓励他。

家里计划做什么事时，可以让儿子将自己的意见表达出来，即使不合适，也不批评他。

和儿子一起看电视节目的时候，如果儿子有了自己的理解，让他说出来，即使你觉得不对，也不要贬低他。

告诉儿子，你小时候是如何积极回答老师提问的。

告诉儿子，他的想法虽然不全面，但很有道理。

允许儿子提出不同的意见，并试着接受

男孩虽小，也有自己的想法，如果不能及时有效地表达出来，别人就不知道他在想什么。所以做爸爸的也要善于观察，给儿子机会，让他说出自己内心的真实想法。

王涛今年五岁，上幼儿园大班，马上就要升小学了。最近，为了方便儿子上学，家人准备在学校附近买套房子。家人忙得乐在其中，周末也不闲着，跑去问情况。可是王涛爸渐渐发现儿子的情绪不积极，好像新房子一点儿也激不起他的兴趣。

王涛一直是个内向的孩子，爸爸试着问他有什么看法，他说："爸爸，咱们可以不搬家吗？"爸爸微笑着，示意他将自己的想法说出来。

"我在这边有很多小伙伴，我们每天玩得特别高兴，搬家后就不能和他们一起玩了。"

爸爸听了他的话，决定尊重他的意见，不搬家了。

当男孩针对某件事提出自己的不同意见时，即使说得没道理，爸爸也不要贬低他，相反，应该鼓励他勇敢地表达自己的意见，并允许他坚持自己的看法，努力为他创造一个思想宽松、看法自由的成长环境。如果可以试着接受男孩的意见，还能让他变得更加自信。

只有鼓励男孩与众不同、放飞思想，才能使他们自由发挥，敢于发扬自我；才能让他们平和从容，坦然接受失败和挫折，并转化为成功的动力；才能使男孩拥有健康的心理，成为一个自尊、自信的人。

出门旅游，要问问儿子，想去哪儿？然后举手表决，多者胜。

家里做饭，要问问儿子想吃什么？不要只做自认为好吃的饭菜。

家里来了客人，要鼓励儿子和客人交流，即使说错话也没关系。

是男人，自己的责任，就要自己担

男孩懂事成熟的一个重要标志就是有责任感，对家人的责任感，对自己的责任感，对工作的责任感……没有责任感的男孩在他人眼里往往都是不值得信任的。是男人，自己的责任，就要自己担。

想想看，生活中有没有出现过这样的场景：

一个星期下来，脏衣服塞满了洗衣机，为了应付，你打开洗衣机胡乱搅了几下就不管了，结果有一件沾有污渍的衬衣没有洗干净。妻子提了出来，你却说："这么多衣服，嫌不干净，就自己洗！"

拖地的时候，由于没有拧干拖把上的水，地上湿漉漉的。儿子不小心滑了一跤，你大喊一声："走路也不小心点！"儿子回敬你："谁拖地有这么多水呀？"

儿子作业完成得不好，还一直强调是老师上课没有讲明白。你对儿子说："班里那么多学生一起听课，为什么人家的作业都做得不错，而你却不行。不要找借口，想想自己的问题……"

问题：

类似的小片段在你的生活中，是不是也经常出现？你是如何应对的呢？如何应对才是正确的呢？

瑞林是我朋友的儿子，今年九岁，每次去他家，他都会和妈妈一起招待我。

朋友的老公在一家外企做销售总监，经常要出差，每到这时候，瑞林就会和妈妈承担起家庭的责任。

一天下班，我去给这位朋友送书。刚去的时候，天气还不错，等我到她家的时候，大雨瓢泼而至。

朋友做了饭，留我在她家吃。看到大雨没有停的样子，我便泄气地说："这么大的雨，等会怎么回家啊！"没想到，瑞林却看了看我说："阿姨，不要着急，等会儿我和妈妈一起送你！"

听了男孩的话，我的心里感到一阵甜："怎么能让你送呢？你才多大？"

瑞林放下筷子说："阿姨，我今年都九岁了！"

朋友饶有兴趣地看着我和她儿子谈话，笑而不言。

我笑笑说："我这么大的人了，还让一个孩子送，传出去……"

瑞林站起来，用手比画了一下说："我都快一米五了，我爸说，他出差在外的时候，我就是家里的男人！女士遇到了问题，我就要帮着解决。"

我看着眼前的这个"小男人"，被他认真的神情所感染："你爸是这样对你说的？"

"是的！"瑞林点点头，"我爸说，我已经九岁了，平时在家里要像个男人样，要保护好妈妈！"

我知道，朋友老公的教育是成功的，因为他们的儿子确实担当起了作为男人应该承担的责任。作为家庭成员之一，不仅有享受的权利，对家庭也有着不可推卸的责任。在儿子小时候，爸爸们一定要将这种观念传给儿子。

一直以来，男性承担着更大的责任和义务，这是他们的生理优势所决定的。男孩虽然年龄小，但他们终有一天会长大，会成为真正的男子汉，因此必须从小让他们学会承担责任，这是无法逃避的。

如今，很多爸爸只重视儿子的智力发展和身体健康，忽视了责任感的培养。有些男孩做事的时候马马虎虎、虎头蛇尾、得过且过，生活中骄傲自满、无礼粗俗、冷漠无闻，甚至产生厌学、厌世的不良心态……一旦这些行为在你的儿子身上有所表现，很容易对他们的成长造成负面影响。因此，在他们小的时候，爸爸一定要培养起他们的责任感。

用正面的暗示，培养儿子责任感

一个做老师的朋友告诉我，她的班级里有一个特别聪明的男孩，但是他把自己的才智用在了不该用的地方。一天放学后，他不停地看电视，要睡觉了还没有写作业。第二天，老师跟他要作业，他却说："作业已经写完了，不过在家放着，忘记带了。"

我笑着回应朋友，这不是小男孩经常找的说辞嘛！可是，朋友却叹了口气，给我解释，男孩之所以有这样的毛病，很可能是受他家长的影响。

由此可见，责任感是男孩首先应该具备的一项品格，一个连责任感都没有的男孩，怎么会获得他人的认可和尊重？作为儿子的最佳影响者，爸爸们也一定要高度重视这个问题。

如果男孩具备责任感，不管做什么事，都会竭尽所能，即使完成不了，他们也会顾及他人的感受，不会推卸责任，因此他们更容易获得别人的信任、认同和支持，更容易对群体有所贡献，更能提升能力。

男孩小时候，爸爸们就要有意去培养他们的生活自理能力，可以根据他们的年龄和能力，给他们布置一些任务。上了幼儿园，让他们学会自己穿衣服、吃饭，帮妈妈拎购物袋；七八岁的时候，要让他们学会自己收拾房间，自己叠被子，整理自己的图书，修补自己的玩具，帮助摆放全家用的餐具，饭后扫地、倒垃圾、打扫楼道等。

爸爸对儿子的影响至关重要，一定不要用负面的心理暗示对待他们，比如：

不要对他们说，我小时候可是家里的宝，什么事都不用做。

不要对儿子说，我小时候都是爸爸帮着做，自己从来都不动手。

当儿子在自己修补玩具的时候，不要抢过来帮着修。

当儿子想自己洗碗时，一定不要拒绝，更不能否定他们的努力。

让儿子对自己的行为后果负责

有一个小区发生过这样一件事：

一天夜晚，多辆轿车被石头划得面目全非。此事发生后的第二天中午，有人到居委会自首，说是他儿子干的，并且他愿意承担所有费用。

爸爸带着小男孩挨家挨户地找到车主，表达歉意，最后和12位被划车主达成协议，给那些被划伤的车喷漆保养。

此外每位车主还收到了一件特制的小礼物——爸爸让男孩自己想一个道歉的方式，于是他折了12只小纸船，纸船上工工整整写着：对不起。

现实中，不少爸爸认为儿子还小，不懂事，对他们犯的错，要么从来不往心里去，要么就是不了了之。殊不知，一次次地姑息迁就，或者把男孩应当承担的责任强行揽到自己的身上，最终将会给未来的人生埋下隐患。案例中的爸爸用切实行动让男孩知道自己犯下的错，并让他自己承担一定的后果。

男孩一般都好动、调皮，大错不犯，小错不断。教育男孩，既不是完全束缚他们，也不是不允许他们犯错，而是要让他们在犯错之后懂得承担责任和后果。一个合格的爸爸，会注重从小培养儿子的责任感，并让他们在一次次的错误中学会如何承担责任，并对自己的行为负责。可是，如果犯了错他们却不知悔改，必然不会成长。

实践证明，一个男孩如果犯了错，对自己的行为不知悔改，丝毫没有承担责任与后果的意识，那么对他的教育就是失败的。因为这样的他们很难形成社会的归属感，也很难适应社会生活，所以爸爸们为了儿子的未来，应从现在开始，改变自己之前的错误认知，想办法培养儿子的责任感，让他们意识到自己的行为后果要由自己负责。

本章小结——说给爸爸的话

※ 没有风险就没有机遇，同样成功也就无从谈起。冒险使人获取财富，冒险使人赢得成功。然而，冒险不一定会成功，但不冒险一定会失败。如果男孩长大想成就一项事业，甚至想取得显著的成功，就必须具备独立自强、勇于冒险的性格。

※男孩是一个独立的行为个体，了解必要的应急技巧非常重要。但是面对突发事件，最需要的就是冷静处置。对于男孩而言，只有平时了解甚至熟悉掌握了问题的处理方法，才能在以后的生活和工作中，更加镇定。

※表达能力是男孩应该具备的一项基本能力，自己明明很有思想，就是满肚子的话说不出来，结果可想而知。对于男孩来说，领导力也是他们应该具备的一项能力，领导者一般都有着极强的表达能力，而且他们善于表达，敢于表达。因此，不管从哪方面来说，表达能力的提高对男孩未来的发展都是十分有益的。

※如果男孩具备责任感，不管做什么事，都会竭尽所能，即使完成不了，他们也会顾及他人的感受，不会推卸责任，因此他们更容易获得别人的信任、认同和支持，更容易对群体有所贡献，更能提升能力。

Part 19 远离自卑的自己，自信的男孩最卓越

连自己都不相信，让别人怎么相信你

每个人都有一定的能力，只不过有大有小。在未来的一天，男孩都要成家立业，不管是学习，还是工作，如果连自己都不相信自己的能力，必定无法在激烈的竞争中获胜。因此，让儿子相信自己的能力，爸爸们就要从自我做起，给他们做个好榜样。

生活片段再现：

儿子想在睡觉前跟你玩游戏，可是你却急着睡觉，便说："快睡吧，明天再玩，每次你都输！"

学校开运动会，要求孩子们每人至少报一个项目，儿子想报 100 米，可是又不敢，你便鼓励他说："好好练习一下，一定能成功，爸爸相信你！"

无论在生活中还是工作上遇到了困难，你都相信自己能很好解决。

商场搞活动，只要微信扫码就可以参与。儿子想参加，你却拦着不让。

问题：

类似的小片段在你的生活中，是不是也经常出现？你是如何应对的呢？如何应对才是正确的呢？

去年的一天，我带女儿去天坛公园玩。在一个走廊，突然传来一阵小提琴的声音。我和女儿都被吸引了，循着声音，我们看到一个中年男子和一个男孩。

中年男子靠坐在走廊的柱子上，闭目养神，时不时还随着琴声打着拍子。他的旁边有一个男孩，挺直地站在那里，左手拿琴，右手拉弦，虽然拉得曲子很短，但很认真。

我们在离他们不远的地方停下来，女儿拿出照相机，飞快地给他们拍了几张照片。

一首曲子完毕，中年男子将男孩叫过去，说了几句话，男孩又开始接着拉。

我走到中年男子身边，赞许地说："拉得真不错！"

中年男子微微一笑："刚学了两年。"

我问："怎么不在家里练习？"

他说："在这里拉，不会影响到别人。而且，这里氛围不错，可以很快投入进去。"

我又问："他还这么小，愿意跟你出来呀？"

中年男子说："开始他也不愿意，可是我跟他说，我会陪他，而且保证自己每次能做到。儿子就同意了。他演奏，我旁听，每个周六、周日的早晚都出来。起初他也不自信，也打过退堂鼓，可是见我工作这么忙都能坚持下来，他对自己更有信心了，还说'爸爸你能做到的，我也能'。"

大多数初学拉琴男孩都不愿意在大庭广众之下演奏，可是，面对如此自信的爸爸，这个男孩还能说什么呢？

相信什么，就会获得什么。如果连想都不敢想，肯定不会梦想成真；如果相信会成功，就一定能开启成功的大门；如果相信自己是最好的，那么你一定会成为那个独一无二的自己。只有自信的爸爸才能教出自信的儿子，如果你连自己都不相信，又怎么能希望儿子自信呢？

相信儿子，你很棒

我的一个男同事，他儿子童童12岁了，刚上初中，由于学校和我们公司离得比较近，有时候童童就来我们公司等爸爸下班。时间长了，我们就熟了。

只要一来这里，童童就会找个空位置掏出书本写作业。每次他写作业都糊里糊涂的，而且字也扭扭歪歪，因为这个老师多次找他谈话。同事为此非常着急，便给童童买来一套钢笔字帖，告诉他："每天等我下班的时候练习5页，只要坚持3个月，你肯定能把字写好。"

刚开始，同事的兴致很高涨，男孩也很新鲜，每天都认认真真练习5页钢笔字帖。可是十多天过后，童童就松懈下来，不想再写了。

同事看儿子懒散的样子，恨铁不成钢，对他怒道："你真是没出息，坚持了几天就不行了，以后还能干什么？"童童听了感到很难过。

看到童童每天辛苦练字，愁眉苦脸，也没有多大起色，同事最后索性不管他了。最后，童童也放弃了。又过了一段时间，我们发现童童不像以前那样活泼了，他每天都唉声叹气，写着一脸的自卑。

得不到爸爸的信任，儿子就会对自己的能力不信任，从而变得意志消沉、自暴自弃，失去前进的动力。大量事实证明，不被爸爸相信的男孩，一般都缺乏自信，甚至会自卑。可见，爸爸的信任对儿子是一种无形而巨大的力量，它像升起的太阳，能驱散他们心中的阴霾，使他们获得勇气和自信。

由于年龄小，男孩的性格没有成形，也没有自己的主观能动性，自然会对爸爸产生依赖，认为爸爸说的一切都是对的。所以，爸爸要做到真正相信儿子，这样他们不但能用同样的信任回答爸爸，还能更有勇气去抵抗失败和挫折，未来也不会畏惧艰难险阻。

爸爸们一定要多对儿子说这样的话：

我相信，你一定能做好！

爸爸相信，你可以在规定的时间里将作业做完。

我相信，我儿子一定可以和同学处理好关系。

为儿子提供帮助，让他成为男主角

很多爸爸口口声声说对自己的儿子有信心，可是儿子若真出现了问题，他们却不相信儿子可以自己解决。他们往往既不想办法帮儿子减轻压力，也不为他们提供解决问题的方法，而是在儿子身边喋喋不休、牢骚不断。

六一儿童节，各班都要出节目。班主任自创了一个小品，让一个叫强强的男同学做小品的男主角、我女儿做女主角。对此，很多同学都觉得不好，他们认为强强平时太过于沉默内向，不适合演小品。

为了培养两个孩子的默契，我特意和强强爸商量，轮流去两家练习。

这天，当我带着女儿来到强强家时，发现强强心情非常失落。为了不影响练习，强强爸鼓励他："你可以做到的，只要你用心，多多练习，你就是最棒的！"

有了爸爸的鼓励，强强有了劲儿。果然，强强很努力，每个动作都练习很多遍。

为了让两个孩子更加投入地表演，强强爸居然在淘宝上购买了演出的衣服和装饰。有了爸爸的支持，强强更卖力了。

每一个人都有无限潜能，信心的力量也确实不可思议。成长过程中，男孩会遇到形形色色的问题，以及各式各样的困难，也会经历很多失败，如果爸爸能坚定地告诉他"你是最棒的，爸爸相信你，你也要相信自己"，那么男孩就会更加相信自己的能力。

受年龄和经验的限制，很多男孩常常觉得自己什么事都做不好。这个时候，爸爸必须以自己的生活经验给他们提供一些力所能及的帮助，让他们相信自己一定能够做到。

儿子如果想自己写科幻小说，可以给他们多买一些这方面的书，供其参考。

如果儿子想利用物理原理做一些手工，可以和他们一起准备需要的材料。

如果儿子某一类的题目不会做，可以搜集一些相关的题目，让他们多做几遍。

如果男孩想为老人买个礼物可是钱不够，可以给他们一些资金上的帮助。

相信自己的判断力，即使错了也无所谓

不管在生活中，还是在学习中，都需要对事情做出判断。只要认为自己是对的，就要相信自己。即使答案揭晓的一刻，发现自己确实想得不全面，也总比飘忽不定强。为了给儿子积极的影响，作为男人的你，只要是自己认真思考后做出的判断，就一定要坚定。

生活片段再现：

儿子做作业的时候，即使将题目的答案做了出来，你也会怀疑他的结果是不是正确。

整理书桌的时候，你发现要送给朋友的礼物不见了，便盘问儿子。儿子没有拿，然后说："我觉得可能是妈妈拿了，昨天我看到她在看这件东西呢。"你接受了儿子的建议，打电话询问，果然如此。

你要去参加一个同学聚会，想以最新的形象出现在同学面前，试穿了几套衣服，都觉得不合适，最后让儿子帮你拿主意。儿子凭着自己的直觉，让你穿那套衣服，可是你却反悔了："一个小毛孩懂什么，还是我自己选吧！"

问题：

类似的小片段在你的生活中，是不是也经常出现？你是如何应对的呢？如何应对才是正确的呢？

为了鼓励孩子之间互相学习，女儿班级的同学组成了对子，女儿的同桌是个男生，由于我们两家同住一个小区，因此两个孩子也就结成

了一对。每天放学后，他们都会一起回来，在两家轮流写作业。

这天，我接女儿从男孩家出来。女儿一出来就对我说："今天，李桐的爸爸生气了，还打他了。"我问为什么。女儿说："有一道数学题我们不确定，李桐去问他爸。结果，他爸告诉的方法和李桐分析的一样，他爸说他不相信自己的判断，然后就打他了。"

女儿似乎也有些害怕，因为我老公从来都没有打过她，而且为了一道题打孩子，似乎有些过分了。

男孩还小，知识点掌握不牢，自然容易怀疑自己的判断力，这很正常。连成人都有时候会怀疑自己，更何况是他这样的小孩子？

判断力，是每个男孩都应该具备的一项能力。面对纷繁复杂的问题，只有判断力强的男孩才会在最短的时间里找到最佳答案。可是，对于男孩来说，判断力的培养并不是一蹴而就的，爸爸的一项重要工作就是引导男孩逐渐提高自己的判断力。

在生活中，很多男孩都没有权利表达自己的真实需求，其中一个重要的原因就是爸爸根本不相信他的感觉和判断力，因此面对表情冷漠的爸爸，儿子常常无言以对。

家庭话语权一直被爸爸占据，父子关系就会不平衡。爸爸让干什么就干什么，叫玩什么就玩什么，不让碰的东西从来不敢碰，时间长了，男孩永远都无法"断奶"，身边只要没有爸爸，就会感到彷徨。看到这儿，爸爸们是不是应该反思一下，改变自己之前对孩子的态度和方式呢？

不要将自己的感受加到儿子身上

以爸爸多年的经验，他们常常觉得儿子的很多想法是空洞的、搞笑的、低级的，缺乏思考和真实性。以至于他们总是有意地去矫正男孩的所谓偏激，要他们回到"正常"的轨道上来。其实他们并没有意识到，他们的这种做法完全忽视了儿子的感受。

冬天的一天，一个妹妹结婚，我们和老公的弟弟相约一起去吃酒席。由于距离比较近，我们决定走着去。当我们在小区门口看到弟弟和他儿子小星的时候，笑喷了。

小星简直就是一个肉丸子，老公的弟弟同样如此。

"怎么给他穿这么厚？"

"天气冷，风又大，担心他感冒。"

小星听了我们的谈话，不高兴地"滚"到前面："我不想穿，他非要让我穿！"

我说："小孩子活动量大，一会儿就热了。而且，穿多了，活动也不方便！况且咱们一路走着去，不会觉得冷。"

一路上，不时冒出一两个玩耍的孩子，他们都穿得单薄，有的甚至只穿一件轻薄的毛衫。

"天哪，这些孩子怎么没人管啊，不感冒才怪！"弟弟出乎意料，对我们说。

"不知道，说不定他们玩起来并不觉得冷。"我给了一个不算回答的回答。小星扭头看了我们一眼，然后撇了撇嘴，看样子，之前的气还没消，又憋了一肚了新火。

等我们到酒店的时候，酒店开着暖气，父子俩热得受不了了，只好去洗手间脱衣服。

网上有这么一句话"有一种冷，叫你妈觉得你冷"，用在这里，可以说成"有一种冷，叫爸爸觉得你冷"。生活中总有这样的一些爸爸，他们总自以为是，把自己的想法捆绑到儿子身上。殊不知，这种做法使男孩不能独立思考，甚至会逐渐磨灭男孩的自我意识。

男孩活泼好动，天不怕地不怕，对于生活的冷热酸甜，他们都会有自己的感受，在做和儿子有关的事情时，最好问问他们的意见，千万不要觉得你是爸爸，就认为你所有的判断都是对的。

为儿子多提供一些机会

在我们小区有家玩具店，不仅卖玩具，还会提供一些玩具让孩子们免费玩。每次，只要上了新玩具，店主都会给孩子们现场演示；简单一些的，会让孩子们自己玩。因此，每到周末，这里都会聚集大量的孩子。

我也曾带女儿来过这里几次，但每次都能看到一个小男孩，个子中等，大概有六七岁的样子。在我看来，每次都出现在店里，而且能占据主要玩具的孩子，通常跟店主有着不一样的关系。果然，当我带着好奇心问店主的时候，店主直言不讳："我儿子！"说话时，他的神情带有些许自豪。

"你支持儿子玩玩具？"我好奇地问。

"恩，学习之余玩玩！"店主呵呵一笑。

"很多人都说，孩子们老玩，会沉溺其中，忘记了学习。"

"喜欢玩就玩吧！也许真能玩出什么东西呢！再说，这些都是课堂学不到的！"

我赞许地点点头。

　　店主接着说："咱们小时候哪有这条件，我小时候就特爱摆弄一些东西，可当时没这么多玩具，于是，家里的自行车、缝纫机、铁锹、钢笔……都成了我的玩具。拆了装、装了拆……结果……"

　　"成了工程师？"经验告诉我，动手能力强的男孩长大后很可能都会成为机械工程师之类的。

　　"没有！我学习不好……倒是没少挨打。"店主又是呵呵一笑，接着说，"我开了一个汽车修理厂。"

　　"那你儿子呢？"

　　"这一点，我儿子很像我。从小就喜欢玩玩具，拆了装、装了拆……汽车、飞机模型等，我也不断地给他买。我不怕他拆……他四岁的时候，简单的玩具已经满足不了他了。后来，我就开了这家玩具店。这样，他就可以拆卸更多的玩具了。"

　　"如果他玩的时候遇到问题了，比如拆完之后装不上怎么办？"

　　"不管他！让他自己想办法！他都这么大了，玩了这么多年了，还用我替他想？不过，很多问题他都自己解决了。即使有时候我想帮他，他也不让！"

　　和店主聊完之后，我便来到玩具店看孩子们玩。桌子上放着一款新式飞机模型，显然男孩已经将它组装好，正在给伙伴们讲解飞机的构造，讲得还有模有样……

　　这个店主为何如此笃定儿子肯定能够玩好，还不用自己帮忙？这跟他自小的经历是分不开的。或许，正是由于自己小时候享受了拆装的自由，才有了对儿子教育的感悟。当众多家长都在让儿子上各种辅导班的时候，他却选择了让儿子玩，拆装各种玩具。

　　男孩通常都好动爱玩，因此爸爸更应给他们足够的自由和信任。

　　当儿子针对某件事物做出判断的时候，爸爸应该告诉他们：要相信自己的判断，不要被外界干扰。

　　当儿子对某道题的答案不确定的时候，要对他们说：相信自己的判断和分析，如果不确定就翻翻课本，想想老师是怎么讲的。

他人的话只是流言，正确认识自己最关键

　　正确认识自己，需要的不仅是判断力，还有很强的敏感性。他人之言仅代表了他们的心意，不管他们说什么，坚持自己才是最重要的。当儿子的某个言行受到人们的讥讽时，爸爸们要坚信儿子能对自己做出正确的认知。

想想看，生活中有没有出现过这样的场景：

儿子上了一期的书法班，小区里好几个孩子都在学，家长们聚在一起的时候，就会讨论谁写得好，谁写得不好。儿子听到有人说自己不好，很不高兴，你劝他说："喜欢书法就认真学，不要在乎别人的闲言碎语。"

六一期间，学校要组织孩子们一起出去玩。儿子想穿自己喜欢的蓝色T恤，可是他妈妈却说不好看，儿子无法决定。你对儿子说："我觉得挺不错的啊！只要自己觉得舒服就行，别管别人怎么说。"

儿子很喜欢天文，为了让他考个好成绩，你却极力制止他对天文的兴趣，经常会说："看看自己的成绩，还有脸做其他事！想想老师在家长会上是怎么说你的，真是丢人！"

问题：

类似的小片段在你的生活中，是不是也经常出现？你是如何应对的呢？如何应对才是正确的呢？

这天，接女儿放学的时候，在学校门口看到这样一对父子：男孩低头哭泣，而中年人却一副凶狠的表情。

中年人指着男孩："真是丢死个人！咱家什么没有，为什么要拿人家同学的动漫书？"

男孩据理力争："没有！我没有偷！"

看儿子不承认，中年男子便骂骂咧咧地开始推搡儿子。

围观的家长和孩子们陆续散去，这对父子也回家了。

女儿告诉我，这个男孩是她的同学，坐在教室后排。上课不遵守纪律，作业完成得也不好，总被老师叫家长。

其实，对于这样的男孩，我还是对他们多一些心疼的。虽然调皮捣乱、上课不听讲，可是他们也有自己的个性，学习不好不代表其他方面的能力不行。

下午送女儿上学的时候，我又遇到了这对父子。男孩看到我女儿，大声地和我们打招呼，和两个小时之前的样子判若两人。

中年男子看看孩子，又看看我，笑了："中午放学那会儿，我有点情绪失控。"

我也报之以微笑："孩子们都调皮。"

中年男子说："我真以为他拿了同学的动漫书。回家之后沟通才发现，错怪他了。我没有收住性子，居然还不如个孩子！"

我说："遇到这种情况，大人一般都会着急，谁都不愿意自己的孩子这么小就偷东西。"

"是啊！回家之后，我儿子对我说，那些都是流言，让我相信他。"

"你儿子心态很健康！"

"嗯！从小我也是这样教育他的！我没有正式工作，每天早上在街上卖煎饼，工作不太体面。可是，我又不想让自己影响儿子，于是经常对他说，要相信自己，不要管别人说什么。没想到儿子居然记住了，而我却忘了！"

"嗯！着急上火的时候，什么都想不起来！"

看到孩子们走进了教学楼，我们两人也停止了谈话。中年男子骑着电动车离开，看着他远去的背影，我的心则不平静起来。

生活在别人的闲言碎语中，始终靠别人来衡量自己，就会迷失在别人的指指点点中，无法挣脱。只有相信自己，正确认识自己，才不会因为别人的闲言碎语而自寻烦恼。因此，对于别人的看法，听一听就行，不要理会，只有引导儿子相信自己、坚持自我，才能身心健康，远离自卑。往往这个时候，爸爸的正确引导显得非常关键。

勇敢做最好的自己

男孩一般都很难客观地对自己做出评价，而且他的情绪会根据别人的评价而变化。所以，当男孩在外人的评价中迷失了自己的时候，作为爸爸一定要鼓励他，简单的一句"儿子，你要相信自己，你很棒""爸爸最了解你，加油""爸爸永远支持你、相信你"都会给他们莫大的信心。

小明已经不再是一个小男孩了，可做事还总是缩手缩脚，在陌生环境里不敢说话、不敢表现，更不敢去表演节目。因此爸爸觉得，他就是一个笨男孩。

每当他想尝试发言的时候，总会想起爸爸的口头禅"你真笨"。平时，爸爸和自己做游戏，如果自己犯了一点错误，或者一下没做好，爸爸总会说："你怎么总笨手笨脚的。"

时间久了，小明也自以为自己是一个大笨蛋，做什么什么不会，会做也做不好。

很多家长经常这样说"你真笨""你就是个拖拖拉拉的人""你真没出息"等，其实，男孩本来不是这样的，总是在某一次失误中被贴上标签。而且，糟糕的是，爸爸们都没意识到什么时候给自己的儿子贴上了那么多的标签。

当男孩被贴上了这样的标签之后，日子久了，这种标签就会深入他们的潜意识，开始让他们自动去扮演这个角色，到最后，真的成为这个角色。

比如，当爸爸说男孩"你真笨"时，儿子一定会认为爸爸说的是真的，干什么都不会再去尝试，恶性循环，长此以往，他的自信心会越来越低，也会觉得自己什么都做不了。

所以，爸爸们必须要清点一下自己的言行，看看有没有无意中给自己的儿子贴上某一种标签。

从心理学上来看，有些男孩虽然看起来不求上进，但有被尊重与被认可的需要。一旦这种需要得到满足，体会到自己的价值，他就会信心满满。所以，从今天开始，请爸爸们相信自己的儿子，不给他们贴任何标签，让他们做最好的自己。

相信自己的儿子是独一无二的

每个男孩都有他的特点，不管是优点，还是缺点，都是世界上独一无二的。所以，爸爸要细心发现自己儿子的优点，不要拿自己的儿子去和别人家的孩子比较，更不要拿儿子的缺点和别人的优点比较，因为这非常容易让男孩感到挫败。

对于这点，小波的爸爸就做得很好。

一天，小波放学了，一出校门就撅着小嘴，一副很不开心的样子。爸爸看见了，就问小波："怎么今天不高兴呢？可以说说你的心事吗？"

小波埋怨爸爸："爸爸，你为什么把我生得这么矮呢？今天有同学嘲笑我是小不点儿，我很生气。"

小波爸听后，笑着说："你认为自己真是这样的吗？小男孩生长发育的时间段很不一样，你可能属于发育迟缓的。况且你现在还不到10岁，还有好多年可以长个子，不要着急嘛。再说了，你的个子虽然不如他们高，但是你比他们聪明呀！"

小波听了爸爸的话，马上变得自信起来。

随着社会的发展，很多人开始研究父子关系，父爱是不求回报的爱，儿子对爸爸的信任也是没有条件的。案例中，爸爸及时地将小波的认识误区扫清，从而把他的自卑心态从性格之中抽离，使他能理智地看待自己，不再受别人的流言左右。

每个男孩都有自己独一无二的特点，爸爸必须能正确引导他们，将不利影响降到最低，让他们相信自己是最好的。

每个人都有缺点，要正视，不逃避

人无完人，更何况是一个小男孩。在他们身上，他们的缺点往往比优点多，比如上课注意力不集中，课堂爱捣乱……当爸爸提出批评的时候，有些自尊心强的男孩，就会摆出一副极力逃避的样子。儿子的行为都是爸爸行为的辐射，想想看，自己是不是经常这样做来着？

想想看，生活中有没有出现过这样的场景：

做作业粗心是儿子的缺点，当你跟他说明之后，他慢慢改正了。

你非常在意自己的儿子，只要和别人谈论起来，满口都是"我家儿子什么都好"。

在儿子面前，你是一个没有缺点的人，因此即使做错了事，也不会承认。

问题：

类似的小片段在你的生活中，是不是也经常出现，你是如何应对的呢？如何应对才是正确的呢？

从半个月前开始，每次带着女儿到小区的广场上玩的时候，都会看到一对打篮球的父子。

爸爸的球技很高，虽然我不太懂篮球的规则要领，但人家投球是百发百中，相信他的技术定然不错。可是，男孩的球技就逊色很多了，连投几个，各个不中。每次输了球，男孩都会看一眼爸爸，然后将球传给对方。爸爸也不多言，指导着儿子的球技。

这天我和女儿又来到了这里，女儿骑着自行车玩儿，我则坐在一边，看这对父子打球。由于离得比较近，他们的话也就慢慢传入了我的耳朵。

男孩："爸，我实在是不行了！"

中年男子："再投几个！"

男孩："我说过，我就是没有这方面的天赋，还是让我去学跆拳道吧！"

中年男子："你怎么知道没这方面的天赋。以我的水平，完全可以教你打篮球。跆拳道就不行了。"

男孩放下球说："还是不行。我去学跆拳道吧。很多同学都报名了，我也很喜欢，想学。"

中年男子："你这么不愿意打篮球啊？"

男孩笑笑说："我的个子还不够高，等我长你这么高了，可能打篮球就可以了。"

中年男子不再说话，想了想说："那就明天去少年宫报名吧！"

成长中的每个阶段，男孩都会暴露出一些缺点和不足。爸爸的责任，就是要抑制男孩的缺点，培养他们的优点。发现了儿子的缺点要冷静理智，找出他们犯错的根源，修正他们的错误，帮助他们在缺点中培养优点。

自我意识的认识不清，会计儿子的发展停滞不前，甚至倒退，爸爸们一定要多加注意。面对儿子的缺点和不足，爸爸不要想着他们能一下改正，要多跟他们心平气和地沟通，正确引导他们认识到自己的缺点和不足会给自己带来什么样的危害，让他们主动去慢慢改正。

要信任、尊重和支持儿子，让他们获得自信，让他们学会自省，叫他们从心底感激你，这样，他们的未来才会不辜负爸爸的期望。

客观地看待儿子身上的优点和缺点

我曾在一家餐馆见到这样一对父子，那个小男孩很小，大约四五岁，爸爸看起来不到三十岁。一进门，爸爸就开始不停地数落小男孩，说他不听话，爱黏着大人，并且威胁他再黏人就送他去和奶奶住。

起初，小男孩还反抗说他不要离开爸爸，要去上幼儿园。结果，爸爸一句"你太小了，幼儿园不要你"轻易战胜了小男孩，让他不再想幼儿园的事。在这个过程中，爸爸一次次地把小男孩揪着他衣角的手扒拉开，以此说明对他的不满。

最后，小男孩忍不住绝望地大哭。

男孩太黏人，其实他只是对爸爸太过依赖，这连缺点都算不上，只是一点儿小毛病罢了，相信案例中的爸爸是想改正男孩的这个毛病的，但是他的方法有些过火。

男孩黏人说明他缺乏独立性，四五岁的男孩，要塑造他的独立性是很容易的，像案例中的爸爸不分青红皂白、没有缘由地责骂一顿，男孩既不知道自己哪儿错了，也会对爸爸感到无比失望，出现逆反心理。

因此，爸爸必须要清楚的是，男孩暴露出问题后，我们必须和他一同去认识、分析并改正，而不是一味地斥责。这个年龄段的男孩有着很强的可塑性，他们在潜意识里都有很强的自尊心，如果他们的某个小缺点、小毛病总是反复出现，爸爸们一定要多用鼓励的方式，不动声色地帮他们克服。

优缺点不可偏废，需同时关注

有这样一位爸爸，他在家里的墙壁上贴了一张"功过表"，左一栏记优点，右边一栏记缺点。

如果儿子犯了错，他就记录在缺点一栏，提醒儿子避免再犯；如果儿子受到了表扬，或者培养了一个好习惯，他也会在优点一栏做好记录，并对他进行夸奖或实现他的某个愿望。

渐渐地，这张"功过表"开始发挥影响，把男孩的优缺点一目了然地表现出来，他认识到自己的优缺点之后，就会改过缺点，发扬优点。

当男孩上初中的时候，他早已形成了"吾日三省吾身"的习惯。

日常生活中，很多爸爸的眼睛总是盯在儿子的缺点上。不可否认，看到儿子的缺点并不是坏事，可是，在看到儿子缺点的同时，是否也应该分析一下儿子的优点？

从一定意义上来说，爸爸教育的本质就是利用暗示来影响男孩的潜意识，利用潜意识来影响男孩的行动。总是盯着儿子的缺点，每天都告诉他要改掉这个缺点，甚至不惜在情绪激动的情况下打骂他。有了这样的暗示，儿子的缺点就会在潜意识中留下更深刻的印记。所以，赏识教育是值得推崇的，要发现男孩的优点并且及时赞美，这样一来，优点也会在暗示的作用下越来越深刻地存在于潜意识中。

只有悉心地帮助男孩正确认识自己，他们做得好的地方，给予真诚的表扬；做得不好的地方，要态度平和，给予分析和指导，让他们慢慢形成自我管理意识。一般情况下，男孩为了得到爸爸的认可，必定会更加努力地去做好。

不论哪个男孩，都有他与生俱来的优势和弱点。爸爸对待儿子的不足，要客观分析，有针对性地寻找解决方法帮助他们加以改正；当然，更应该关注他们的优点，并适度地表扬，引导他们培养自信心，使他们明辨是非，扬长避短。

本章小结——说给爸爸的话

※ 如果你相信自己是最好的，那么你就一定会成为那个独一无二的自己。只有自信的爸爸才能教出自信的儿子；如果你连自己都不相信，又怎么能希望儿子自信呢？

※ 判断力是每个男孩都应该具备的一项能力。面对纷繁复杂的问题，只有判断力强的男孩才会在最短的时间里找到最佳答案。可是，对于男孩来说，判断力的培养也不是一蹴而就的，爸爸的一项重要工作就是引导男孩逐渐提高自己的判断力。

※ 生活在别人的闲言碎语中，始终靠别人来衡量自己，就会迷失在别人的指指点点中，无法挣脱。只有相信自己，正确认识自己，才不会因为别人的闲言碎语而自寻烦恼。

※ 成长中的每个阶段，男孩都会暴露出一些缺点和不足。面对他们的缺点和不足，爸爸不要想着他们能一下改正，要多跟他们心平气和地沟通，正确引导他们认识到自己的缺点和不足会给自己带来什么样的危害，让他们主动去慢慢改正。

Part 20 给阅读留点时间，做个爱读书的好少年

鼓励儿子阅读随时做笔记，效果好

阅读，是每个爸爸对儿子提出的要求。可是，在电脑和手机异常方便的今天，该用电脑看书，还是用手机看书……错！正确的方法应该是让男孩多看纸质书，多写读书笔记，因为写读书笔记的过程包含着思考。阅读的目的终归是为了让他们"深思"。思考，才能进步。

想想看，生活中有没有出现过这样的场景：

儿子非常喜欢玩，可是一说到读书，就是提不起兴趣。

你经常会给儿子买课外书，可是所有的书都摆放在书架上，很少动。

儿子写了一篇读书笔记让你看，你却将他批评了一番，因为你觉得他写得不好。

问题：

类似的小片段在你的生活中，是不是也经常出现？你是如何应对的呢？如何应对才是正确的呢？

一次我乘坐火车去上海出差，为了打发时间，便拿出一本书认真看起来。

一个男孩停在我身边，问我在看什么书。

我将书合上，男孩看了看书名，说："我爸也老让我看书，还特意给我买了平板！"说着，就走开了。我没当回事，重新翻开来看。

很快，男孩便抱着自己的平板过来了："阿姨！你看，这就是我的书！"

我看了一下："哦！是电子书啊！是爸爸帮你下载的吗？"

男孩点点头："嗯！我爸经常会给我从网上下载图书。"

我肯定地点点头："喜欢读书是个好习惯！"

可是男孩却说："我不喜欢这样的书，我喜欢你手里那样的书。"

我问他为什么。他说："我们老师说过，读书的时候可能会有感而发，完全可以写在书的边边角角。可是，这种电子书不行！"

我又问他："你可以让你爸给你买纸质书，然后将心得写在书边的

空白处。"

　　男孩为难地看看我："我爸说，直接下载的不用花钱，便宜！"听到他这样说，邻座的人们都笑了。

　　可是，在人们的哄笑声中，我陷入了沉思——究竟是该让男孩读电子书，还是让他们读纸质书？

　　不可否认，读书时做读书笔记的好处是显而易见的。在阅读过程中，任何一个人都不可能把所有的重要知识全部记住，做读书笔记可以将自己认为重要的地方记下来，也可以把自己所想到的记下来，日后可以随时查阅。可是，随着电子产品的增多，愿意读书的人越来越少，用纸和笔去摘录其中优美字句的人更是少之又少。习惯写读书笔记的人深有体会，一边阅读一边记笔记不仅可以使人全神贯注，还有助于拓展思维能力，加强对书本的理解和记忆。所以，男孩阅读时，爸爸要教会他们正确的记笔记的方法。

电子书对培养阅读习惯有害无益

　　一天晚上，爸爸在专心致志地看电视，儿子在聚精会神地玩电脑。

　　过了一会儿，爸爸抬起头喊道："你咋又玩去了，你的读书习惯咋就培养不起来呢？还不赶紧读书去？"

　　"所有的书我都已经看完了，要不你给我下载一些电子书，这样也拿着方便。"

　　"好吧，好吧！"爸爸拿出 iPad，为儿子下载电子书……

　　鉴于纸质书沉重且不方便翻阅，越来越多的人更加喜欢方便快捷的电子书，男孩受年龄和心理的影响，也会对电子书爱不释手。如果想培养男孩的阅读习惯，最好不要让他们用电子书、手机一类阅读，因为这些向来都是碎片化阅读，不仅不利于阅读习惯的培养，还会分散阅读的注意力，让他们很容易想到玩游戏等。

　　读书一定要因人而异，应挑选适合男孩的并且他也感兴趣的书来读，否则，不但没有好处，反而会适得其反。所以，爸爸们一定要做足功课，搜集适合儿子、儿子也感兴趣的纸质读物，在培养阅读习惯的同时，让他们爱上阅读。

教儿子如何做读书笔记

听朋友说，在荷兰有这样一位爸爸，不管出去干什么，书本是他和儿子必带的东西，为了减轻重量，除了一个必要的电话，所有的东西一律留在家中。儿子从小到大，这位爸爸都坚持跟他一起阅读，并且做十分详细的阅读笔记。当然，他们除了做笔记之外，还会进行激烈的讨论。男孩长大后，有了一定的思维能力，每看完一本书，这位爸爸就要求男孩把自己的想法写下来，之后父子俩再进行讨论。

美国华裔教育家林家翘先生非常重视做读书笔记。他说，边阅读边做笔记可以有效地提高阅读水平。整理读书笔记更能加深对阅读的理解和整合，这样你将会进入一个良性循环。男孩在读书时，爸爸们可以教他们把一些精彩的语句标出来，然后在附近的空白处写上自己的评注，比如"这句写出了……""此处用词很关键""不要这么写可不可以"，等等。此外，当遇到了感兴趣的成语典故、俗语歇后语、优美的段子，摘抄下来，记在本子上。阅读完整本书后，根据摘抄的语句，写一些简短的书评，以及该书给你的启发等。

当然，除此外，还有很多是需要注意的：

做读书笔记一定要及时。在读书时，只要是儿子自己觉得重要的内容，就要鼓励他拿笔记下来。阅读过程中儿子受到某些启发，哪怕是一点点，也要让他们及时记在笔记本上。

照抄，即使是摘录，也要有所选择。只有儿子将所读的内容完全弄懂了，才能让他们把有价值的、自己感兴趣的内容记在笔记本上。

最好用自己的话写下读书的体会，一则可以让儿子用心地理解读到的内容，二则可以锻炼他们的文字表达能力。

找到读书的乐趣，就能爱上阅读

对于有意思的事情，男孩一般都是愿意去做的。因此，为了提高儿子的阅读兴趣，完全可以从引导儿子找到读书的乐趣开始。比如阅读和野外生存有关的书时，可以给儿子讲自己小时候发生的故事，因为爸爸的童年肯定要比儿子艰苦；阅读百科类图书的时候，可以到网上查找更多相关的内容……一旦儿子从读书中获得乐趣，就会喜欢上阅读。

想想看，生活中有没有出现过这样的场景：

你觉得读书就是为了考试，就是为了考得好成绩，因此只让儿子读老师指定的课外书，对儿子喜欢的书卡得很严。

儿子读书的时候，读到有趣的地方就呵呵笑起来，你看到了，泼冷水说："看本书还笑，有什么好笑的！"

你平时很喜欢读书，为了提高儿子读书的乐趣，经常会想一些方法，比如和儿子比赛读，看谁读得快；每人读一篇文章，听者凭感觉指出哪里读错了。

问题：

类似的小片段在你的生活中，是不是也经常出现？你是如何应对的呢？如何应对才是正确的呢？

记得女儿上幼儿园的时候，六一儿童节，学校让孩子们自己准备节目，家长如果有时间，也可以参与进来。当时，有个一家三口表演的《熊出没》给我留下了深刻的印象。爸爸扮演熊大，妈妈扮演熊二，儿子扮演光头强。为了砍到更多的树，儿子和爸爸妈妈斗智斗勇。最后，他们的表演获得了大家的一致好评。

节目表演完之后，我记得和这位爸爸有这样一段对话：

"这么长的台词，孩子居然能记住！"

"嗯，我儿子很喜欢看光头强，不管电视还是漫画书。"

"现在的孩子一般都喜欢看动画片，看书的倒少了。"

"是啊！其实，我们这样也是为了培养他的阅读兴趣。开始的时候，我们给他买了很多书，可是他都不爱看。后来，我们发现他喜欢看动画片，于是我们就给他买相关的书。结果，他读书的兴趣大增，还能记住上面的很多话呢！"

"从动画片入手，提高孩子阅读的兴趣，确实不错！"

……

在我们身边，很多爸爸都鼓励儿子与书做朋友，因为那些健康有益的文字，既有助于男孩精神品位的提高，也能陶冶人的性情。

为了让儿子养成良好的读书习惯，很多爸爸会给儿子买一些书报、杂志，如此不仅会增加男孩的知识储备，拓宽他们的眼界，亲子之间的关系也变得更温馨和谐。然而，让许多爸爸感到十分沮丧和不解的是，很多男孩却觉得阅读是一种痛苦、一种任务，他们阅读完全是为了完成老师、家长给自己布置的任务。

兴趣是最好的老师，更是培养阅读习惯的关键所在。只有男孩对阅读感兴趣，才会主动去读。男孩之所以喜欢玩游戏，是因为游戏能让他们感到快乐。同理，要想让男孩喜欢读书，爸爸要想办法先让他们体会到读书的快乐。

别将自己的想法强加给儿子

"这个故事讲了一个什么样的中心思想，给你带来什么样的经验？"在读完一个故事后，很多爸爸都会引导男孩总结一个"有意义的"读后感，让男孩说明从故事中受到了什么启发。每一个故事自然有它一定的道理，但男孩更注重的是书中的趣味性。总是引导男孩做这样的强迫性的思考，逐渐就会消磨他们的创造性和阅读的快乐。

有个朋友听说男孩多读书对学习各方面有帮助，于是，他花了好多钱为儿子买了好多种类的书。回来之后，他气喘吁吁地往儿子房间一堆，说："这是爸爸给你买的书，好好看吧，将来考个好大学。"说完，朋友就该干吗干吗去了。儿子翻着爸爸给他买的书，没有一本是自己喜欢的。看着这一堆书，儿子无奈地摇了摇头，继续写没完没了的作业。

多读书是好事，我这位朋友的出发点是好的，可不是每一本书都适合男孩读。既然是替男孩买书，就要符合男孩的年龄，符合男孩的兴趣。这些都不是站在自己的角度上可以衡量的。在内容积极健康的基础上，最起码要和男孩的兴趣一致，男孩才能渐渐地爱上读书；否则，只能适得其反，让男孩更加讨厌读书。

在引导儿子读书的过程中，很多爸爸都会把自己的想法和意愿强加到他们身上。比如，爸爸自己喜欢博览群书，也希望儿子沉浸在书海中……爸爸们这种把自己的好恶和意愿投射到男孩身上的心理现象叫作"投射效应"，如果这种现象过于严重，爸爸不仅不能真正了解儿子，还会对他们的成长起到消极作用。所以，爸爸们一定要了解儿子的心理和性格，并根据他们的喜恶选择适合他们阅读的书。

尊重儿子喜好，培养创造力

儿子放学后，课余时间为了寻找乐趣，同时爸爸也为了让他积累词汇，父子俩经常玩成语接龙的游戏。一开始儿子总赢不了爸爸，不过他似乎很"不服气"，开始翻书、上网，到处搜集成语。爸爸看时机已经成熟，便去书店买了一本《成语故事大全》，悄悄放在书架上。不出所料，趁爸爸不在家时，儿子像一只饥饿的老虎扑在猎物上，不停地读书，积累了许多成语，甚至有一些爸爸都不知道出处。最后，儿子终于将爸爸击败，爸爸表面装作惊讶，心里却十分高兴，因为他达成了自己的目的。

这学期，儿子报了一个围棋培训班，爸爸故伎重演，和儿子约好，每天放学回家后，儿子把所学的教给他，两人每天下一局，看谁进步更快。就这样，他们一边游戏，一边学习，优哉游哉。没有苦口婆心的唠叨，也没有声色俱厉的强制，学习的趣味性也都非常浓厚。这种寓教于乐、你追我赶的方式还颇有趣味，同时父子俩彼此的心靠得更近了，这种自由愉快的氛围他们都很喜欢。

在我们身边，很多爸爸总是功利性地要求男孩在阅读时有这样那样的收获，而他们却只是单纯地希望在书中获得乐趣。就这样，很多男孩在爸爸的干扰下，渐渐厌恶起了读书。如果想提高儿子对图书的乐趣，爸爸就要给他们空间，让他们自己去思索，自己去掌控，培养他们的创造力和发散思维。

每个男孩都能够自己取舍书中所反映的讯息，强迫他们，只会让他们走马观花地读。爸爸要尊重他们，让他们明白读书其实是一件快乐的事情，他们才可以保持自己的阅读兴趣，主动去阅读，并有可能进行接下来的扩展阅读。尤其在培养男孩阅读兴趣的初期，爸爸一定不要强迫他们。

闲暇时间，和儿子一起读书，或者一起讨论书中的内容，让儿子在集体的智慧中发现读书的乐趣。

办张借书卡，让儿子感受"书非借不能读也"的真谛

有些爱读书的爸爸，可能会办张图书阅览证，可是你有没有想过，既然能够给自己办证，为何不给儿子办一张？图书馆，有着极强的阅读氛围，身临其境，即使是不爱读书的人，也会不由得静下心来认真阅读；而且，如果当时看不完，还可以带走。在这个过程中，你和儿子就可以来体验"书非借不能读也"的真谛了！

想想看，生活中有没有出现过这样的场景：
班主任让儿子自由办理阅览证，可是你却说："没用！"
带儿子去图书馆借书的时候，看到拿着阅览证的孩子们都在自由看书，儿子也想办个图书证，可是你却强硬地将他拉开，因为你觉得，办图书证不如带着他吃顿好的。
看到孩子们都办理了阅览证，你也给儿子办理了一张，可是平时很

少带他去，即使借了书，也长时间不看。

问题：
类似的小片段在你的生活中，是不是也经常出现？你是如何应对的呢？如何应对才是正确的呢？

为了方便读书，我一直以来都是使用借书卡。上学的时候，在学校办；工作之后，到图书馆办。为了方便女儿阅读，我给她也办了一个。

我带女儿一起去图书馆的时候，总会碰到一些带着儿子一起过来的爸爸，他们不仅会鼓励儿子自己选书、看书，还会让儿子自己去借书……很多男孩虽然看起来年龄不大，可是已经有几年的借书史了。

对于孩子借书阅读这种现象，我是非常支持的。图书世界浩如烟海，我们不可能将所有的书都买下来。而图书馆一般都收藏着数量巨大的图书，借书来阅读，确实是一种省时省力的好方法。而且，来图书馆借书看书的，一般也都喜欢读书。男孩只要来到这里，就会受到氛围的影响。有比较，就会有进步，看到其他孩子都在看书，他们也就愿意主动找书看了。

今天，人们的生活水平普遍提高，大多数家庭都会给儿子买一些图书，可是有几个会看？买的书多，还是看的书多？……相信，大家心知肚明。因此，为了激发男孩读书的兴趣，可以引用古人说的这样一句话——"书非借不能读也"！

对于自己拥有的，男孩可能不愿意看，可如果是自己借来的，那就不同了。一则借来的书都是男孩自己感兴趣的；二则有了还书时间的限制，他们必然会加快阅读。这样一来，他们的阅读效果也就提高了。

为买书而买书，不管男孩喜不喜欢看，只是一味地满足而不加指引，即使买一大堆，也没用！爸爸们应该积极地培养男孩的借阅意识，有意识地引导他们上图书馆借书。这也能让男孩知道，在他读这本书之前已经有很多人读过了，他被落得很远。

私下给儿子介绍一下图书馆

有一位三年级的小男孩，发现同学每人都揣着一张借书卡，非常羡慕。回家后他让爸爸也给他钱去办一张借书卡，没有想到爸爸却说："借什么书呀，咱们又不缺那几个钱，你把要买的书写下来，我吃完饭就给你买去。"

爸爸根本不理解男孩，男孩很苦恼，回屋了。爸爸却像个没事人似的。下午，爸爸不声不响地为儿子买了一大堆书，有小说，有历史，有军事，也有学习辅导的书，反正品类繁多。男孩并没有因为多了这些书而露出一丝笑容，只是轻轻地把书放到了墙角处。

通常，男孩看书的地方大多是在自己的卧室，也可能到你的书房翻看书架上的书，当然还会到书店看书。可是，在这些地方看书与图书馆看书毕竟还是有区别的，因为图书馆通常都有很高的架子，上边塞满了书，而且阅读氛围也比较浓厚，很容易沉浸到读书的乐趣中。

带男孩去图书馆的时候，为了避免他们的不知所措，爸爸要提前告诉他们图书馆是什么样子的；可以告诉他们，到了图书馆，他会看到图书管理员，而图书管理员可以帮助他们找到需要的书；还可以告诉他们，到了图书馆需要怎么做才能找到自己喜欢的书，在图书馆读书，一定要保持安静，不能喧哗；如果一本书没看完，教给他们借书的方法和步骤；同时，告诫他们要爱惜图书馆的书，不要在书上乱涂乱画，不要压折书页，不要在看书的时候喝东西或吃零食。

让儿子爱上图书馆

如今，很多男孩已经不去图书馆或者图书室看书了，他们更愿意坐在家里，拿一个手机或者iPad阅读，他们觉得这样更加省时省力。实际上，图书馆是任何地方都无法取代的读书圣地。

太多的事例说明书籍是男孩的精神食粮，去图书馆读书的收益会更大。尤其是男孩小的时候，脑细胞飞速成长，让他们在图书馆这个最佳之地看书学习，才会爱上阅读，收获多多。

暑假期间，张先生在儿童图书馆给儿子办了一张借书卡，押金50块，每次可以借阅三本书。张先生告诉儿子，阅览室里的书琳琅满目，想看什么书都能找到，儿子兴奋不已，每次去，一看就是一上午。

让张先生最欣慰的是，儿子自从去了图书馆，就爱上了阅读，整个暑假，动画片和iPad被小小的一张借书卡"打败"。

如今，很多图书馆都建立了专门为孩子服务的绿色通道，选书的时候，男孩完全可以自己来做，爸爸则主要起引导作用，为儿子介绍这是什么样的一本书，或者抓住儿子的兴趣点，吸引儿子借阅。

当然，想要让男孩爱上阅读，除了爸爸做好榜样之外，还要让他们爱上图书馆，比如：

告诉儿子，图书馆有很多书，都是他喜欢看的。

告诉儿子，图书馆还有很多同龄的小朋友，大家可以一起玩拼图、一起看书。

告诉儿子，图书馆有空调，不热，很适合静下心来读书。

培养男孩阅读习惯，订阅报纸和杂志也是不错的选择

移动互联网盛行，很多人都在手机或电脑上看新闻，接收各种信息，传统的纸质杂志、报纸却被放在了一边。其实，报纸和杂志也有自己的独特优势，比如，上面的内容都是经过编辑取舍的，阅读起来更有针对性。因此，如果想扩大儿子的视野，完全可以订份报纸来看看。

想想看，生活中有没有出现过这样的场景：

每次看到儿子和老人一起看报纸，你都会说："报纸上的东西那么点，还不如上网呢！网上的信息多。"

儿子想订购《少年儿童报》，你却不答应，宁可多花钱给他买iPad，也不订阅报纸。

平时，你很少看杂志和报纸，觉得这方面的信息非常少。

问题：

类似的小片段在你的生活中，是不是也经常出现？你是如何应对的呢？如何应对才是正确的呢？

有个朋友在报社当编辑，他酷爱读书，文笔也不错。在他们家，到处可见摆放的书架、报架……为了了解最新的信息，他每年都要订阅杂志和报纸。受其影响，他的儿子豪斯也酷爱写作，虽然刚上初中，可是已经发表了很多儿童故事作品了。

这天，我到他家做客，豪斯打开自己的电脑让我看，上面有很多他原创的儿童故事。豪斯让我给他提意见，我看了看，夸赞他说："写得真不错，形象生动，趣味性强！"

我又问他："从什么时候开始写作的？"

他说："好像是三年级的时候。那时候自己识字量大增，家里的报纸、杂志基本上都可以自己阅读了，慢慢地就有了写作的冲动，没想到真的写成了很多小故事。"

我知道，家里的报纸和杂志一定对他写作习惯的养成起到了良好的启发作用。

相比于图书，报纸和杂志经济、实惠，且篇幅短小，易理解，易消化，所以要想培养男孩的阅读习惯，报纸和杂志必不可少。更为关键的是，报纸的时效性特别强，上边的内容都是发生在当下的事。所以，如果男孩喜欢鲜活的事，就可以选择读报，这样不仅可以了解生活，了解时事，更重要的是它可以拓宽男孩的知识面。除了报纸之外，再根据他们的兴趣和性格特点，为他们订阅几份不错的杂志，也是培养他们阅读习惯不错的选择。

为儿子选择合适的报纸、杂志

一天，刚刚回到家后，男孩把一张读书单拿给爸爸看，并说老师让他们订阅，上面有《品读》《科学》《大众学习报》《学习探索报》《小学生英语报》。爸爸一看，顿时很不满意："小学才三年级，斗大的字不识几个，就想读报纸？老师又是在变相地跟我们要钱呢，真是的。你就说咱家没钱订！"

这个案例完全表现出了这位爸爸的鼠目寸光。

我们知道，报纸、杂志里面的文章短小精悍，意思简单明了，不用花费很多时间就可以读完很多文章，这也在一定程度上增加阅读的成就感。像《米老鼠》《文摘》，就可以作为男孩的首选，长此以往，他们的阅读能力一定会有很大提高，而且他们从中获得的知识，不仅和课本知识互补，还可以提高他们扩展阅读的兴趣。

适合男孩阅读的杂志非常多，爸爸们可以给他们订阅下边的几种杂志来看。如《大嘴英语》《东方娃娃绘本英语》《英语周刊》等英语杂志，《爱科学》《探索》等科普杂志，《少年文学》等文学性杂志，《儿童故事》等故事类杂志，以及《中国少年文摘》《少年文摘》等文摘类杂志。

和儿子一起读读报

爸爸用自己的行为去影响男孩，让他们在不知不觉中养成自己想让其拥有的好习惯，这种"润物细无声"的教育，是最好的家庭教育。

我知道这样一位爸爸，来到北京后，他从未间断过订阅《北京青年报》。他说，报纸对男孩的阅读效果非常好，他的儿子就是其中的受益者。

经过了解我才知道，这位爸爸下班后的第一件事就是读报纸。他的儿子受到他的影响，从半岁就开始在报纸堆里玩儿。等长大一些后，爸爸有意识地教他识字。起初，他只是在报纸上找几个认识的字。慢慢地，他竟然可以读懂句子了。

　　每天下班回家后，这位爸爸就把报纸放在餐桌或者茶几上，让儿子可以很容易拿到。等到儿子放学回来了，放下书包就开始阅读。每当看到有意思的情节，儿子还会和父母分享。

　　从那以后，他又给儿子定了许多适合他看的杂志和报纸……

　　百说不如一做，爸爸身体力行地去影响男孩阅读，远比口头对他说一百遍都要有效。因此，爸爸们何不在晚饭后，利用玩手机、看电视的工夫陪儿子看看报纸、聊聊心得呢？

　　这样坚持一段时间，你就发现男孩会有很明显的变化。

本章小结——说给爸爸的话

　　※ 在阅读过程中，任何一个人都不可能把所有的重要知识全部记住，做读书笔记可以将自己认为重要的地方记下来，也可以把自己所想到的记下来，日后可以随时查阅。习惯写读书笔记的人深有体会，一边阅读一边记笔记不仅可以使人全神贯注，还有助于拓展思维能力，加强对书本的理解和记忆。

　　※ 兴趣是最好的老师，更是培养阅读习惯的关键所在。只有男孩对阅读感兴趣，才会主动去读。男孩之所以喜欢玩游戏，是因为游戏能让他们感到快乐。同理，要想让男孩喜欢读书，爸爸要想办法先让他们体会到读书的快乐。

　　※ 为买书而买书，不管男孩喜不喜欢看，只是一味地满足而不加指引，即使买一大堆，也没用。爸爸们应该积极地培养男孩的借阅意识，有意识地引导他们上图书馆借书。这也能让男孩知道，在他读这本书之前已经有很多人都读过了，他被落下得很远。

　　※ 相比于图书，报纸和杂志经济、实惠，且篇幅短小，易理解，易消化，所以要想培养男孩的阅读习惯，报纸和杂志必不可少。

Part 21 重视礼仪修养，讲"礼"的男孩更有魅力

随地吐痰的男孩讨人嫌

随地吐痰，是男孩礼仪修养的第一见证。嗓子感到不舒服，咕噜一口，直接吐到地上的男孩，多半会引起人们的反感。如果你在旁边再不适时宜地来一句："没事！"更会纵容他的恶行。更严重的，在他还没有吐之前，你已经将痰随口吐出，这种情况就更糟糕了。

想想看，生活中有没有出现过这样的场景：

走在路上，出去玩的时候，只要手里有垃圾，你就会随手乱扔。

公交车上，儿子吃完零食直接把袋子扔到地上，你看到了，却不管。

在小区门口吃完了羊肉串，你将手中的竹签随意地扔到地面上，四处寻找垃圾桶的男孩看到你的样子，同样将竹签都扔到了地上。

问题：

类似的小片段在你的生活中，是不是也经常出现？你是如何应对的呢？如何应对才是正确的呢？

暑假里的一天，我们一家三口到北海公园玩，本来兴致挺高的，却因之后发生的一幕感觉很扫兴。

走到一块空地的时候，我们停了下来，准备坐在椅子上吃点东西。这时传来"咳""咳"两声，我们循声看过去，在距离我们不足10米远的一棵大树下，一个男青年和一个小男孩直直站立，在冲着树根吐痰！男青年吐一下，小男孩吐一下，吐完之后两人就一阵狂笑。

看到树根处的一堆污秽，我顿觉反胃，女儿说："咱们再找个地方吧！真恶心！"男孩似乎听到了女儿的话，冲着我们直扮鬼脸。之后，我们快速离开。

为了不影响食欲，我们都不再提刚才发生的事。可是，吃饱之后，女儿还是叽叽喳喳地开腔了："这可是北海公园啊！他们也不嫌丢人！"

我说："可能是急着吐，没找到合适的地方。"

"旁边就有垃圾桶，不能吐那里？"

我不再说话，女儿自言自语了一阵，就自己玩自己的了。

是啊，在北京这样的首都城市，在北海公园这样的著名景点，他们居然一点儿都不知道收敛，在其他地方就可想而知了。我相信，每个经过这对父子的人尽管不会直接对他们进行指责，但都会对他们心生厌恶。

在公共场合，文明礼貌是一个男孩良好修养的体现。如果男孩讲文明，懂礼貌，那他将是一个非常受欢迎的人，男孩的爸爸也同样受欢迎；如果男孩不讲卫生，随地吐痰，乱扔废弃物，对长辈不闻不问，满口粗话，在公交车上也不主动让座……那么男孩的爸爸可能有过之而无不及。

教育男孩讲文明懂礼貌，是爸爸义不容辞的责任，不仅对社会有极大的积极影响，而且对于自身也有非凡的意义。所以，一个合格的爸爸，要注意自己在日常生活中的行为举止、一言一行，给孩子起到带头示范作用。

爸爸首先要提高自身修养

有一次我逛街的时候，看到这样一个场景：

一位中年男子带着大约刚上幼儿园的儿子逛街，儿子喝了很多饮料，过了一会儿，他突然想小便。中年男子看到儿子的窘境，便让他在路边解决。

孩子说："我要去厕所，不在这里尿！"中年男子却无所谓道："我知道，可是厕所很远，憋得时间长了，尿裤子了怎么办？这里又没有人。"当男孩还在犹豫的时候，看到爸爸已经就地解决了，男孩有样学样……

如今，男孩不文明的行为越来越多：邋遢、随地吐痰、乱扔垃圾、不尊老爱幼、满口脏话、闯红灯……要说是男孩的错误，那你只是看到了表象，实际上体现出来的是爸爸教育的失败——首先，他们自己的行为就有问题；其次，对于男孩的行为他们放任不管。

所谓"养不教，父之过"，除了爸爸，还能把责任推到谁的身上？

"不能正其身，如正人何？"就是我们现在常说的"正己而后正人"。爸爸应该首先提高自身的道德文明修养，时时不忘为男孩树立榜样。不管大事小情，都要以身作则，因为他们的行为会对男孩产生至关重要的影响。

爸爸们要给男孩一些实践的机会，比如让男孩亲自接待来客，让他们在实践中体验、理解文明礼貌的意义。一旦他们有哪些地方做得不够，爸爸应该悉心指导，通过日积月累，耳濡目染，男孩一定会形成文明礼貌的习惯。

让儿子对不文明行为说"不"

有一次过元宵节时，广场的门口摆着一些假花，增添了节日的气氛。我看到一对父子在假花附近观赏，不一会儿，红彤彤的几朵花就被别人摘了下去。

儿子看着眼馋，对爸爸说："爸，这花真漂亮，我也想要一朵！"

爸爸却严厉地对他说："不能摘。"

儿子问爸爸："他们都摘呢，又没有人管。"

爸爸解释道："你从小就很懂事，懂礼貌，爱护公物，友好待人，你这'环保小卫士'怎么看到不文明的行为，不但不管，还想和他们成为一伙的呢？"

儿子听完这，脸红红的，不但不再想着摘花，反而劝那些摘花的人停止他们的行为。

在日常生活中，爸爸讲文明，以身作则，给男孩做一个好榜样，至关重要。男孩如果讲文明懂礼貌，别人对他的印象自然会很好，他也会多一些朋友；反之，如果男孩粗暴无礼，就会得罪好多人，人们会纷纷远离他，他也会逐渐失去朋友，在未来他也一定不会成功。因此，明智的爸爸一定要让男孩知道文明礼貌的意义，并感受文明礼貌赋予他们的快乐。

不修边幅、衣冠不整，让男孩的形象大打折扣

与人见面，第一印象非常重要，想必每个当爸爸的都知道。可是，既然如此，为何还要让儿子不修边幅地出门；为何自己出门的时候，总会穿着拖鞋；为何不在出门前，照一照镜子……儿子年龄小，不懂事，难道你还不懂？

想想看，生活中有没有出现过这样的场景：

儿子每次上学的时候都衣冠不整，可是你却不管。

夏天晚饭后，你经常会光着背、仅穿一个大裤衩在小区遛弯。儿子感到挺不好意思的，让你不要这样做，可是你却说："这有什么不好？"

有人敲门，你从猫眼里一看，是同学来了，便让儿子和妻子将衣服穿戴整齐。

问题：

类似的小片段在你的生活中，是不是也经常出现？你是如何选择的呢？如何应对才是正确的呢？

夏天的一个傍晚，我看到这样一家三口，女人衣着得体，而那对父子俩却光着上身，仅穿一条大裤衩。

女人抱怨儿子："连背心都不穿！让你朋友同学看见，你不觉丢人呀？"

男孩说："我爸都不穿！"说完，看看爸爸。

男人听了儿子的话，说："这样多凉快！又不是没穿裤衩！"

这男的说话也挺有水平，"扑哧"一声我笑了。

听到我的笑声，女人也冲我笑了笑，然后转向儿子："下次如果你再不穿衣服，就别跟我出来了！"

男人说："没事！你妈不陪你，我陪你！咱们爷俩简直就是光肚双侠！"

经过他们身边的人，几乎都要盯着他们看几秒。女人实在忍不下去，就自己躲到一边锻炼身体去了。

不可否认，在生活中，尤其是夏天天气闷热的时候，经常会见到这种光着膀子的男人旁若无人地在大街上晃荡。可是，古人很早就告诉我们，不修边幅、衣冠不整，是不能出门的。因为"首次效应"决定着对方会不会和你相处。

可能很多男士都知道，与异性见面，或是参加重要的面试、会议，为自己加分的一个标准就是你的衣着打扮非常得体。出门邋遢不堪，极不讲究，自然会被别人疏远和厌恶。

不管任何时候，我们必须重视自己的外在形象，它是一张最棒的名片。作为爸爸，每时每刻都让自己干净利落，衣着得体大方，在你的影响下，男孩才会利落洒脱。

争做一个干净的好模范

我一个朋友的儿子四岁了，叫小贝，他每天问的问题总是很奇怪，比如他会问爸爸："爸爸这么难看，我妈妈怎么会和你结婚呢？"

爸爸十分尴尬，也十分气愤，都不知道这小家伙哪来的奇思怪想。面对儿子的问题，我这朋友总是说："爸爸每天忙得不可开交，哪有时间打扮自己，你快走吧，上学要迟到了！"

于是，我朋友脸也没洗，胡子也没刮，就拖着儿子上学去了。再看贝贝，同样衣冠不整。

做爸爸的工作忙，儿子也忙吗？爸爸不修边幅、不拘一格是因为忙，那儿子呢？

爸爸是儿子的第一任老师，儿子的语言、穿着打扮、行为，无时无刻不受爸爸的影响，小时不认真给儿子正面影响，等他长大、性格成型的时候，你再去教育他，就为时已晚了。

若想儿子做到衣着整洁大方，给人一种想要亲近的感觉，爸爸的言传身教是必不可少的。首先爸爸自己要注意穿着，保持整洁。如果你还蓬头垢面着呢，再去教儿子干净整洁，他们会听吗？肯定不会！

衣服没必要太贵，整洁才最重要

朋友的儿子已经上幼儿园了，可他还是很不听话，到处乱爬，弄得衣服脏乱不堪。朋友每次帮他换完衣服，没一会儿就又脏了。

一个周末，儿子还在睡觉，就有小朋友在楼底下叫他出去玩儿。儿子听见了，直接从床上爬起来，就要冲出去。我那朋友不让他出去，对他儿子说："看你脏成啥样了？"儿子生气地说："你不是也这样吗，干吗管我？"

朋友一下说不出话来，这才意识到给他儿子做了坏榜样。从此，他痛下决心，彻底改变不良习惯。时间一长，我朋友每次都以英俊潇洒的形象出现在儿子面前，他很羡慕，每天给他洗脸打扮，他都言听计从不反抗。终于，父子俩都变得干净整洁了。

很难想象，一个衣着随便、不修边幅的爸爸怎么会有一个英俊潇洒、干净利落的儿子？邋遢的人走到哪里都不会受欢迎，别人对他们也只会避之而后快。反之，一对形象好、气质佳的父子，无论走到哪里都会给人留下好印象。

作为爸爸，要想儿子衣着干净得体，落落大方，自己首先得做个榜样。我们虽然没有小鲜肉一般的脸颊，韩国"欧巴"的大长腿，但是这都不足以成为邋遢的借口。任何时候，一个人一定要注意外在形象，这不仅仅关系到你是不是受欢迎，也会影响到儿子。

贬低别人不可取，懂得真诚赞美的男孩人缘好

生活中，为了显示自己的能耐，有些男人就喜欢贬低别人；为了激励儿子不断努力，有些当爸爸的也会经常贬低他们……可是，贬低他人，

既不能说明你的优秀，也无法证实你就是一个优秀的好爸爸。儿子年龄小，需要的是你的鼓励和赞美。试着赞美一下儿子吧！他定然会开心地对你说："谢谢你，爸爸！"

想想看，生活中有没有出现过这样的场景：

走到楼下的时候，儿子发现了一款新车，还用手摸了摸，你却说："一辆破大众，有什么好的！"

参加家长会，看到有些家长穿着朴素，回来之后便告诉儿子，让他离那些家长的孩子远点儿，因为一看大人的穿着就知道他们的生活条件一般。

儿子将自己的铅笔借给了忘带笔的同学，你了解到情况后，夸奖他做得不错，同学有了困难要互相帮助。

问题：

类似的小片段在你的生活中，是不是也经常出现？你是如何应对的呢？如何应对才是正确的呢？

家庭中，夫妻之间相处，如果一方总是贬低另一方，相信两人的关系很快就会弄僵。同样，在和儿子相处的时候，当爸爸的如果总是贬低儿子，儿子也会有样学样地贬低别人。

曾经看过一部电视剧，具体名字叫什么我不记得了，但依然记得里面的一个情景：

男人是个厨师，觉得自己厨艺了得，动不动就贬低别人，人缘坏到了极点，最后被老板开除。回到家后，不管儿子做什么都不顺他的心。儿子正处于青春期，早就厌烦了爸爸的这种态度，于是和他大吵了一架之后离家出走。因为儿子清晰地记得，爸爸不仅贬低他，还贬低他的同学和老师。

看到儿子这样对待自己，男人将愤怒都发泄到了妻子身上，说妻子既不会挣钱，做的饭也不好吃，还不会辅导儿子功课……长期受到压抑的女人忍无可忍，可依然决定先找回儿子。

儿子没走多远，很快就被找到，母子俩抱头痛哭，因为他们受够了。最后，在儿子的支持下，女人和男人离了婚。

一次，走到小区门口的时候，我看到一个中年男子带着儿子外出，当面对清扫街道的环卫工人时流露出鄙夷的眼神，还对他儿子说："要好好学习，不好好学习将来就要出来扫大街。"听到这样的话，我感到非常心寒和无语，他怎么能给儿子灌输这种思想呢？

男孩年龄小，价值观和人生观尚未形成，很容易受到爸爸的影响。这位爸爸所持的这种教育方式，无疑会给儿子留下阴影。环卫工也是"城市美容师"，说得好听点，就是应当给予劳动者以尊重；说得难听点，就是你得积点德啊，何必通过贬低别人的方式来教育自己的儿子呢？

莎士比亚说："赞美是照在人心灵上的阳光，没有阳光，我们就不能生长。"赏识使得他人心灵美好，而赞美他人是人类的一种美好的情怀。无论是年幼的孩童，还是年迈的老人，都会希望得到别人真诚的赞美，从而让自己的自尊得到安慰、荣誉感获得满足。因此，作为一名爸爸，一定要学会赞美自己的儿子，并教儿子学会赞美他人。

赞美他人，一定要真诚

小刚三岁了，长得胖乎乎的，走起路来一晃一晃的，而且平时他几乎不参加任何体育活动。小朋友和老师做游戏，他也只是在一旁呆呆地站着。他在幼儿园话特别多，回到家却既不爱说话也不爱运动。原来，是因为小刚说话晚。

和同龄小朋友比起来，他不仅说话不清楚，有时候还有点儿结巴。而且因为长得胖，爸爸每天对他也没有好话，经常说他笨。久而久之，小刚就认为自己又胖又笨，从心底里感到自卑，非常难过，性格也变得越来越冷淡、孤僻。

三岁左右是男孩自我意识形成的关键时期，别人对他的评价将会对他的自我认知产生很大影响，这个时期的性格和自我认识也将会影响他未来的各个方面。因此，像小刚爸爸那样的做法是坚决不被允许的。或许你的儿子在某个方面确实不尽如人意，但是他一定有值得称赞的地方。

身为爸爸，一定要睁大你善于发现的眼睛，真诚地赞美儿子。无数事实表明，男孩在成长中，只有被赞美，才能更有自信，也才能学会赞美他人。

对儿子表露出来的优点要发自内心地由衷赞美，而且所赞美的内容是确实存在的，不是虚假的，这样的赞美才能令儿子信服。赞美儿子的时候，如果口是心非，他就会觉得你言不由衷或另有所图，就会对你感到失望。

赞美他人，要采用合适的方法

有一次朋友带着儿子小军来我家做客。吃饭的时候，小军看着满桌子的菜，对我说："阿姨，你的手艺真好，光闻着我的口水就全流出来了。"我听后，忍不住多做了几个菜。

不可否认，小军是个懂得赞美别人的男孩，这主要来自于他爸爸对他的赞美。平时，尽管小军很调皮，但是他爸爸总是能发现他的优点。后来，他英语很差，他爸爸就说："小军的单词记得不错，教教爸爸怎么念吧。爸爸一个也没学过，可得全靠小军老师了。"

尽管小军的英语成绩很差，但还是会念几个的，也很开心能够教爸爸，所以之后他学习英语非常用功，就怕被爸爸这个学生给问住了。

赞美是语言里最有价值的精华，是"送人玫瑰，手留余香"的写照，也是一个人崇高的修养的展现。但是，赞美也要讲究方式方法，可以直接一点，也可以委婉一些。例如，看到别人做得好的时候，你可以说："你做得真好，如果我能做到这样就心满意足了。"这样的赞美就十分朴实、真诚。此外，还可以加一些体态语言，比如眼神、手势、动作等。

赞美是我们生活中不可或缺的，是男孩自强、自信、自立的源泉；赞美也可以润滑人际关系，约束人的行动，使人克服缺点，迎难而上……赞美的习惯具有很大的力量，爸爸们要努力培养男孩的这种习惯，就要从自身做起。

来而不往非礼也，来而有往是礼也

《礼记·曲礼上》有言："礼尚往来，往而不来，非礼也；来而不往，亦非礼也。"接受了他人的馈赠，而自己却一毛不拔，你也好意思？礼仪，讲究就是往来，有来有往才是真正的礼貌。明白了这一点，当儿子说他要给同学送贺卡的时候，你就不要再阻止了。

想想看，生活中有没有出现过这样的场景：

同学要过生日了，儿子想买些礼物送给同学，你却说："这么小就送同学礼物，送到什么时候？"

课上儿子忘带语文书了，同桌借他一起看。儿子为了表示感谢，想送给同桌一支好看的铅笔做礼物，你却不让。

走亲访友的时候，你都会带上儿子，如果对方家里有男孩，你还会让他带点自己的礼物给对方的男孩。

问题：

类似的小片段在你的生活中，是不是也经常出现？你是如何应对的呢？如何应对才是正确的呢？

每到元旦前夕，孩子们之间都会互赠贺卡。为了表示对女儿的支持，我一般都会陪她去买一些，然后给她提供一些祝福语，让她自己填上。

这天，她填好之后，我翻看了一下："怎么没有浩浩的？"浩浩是女儿的同学，我们两家住同一楼，他还来过我们家几次。

"不给他了。"

"为什么？"

"他从来都不送我们礼物！"

我想了想，只记得女儿给他送过贺卡和生日礼物，却没有收到过他送的。

女儿接着说："班里好多同学都对他有意见，他总要别人的礼物，有时没有他的，他还会直接向我们要，可是他从来都没有送过我们礼物……所以，我们几个同学商量，这次不送他了！"

谁说孩子小不懂事？她们还知道礼尚往来呢！对于违背这一原则的同学，她们也会给出否定的评价。看到女儿决绝的态度，我没有说什么，因为她做得对。

女儿依然在写贺卡，我则想起了浩浩的爸爸。

浩浩爸是个大大咧咧的人，跟楼道里的人都闹得生分了，之前只要是他家里缺什么东西，就会向楼上楼下借，钳子、扳子、改锥……好像还来我们家借过两三次，但从来没有见他表现出过丝毫的谢意。

我相信，浩浩之所以不懂得和同学礼尚往来，很可能就是受到了他爸爸的影响。"不用白不用。""不就是借个东西嘛！"……

礼尚往来是中国源远流长的文化精华，随着年龄的不断增长，许多男孩会慢慢学着大人"礼尚往来"。男孩能够懂得"礼尚往来"，表明他们已经开始成长了。作为爸爸，首先要鼓励这种往来，如果看到儿子自己亲手做的礼物，一定要大力赞扬，并让他真正学会接受和赠予。

给儿子讲故事，让他懂得什么是礼尚往来

每次新学期开始，父子俩都会列一个物品清单，然后照着去买，渐渐地就形成了习惯。

这次，这位爸爸有些苦恼，因为男孩的物品清单上多了很多东西。细问他才知道，孩子们要互送礼物。更为头疼的是，这个清单连买什么牌子、什么图案的都列得很详细。

爸爸看着这个清单，没好气地说："你们懂得什么，你送我，我送你，都是浪费钱。"

作为爸爸，不应该强行阻止男孩之间进行礼品互换。孩子间的这种交往是一种心理逐渐成熟的信号。虽然男孩不应该用爸爸的钱买牌子的贵重礼物，但爸爸要善于学会引导他们，而不是对他们进行一味地打压。

爸爸要培养男孩的这种传统意识，可以给他们讲一些有关礼尚往来的小故事，或者是一些直观生动的例子，让他们更好地体会，从而转化为行动。而且爸爸一定要持之以恒，不能今天想起来讲一个，明天忘了就不讲了。

男孩懂得"礼尚往来"，表明他们已经在初步学习自己处理问题和解决问题了。爸爸们在肯定并接受他们的这种行为时，也要注意正确引导，以帮助他们学会赠予、学会接受。

礼尚往来，是一份心意，不是金钱的攀比

豆豆的同学买了很多贴纸，非常好看。豆豆对爸爸说，他也想要。同学看见豆豆很喜欢的样子，就跑过来说："豆豆，送你一张贴纸。"豆豆拿到贴纸后，十分高兴。这时候，爸爸说："豆豆，同学让你高兴了，是不是你也应该送他一个礼物，让他也高兴高兴？"豆豆点点头，爽快地答应了。

遇到上面案例这种情况，爸爸就不能对孩子加以纵容，他要什么就给他买什么，而应该教育他们用自己的双手给朋友制作一个特别的礼物。这样的礼物，既是他自己劳动所得，又可以表现出自己的心意。

礼仪必须重视你来我往，有些人只注重别人对自己的付出，收到别人的礼物，却不愿意回赠别人。像这样长此以往，必定不会有朋友愿意跟你交往，你的人际关系就会越来越窄，到时候你就会变得孤僻了。

每个男孩也都有虚荣心，总希望自己的礼物是最好、最有面子的，所以他们就会形成攀比心理，继而会在爸爸的金钱上做文章，而不是注重所赠礼物表达的心意。爸爸们一定不能助长他们的虚荣心，否则只能让他们深受其害。

本章小结——说给爸爸的话

※ 教育男孩讲文明懂礼貌，是爸爸义不容辞的责任，不仅对社会有极大的积极影响，而且对于自身也有非凡的意义。所以，一个合格的爸爸，要注意自己在日常生活中的行为举止、一言一行，给孩子起到带头示范作用。

※ 不管任何时候，我们必须重视自己的外在形象，它是一张最棒的名片。作为爸爸，每时每刻都让自己干净利落，衣着得体大方，在你的影响下，男孩才会利落洒脱。

※ 无论是年幼的孩童，还是年迈的老人，都会希望得到别人真诚的赞美，从而让自己的自尊得到安慰、荣誉感获得满足。因此，作为一名爸爸，一定要学会赞美自己的儿子，并教儿子学会赞美他人。

※ 男孩能够懂得"礼尚往来"，表明他们已经开始成长了。作为爸爸，首先要鼓励这种往来，如果看到儿子自己亲手做的礼物，一定要大力赞扬，并让他真正学会接受和赠予。

Part 22 摒弃病态心理，身心健康的男孩更成功

挑食偏食都不对，引导儿子合理饮食

今天，我们的生活条件好了，小胖墩却增加了，其中一个重要的原因就是他们饮食不合理，挑食、偏食，看到自己喜欢的就胡吃海塞，看到不喜欢的就一点儿不动。如果想让儿子身体保持健康，就要让他们合理饮食，做爸爸的更要身体力行。

想想看，生活中有没有出现过这样的场景：

儿子从小就喜欢吃肉，不喜欢吃菜，你不仅不管，还支持，说这样身体强壮。

看到儿子只吃饭，不吃菜，你会给他指出问题所在，将吃菜的重要性告诉他。

平时做饭的时候，你会合理搭配，调配家人的饮食结构，变着花样吃。

问题：

类似的小片段在你的生活中，是不是也经常出现？你是如何应对的呢？如何应对才是正确的呢？

这天，我去减肥中心找一个朋友，朋友正在接待一对父子。不可否认，这对父子真的很胖。

朋友和他们进行简单的沟通后，决定给他们做份减肥计划。

送走这对父子，我对这对父子来了兴趣，问朋友："他们大概有多少斤？"

朋友说："爸爸，一米六五，230斤；儿子，一米三，100斤。"

说实话，这样的个头，这样的重量，确实是超重！

我又问："你知道主要问题出在哪儿了吗？"

"我们已经聊过，他们胖的重要原因就是挑食、偏食！只要合理饮食，加强锻炼，肯定能瘦下去。"

我感到疑惑了："大人还挑食？"

"是啊，爸爸很喜欢吃肉，炒菜如果不放肉，他就不吃。儿子跟着吃，

自然也就不吃菜了。再加上两人都不喜欢运动，自然就胖了。"

我感慨："生活条件好了，胖的人也多起来了。"

朋友说："其实肥胖很大的一个原因就是饮食不合理。看到喜欢的就吃很多，不喜欢的就不吃；平时只做自己喜欢吃的、只买自己喜欢吃的……大人倒没什么，关键是孩子，这么小就成了胖墩儿，没有毅力真不容易减下去。"

对于朋友的说法，我是表示赞同的。

爸爸的饮食习惯对于儿子的影响，我也表示同意！

男孩的身体发育处在一个关键时期，合理搭配食物对生长发育具有重要意义，所以，爸爸一定要让他们明白，只有合理的饮食才能保证他们健康成长。

但是如何搭配食物，如何培养儿子不挑食的习惯，是一个难点。现实生活中，儿子厌食、挑食、偏食，让爸爸头疼不已，尽管采用各种手段，他们依然我行我素。这时候，爸爸们要好好反思一下自己，看看自己是不是做到了不挑食、不偏食。

饮食习惯关系到儿子的健康，应引起爸爸的足够重视，不能仅仅是因为爱儿子，就长期无原则顺应他们不合理的饮食要求，这样很容易让他们养成挑食、偏食的习惯。身体一旦得不到生长所需的营养，就会导致两种情况的发生——要么营养不良，要么肥胖，无论哪种情况，都不利于身体的发育。

让儿子的饮食要有规律

我有一个朋友，他的儿子就吃过这种饮食习惯不好的苦头。

朋友的儿子叫东东，已经六岁了，但是和同龄的孩子比起来，他显得特别瘦小，还总是隔三岔五地生病。之所以会这样，就是因为东东严重挑食。据幼儿园的老师反映，东东在学校吃饭的时候，经常会把不喜欢吃的剩下来，平时就喝点粥、吃点白饭之类的，遇到包子、饺子之类的，东东也是把馅儿剩下不吃。

爸爸听了老师的话，后悔不已，因为东东的这些坏毛病，全是跟自己学的。爸爸自己就是一个挑食的人，之前因为偏爱吃肉，导致身材发胖，后来为了减肥，不再吃一些高热量、高脂肪的食物，只吃清淡的蔬菜。时间一久，儿子耳濡目染，也学着挑食了。

加拿大心理学家阿尔伯特·班杜拉在研究中表明，儿童可以通过观察、阅读、听他人讲述来学习、模仿大人的行为。男孩在少年时期，和爸爸在一起的时间最长，所以爸爸是男孩的第一任老师。在日常生活中，男孩会模仿爸爸的各种习惯，尤其是饮食习惯。最常见的就是，爸爸不爱吃鱼，男孩也不爱吃；爸爸挑食不吃某个食物，男孩也会这样。

很多爸爸大多工作繁忙，总是加班加点，吃东西的时候向来都是东一口西一口，完全没有规律，更不要说营养了。这样的爸爸，如何给儿子营造一个良好饮食氛围、去培养他合理饮食的习惯呢？所以，想让儿子的饮食有规律，爸爸首先要规范自己的饮食。另外，千万不要有事没事就给儿子买零食，应当逐渐减少甚至取消零食。

变换花样做可口饭菜

果果爸是一位营养师，他的功夫了得，为了家人的营养均衡，他每天都精心准备很多菜。但是，儿子依旧不爱吃蔬菜。为此，果果爸做了很大的努力：

果果爸隔三岔五地变花样，这顿是五彩米饭，下一顿就是什锦沙拉；今天是荤素搭配，明天就是蔬菜全拼，五颜六色，而且还特别好吃。

胡萝卜具有很多营养价值很高的成分，但是果果不爱吃，果果爸就在包饺子、做馅儿的时候加入磨碎的胡萝卜。果果吃得津津有味，几个月后，他竟然吃胖了好几斤，也不再轻易感冒了。

果果爸说："为了果果得到营养，就算很费事，我也要做成他喜欢的形式。"果不其然，果果在爸爸的指引下，健康成长。

现实生活中，很多男孩要么吃个没完没了，要么主食一口不吃，以至于一部分过于肥胖，一部分营养不良。有人说：习惯成自然。尤其是学龄前的儿童，如果此时养成了好的饮食习惯，会让他们受益一生。

对待有不良饮食习惯的男孩，爸爸一定要重视起来，不可掉以轻心。如果儿子挑食，有可能是食物不可口或者颜色、样式太单一，不妨多花点心思在菜式和味道上。比如，食物要尽量多样化，合理搭配，营养全面丰富，尽量做到色香味俱全。

总之，对待男孩一定要下一番功夫，可以多尝试多总结，给他们做一个营养餐，让他们健康成长。

作业，不能成为男孩熬夜的理由

如今，为了学习，熬夜的男孩有很多；为了工作，熬夜的爸爸也很多。其实，我们都知道，熬夜对于身体有着巨大的危害。因此，不仅要及

父母1%的改变，孩子100%的优秀·潜教育

时制止儿子的熬夜行为，自己也要做到不熬夜；让儿子提高学习效率，让自己提高工作效率，方为上策。

想想看，生活中有没有出现过这样的场景：

你很喜欢睡觉之前玩微信，尤其热衷于抢红包，总是最后一个和群友说"晚安"。

你认为，儿子上高年级之后作业量会增加，晚上就无法按时睡觉了，因此从一年级开始便练习让儿子熬夜——不是让儿子做课外题，就是让儿子读课外书。

儿子作业有点多，超过了正常的睡觉时间，坚持不住，你却说："这样就坚持不住了？我上学的时候，晚上都是 12 点睡！"

问题：

类似的小片段在你的生活中，是不是也经常出现？你是如何应对的呢？如何应对才是正确的呢？

已经 12 点了，儿子还没睡觉，林凡走到儿子的房间，命令道："不要玩了，赶快睡！"

儿子跑到他的房间，看电脑还亮着："你还看电视剧呢？"

林凡知道，儿子在学自己，便问："我睡，你就睡？"

儿子点点头。

果然，关掉电脑后，儿子便上了床。

林凡估计儿子已经睡着了，又打开电脑继续看，还将卧室的灯关掉。

两分钟后，林凡感觉到背后有人。回头一看，是儿子，吓了一跳："黑咕隆咚的，你想吓死我啊！"

儿子盯着电脑："怎么还不睡？"

林凡几乎和儿子同时脱口而出："去睡觉！"

但儿子一动不动！

林凡再次将电脑关掉，儿子离开。

林凡站在儿子房间外听了听，儿子睡觉的声音传来，确实睡着了！

看看吧！爸爸不睡觉，儿子也就不想睡！

你熬夜看电视剧、打游戏，有什么理由让儿子早点睡？

在儿子成长过程中，爸爸的一言一行都会对他造成影响。如果想让他按时睡觉，首先你就不能每天都熬成熊猫眼。如果是加班工作还情有可原，如果是玩游戏那就十恶不赦了！

世界上公认的三大健康标准之首就是充足的睡眠。并且，每年决定把 3 月 21 日作为世界睡眠日。对于许多中国人来说，把睡眠这样兴师动众地上升到一个国际节日来讨论，似乎很稀罕。但是，您不知道这样经常做的一件事，的的确确被很多人忽视了。

可是，在我们身边，明明都将近晚上 12 点了，很多男孩还在不知疲倦地打游戏、看电视、做作业……熬夜对男孩的伤害十分明显，尤其是对于正在长身体的男孩来说，更是百害而无一利！

自古以来民间就有"能睡的娃娃长大个儿"的说法，这是有一定科学道理的。不要以为男孩晚上少睡，白天可以补上，其实，白天、晚上睡眠质量是大不相同的。男孩迟睡熬夜，至少会带来以下弊端：

影响身高增长。身高虽然与遗传、营养有关，但与内分泌也有着很大的关系。人脑中下丘脑组织能分泌一种促进儿童发育的生长激素，它主要是在夜间 10 时至凌晨 1 时分泌。在孩子熟睡后 60— 90 分钟，分泌量会明显增加。男孩长期迟睡，必然会影响生长激素的正常分泌，从而对身体发育不利。

影响智力发育。青春前期的儿童，每天应保持充足睡眠。经常熬夜会使人体生理功能受到影响，生物钟紊乱。上课时昏昏欲睡，影响智力发展，学习成绩也会下降。

使免疫功能下降。夜间充足的睡眠不仅能消除疲劳，还会提高人体免疫功能。男孩经常迟睡，可能会出现精神不振、食欲降低、体重减轻、全身乏力等状况。

因此，爸爸们一定要重视培养儿子的良好睡眠习惯，一定要认识到熬夜的严重后果，不要让男孩熬夜，最好在 10 点前就去休息。

控制儿子的睡眠时间，远离熬夜

有个八岁零 10 个月的小男孩，身高不足一米五，体重 24 公斤，但是却早早地进入了变声期。这已经不属于健康发育的标准了，去医院检查之后，他被确诊为性早熟患者。问诊之后，才发现这男孩的病跟常年熬夜有关。医生给他开了一些药物，并让他早睡早起。

男孩的爸爸听了，立刻皱起了眉头，感到了无比自责。他望子成龙，为了让儿子的成绩名列前茅，每天检查他的作业，并且给他补习英语，常常晚上 12 点才能入睡，第二天还要早早起床上学。

人体健康的良好习惯，在七岁之前就应该养成。让男孩养成早睡早起的良好习惯，不仅有助于培养他们的身体节奏感，还能促使其成为一个健康而又灵活的人。

从人类生存伊始到现在，对大自然日夜交替的规律很敏感，造成了人体内的生物钟，使其遵循自然界的规律，"日出而作，日落而息"也是中国古人的智慧。现代医学认为，晚上 11 点到次日早上 6 点这段时间，是睡眠的"黄金 7 小时"，定下计划，让男孩远离熬夜吧！

从生理需要来看，小学生每天应该有 9 — 10 小时的睡眠，初中生每天应有 8 — 9 小时的睡眠，高中生每天睡眠时间也不少于 8 小时。为了提高儿子的睡眠质量，爸爸们就要和他制定一份良好的作息时间表。

保证儿子的睡眠质量

老人们常说，睡得早不如睡得好。一个人如果半睡半醒，就算睡上 10 个小时，也会依然觉得很累；如果保证有质量地睡 5 个小时，效果就会好于前者。所以，爸爸们可以创造温馨的睡眠环境，给儿子准备适宜的卧具，教会他们采取正确的睡眠姿态，以保证他的睡眠质量。

球球是一个做事拖拖拉拉、懒得动弹的男孩，一直以来，他都是赖在电视机旁边的床上看电视，直到很晚才去睡觉，以至于第二天早上起不来，球球爸得苦口婆心地叫好多遍，他才懒洋洋地起来，简单收拾一下去上学。为了彻底改变这一现象，球球爸决定要"教训"一下球球。

有一天，球球爸只是象征性地叫球球起床，然后就不管了，结果球球迟到了，被老师狠狠地批评了一顿。第二天依然这样。连续几次之后，球球学乖了，晚上早早写完作业，早早睡觉了。趁球球上学，球球爸给他换了舒服的床被和枕头，有了这些，球球更不愿意熬夜了，每天早睡早起，精神状态好了不少，不仅上课注意力集中，而且成绩也明显提高了。

常言道：早睡早起身体好。这句话看似简单，却道出了一个自古以来的健康秘诀。不错，只有早睡早起，不贪玩，不赖床，才有利于身体健康。对于男孩来说更是如此！所以，爸爸们应该多多注意总结方式方法，言传身教，让儿子意识到早睡早起的重要性，做到不熬夜。

固定儿子的睡觉时间，并确保认真贯彻执行。每晚与儿子约法三章，到点就睡，慢慢地，睡眠的生物钟就会建立起来。

睡前不要让儿子过于兴奋。调整好儿子的情绪，不能让他过于兴奋，否则会延长他的入睡时间，入睡后也容易做梦。

总之，爸爸们要慢慢给儿子调整作息，一旦调整好了，他的生物钟也就形成了，这时就省心省力多了。

一天之计在于晨，鼓励男孩多晨练

早上，经常会看到一些男人在街上跑步，如果你有儿子，为什么不带上？不要觉得儿子小，跑不快，是累赘，带着儿子一起做晨练，不仅可以锻炼身体，还能融洽父子关系，何乐而不为？

想想看，生活中有没有出现过这样的场景：

儿子想和你早上起来出去运动，定好了闹铃，你却悄悄地将闹铃关了。因为你知道自己起不来，而且也不想起那么早。

儿子想和你出去打羽毛球，你却宁可窝在家里看电视剧，也不想动。

每天早上，你都会带着儿子一起慢跑；晚上吃完饭后，还会带着儿子出去散步半小时。

问题：

类似的小片段在你的生活中，是不是也经常出现？你是如何应对的呢？如何应对才是正确的呢？

在一些影视剧中，经常会出现这样的场景：

早上起来，爸爸带着儿子一起晨练。开始的时候，他可能懒得起，可是经过一段时间的锻炼，他就适应了。

不可否认，这样的行为是值得我们提倡的。带着儿子一起晨练，和他一起运动，不仅可以锻炼身体，还能够培养他的坚持力和耐力。

此外，晨练还可以培养男孩的社会性。爸爸除了在日常的吃、喝、穿、用上给儿子创造良好的物质条件外，多带他们出去锻炼，也是培养他们社会性行为的一部分。每天保持一定的运动量，不仅能使全家身体健康少得病，还有助于养成男孩活泼、开朗的性格，而积极的个性能使男孩成为一个社会适应能力强的人。

西方传统教育特别重视体育，从地图上看，欧美的哪些学校有名气，哪些学校就有更多的体育场地。一个男孩从小热爱体育运动，形成习惯，就会一生受用。

芝加哥附近有一所中学实施了一个特殊的体育计划，即在没正式上课之前，学生必须早 7 点到校，跑步、跳高等，要运动到学生的心跳达到最高值或心肺达到最高摄氧量，才开始准备上课。

开始时家长都反对，因为男孩本来就休息不够，现在去做什么剧烈运动，岂不一进教室就打瞌睡？然而，现实和爸爸们所担心的恰恰相反，学生不但没有打瞌睡，反而更活跃、更有激情了，记忆力、专注力也都增强了。

运动不仅使得男孩健康，还有可以带给他们更多的好处。

爸爸先动起来

最近，我收到了一封长信，是一个初中二年级的学生写的，他向我抱怨学校占用体育课给学生补课。好不容易放学了，父亲也不准他去打篮球，说是怕消耗学习的体力。

他说，体育是他唯一的乐趣，他很难理解爸爸和学校的做法。

生活中，很多爸爸都认为体育运动会耽误孩子的学习。其实，运动跟聪明才智有直接关系。有一项研究指出，每天运动一小时的孩子考试成绩分数比较高；大学生参加运动计划后，学业成绩普遍上升了；连50多岁的中老年人在参加6个月的走路计划后，心智也比6个月前提高了10%。

况且，男孩天生就有运动才能，一味地放纵不管，让其"自由运动"，他们一定会像我们一样产生懈怠，不去运动。所以，爸爸还得做好榜样，给男孩正面的影响。即便你没有很多时间，也应该为男孩做一点儿什么。

让儿子持之以恒

在很早的时候，伟人就提出了"发展体育运动，增强人民体质"的口号，那个年代，体育锻炼已经进入每一个家庭的日常生活。作为爸爸，你都抱怨没有时间，不能坚持，那儿子又怎么能坚持下去？也许不是没有时间，只是没有认识到运动的重要性。

亮子今年十岁，他从小学起就开始上奥数班。今年暑假，爸爸决定不给他报奥数班了。一来是因为小升初压力小了，二来是亮子不怎么运动，体重有些增加，所以要让他锻炼一下，减肥的同时健壮身体。

据这位爸爸介绍，他打算每周去三四次游泳馆，陪儿子一起游泳；亮子非常喜欢滑轮，他写完作业就去小区里和孩子们玩；参加小区里两位全职爸爸组织的运动，比如跳绳、拔河、赛跑等；周末，还准备陪儿子一起去钓鱼。

科学证明，运动能赋予男孩健康的体魄，强化骨骼、血管和关节，降低儿童患上高血压的风险。运动还可以促进男孩的大脑发育，提高身体调节、平衡、反应能力，以及大小肌肉的发育水平。所以，一定要让男孩从小养成爱运动的好习惯，抓住更多的机会去锻炼他们。

首先，规定好晨练的时间，比如 5 点、6 点……具体时间要根据家庭情况来定。

其次，晨练的运动要适合男孩的年龄特点，不要超过他们的身体承受能力。

第三，不要半途而废，不要为儿子和自己找借口不去晨练。

第四，为了提高儿子的积极性，可以找些关于晨练的文章来读读。

第五，多跟儿子沟通晨练的意义和好处，提高儿子的认识。

负面情绪危害大，教给男孩正确的发泄方式

学习中、工作中、生活中，很多人都会出现负面情绪，尤其是作为男人的你，遇到事情的时候更会大发雷霆。可是，当着儿子的面发泄完，结果怎样？吓着儿子、夫妻吵架……儿子受你的影响，你会产生负面情绪，怎么办？父子俩大吵一番，还是……

想想看，生活中有没有出现过这样的场景：

工作出了差错，挨了批评的你看谁都不顺眼，回到家便一通发泄。

如果和妻子发生了矛盾，你会一个星期都不和她说话，即使儿子来调和，你也不为所动。

儿子和同学发生了矛盾，你找到一种可以宣泄不良情绪的方法，他使用后，感觉好多了。

问题：

类似的小片段在你的生活中，是不是也经常出现？你是如何应对的呢？如何应对才是正确的呢？

这天晚上 10 点多，我们刚躺下，楼上就传来了很大的争吵声。

楼上住着一家三口，是临时租住在这里的。虽然没有接触过，但他们三天一大吵两天一小吵，我们也就认识了。因为女主人比较有礼貌，担心打扰到我们，每次家里发生冲突后，她都会来我家问问，看有无影响。

男人今年 36 岁，脾气暴，爱喝酒，在外面跑保险。只要一在外面受了气，他回家就要喝酒；一喝酒就上头，还会打儿子，说儿子不争气，

说自己今天这样辛苦就是为了他。

儿子小时候个头矮，只能忍着，等长到七八岁的时候，个头长高了不少，就开始和爸爸对着干了。儿子今年 12 岁，父子俩已经打了四五年了，搞得家里鸡犬不宁。

女人没办法，只好负责赔罪，打扰了谁家，就给谁家道歉。如果影响太大，他们就会搬家。为这事，他们已经搬过三次家了。当然，都在本地。

有这样一句话，很多人都普遍认同："情商比智商更重要。"的确，有研究表明，影响一个人成才的因素，情商占 80%，智商仅占 20%。对于男孩的学习和成长来说，情商是关键。

一般来说，没有哪位爸爸愿意自己的儿子具有负面情绪，他们往往只希望儿子得到快乐、自信等积极情绪。

其实，从道德意义上讲，情绪好不好，是不分对错的，情绪不好，只是人之常情，并不代表你错了。男孩必须学着了解这些感受，这样他就可以学会认知自己的这些情感，当别人有了负面情感的时候，他也会理解，从而管理好自己的这些情感。

所以说，一个成功的人，并不是没有消极情绪，而是他们善于掌控自己的情绪。因此，作为一名合格的爸爸，就一定要让男孩能够掌控自己的情绪，及时学会排泄，拒绝负面情绪。

允许儿子哭着发泄

用暴力的方式来释放情绪显然很不理智，是一种没有情商的表现。这样一来，不但无法排解压抑在心中的不满，还会给他人造成不利影响。要想做一位好爸爸，必须管理好自己的情绪，从而也教会儿子学会管理自己的情绪。

小波六岁了，一点儿都不能控制自己的情绪。小朋友们必须顺从他，否则他就会生气，用拳头打小朋友，一边打一边嚷："让你不听我的，让你不听我的……"

在家里也是这样，大人一旦不顺他的意，他马上就哭闹，同时砸东西、打爸爸妈妈。对此，爸爸妈妈也不知道怎么办，有时候干脆不理他，有时候实在管不住了，就修理他一顿。

觉察到儿子有心事，又不愿意说出来，看他眼眶中噙着泪水，但又强忍着，做爸爸的不妨出去回避一下，但要给他写一张字条："儿子，想哭就哭吧！爸爸以前心情不好的时候也会经常大哭一场。"给他一个自由的空间，让他纵情恸哭，因为泪水也可以消除负面情绪。

哭是人们情感的流露，该哭不哭，一味地忍，闷在心里时间久了，心中的压抑就会越积越重，精神负担也就越来越大，进而出现精神萎靡、情绪低落、叹息不止、导致失眠、影响食欲，出现悲观厌世甚至轻生的念头。

哭对人的心理具有保护作用，特别当人遭到严重的精神创伤、陷入可怕的绝望和忧虑时。当男孩在极度痛苦或过于悲痛时，大哭一场，往往会收到积极的心理效应。

哭是一种最好的发泄方式，对男孩也是如此！做爸爸的，一定要摒弃那种"男儿有泪不轻弹"的观念，在儿子想哭的时候，就让他们哭个痛快。

掌握其他的发泄方式

有的男孩比较腼腆、害羞，不喜欢大哭大闹；有的男孩在愤怒难耐时，会做出一些不合常理的行为来发泄。针对这些现象，我们可以鼓励男孩将自己的心事和所想都写出来，这同样可以让他们宣泄和转化情绪。

我认识一位很聪明的爸爸，他曾和我说，他儿子脾气很大，常常控制不住自己的怒火。有一次，同桌不小心踩了他掉在地上的作业本，他就在班里大喊，让他的同桌很丢脸。在家里也这样，如果爷爷奶奶没有按照他的意思干这干那，他也会大发脾气，躺在地上不起来，任谁说也不管用。

为了控制儿子的情绪，这位爸爸学了一招，叫作转移注意力。没想到这招还真不错。这位爸爸发现他很喜欢下象棋，让爷爷教他学，还买了崭新的象棋和他对弈。以后，只要发现他的情绪要爆发，就会拉他坐下来下象棋，分散他的注意力。这招屡试不爽。

有些男孩因为害怕爸爸对自己失望或者遭到别人嘲笑，在产生坏情绪的时候，他会选择隐藏与遮掩。生气、郁闷、伤心、自责、嫉妒等诸多情绪，不去发泄，也不说出来，长此以往，必然会伤害自己的身心健康。因此，作为一名合格的爸爸，一定要让男孩明白：负面情绪不可怕，在适当的时候合理地宣泄不良情绪，才是正确的。藏在心里，是一个错误的选择。

日常生活中，没有哪个男孩会完完全全避开那些不良刺激，每一个男孩都可能产生负面情绪。可是，不良情绪的蔓延会危及他们的身心健康，爸爸要及时处理他们受到的不良情绪的干扰。当儿子有了负面情绪的时候，引导他做自己感兴趣的事情，将他的注意力转移到快乐的事情上来，比如听听音乐、打打篮球、跑跑步等，以宣泄自己的烦恼。

同时，爸爸还要教儿子这样一个道理：想要发脾气时，一定要告诉自己，冷静下来之后再去处理问题。

本章小结——说给爸爸的话

※ 饮食习惯关系到儿子的健康，应引起爸爸的足够重视，不能仅仅是因为爱儿子，就长期无原则顺应他们不合理的饮食要求，这样很容易让他们养成挑食、偏食的习惯。身体一旦得不到生长所需的营养，就会导致两种情况的发生——要么营养不良，要么肥胖，无论哪种情况，都不利于身体的发育。

※ 在儿子成长过程中，爸爸的一言一行都会对他造成影响。如果想让他按时睡觉，首先你就不能每天都熬成熊猫眼。如果是加班工作还情有可原，如果是玩游戏那就十恶不赦了！

※ 早上起来，爸爸带着儿子一起晨练。开始的时候，他可能懒得起，可是经过一段时间的锻炼，他就适应了。带着儿子一起晨练，和他一起运动，不仅可以锻炼身体，还能够培养他的坚持力和耐力。

※ 从道德意义上讲，情绪好不好，是不分对错的，情绪不好，只是人之常情，并不代表你错了。男孩必须学着了解这些感受，这样他就可以学会认知自己的这些情感，当别人有了负面情感的时候，他也会理解，从而管理好自己的这些情感。